ラホール市中心街

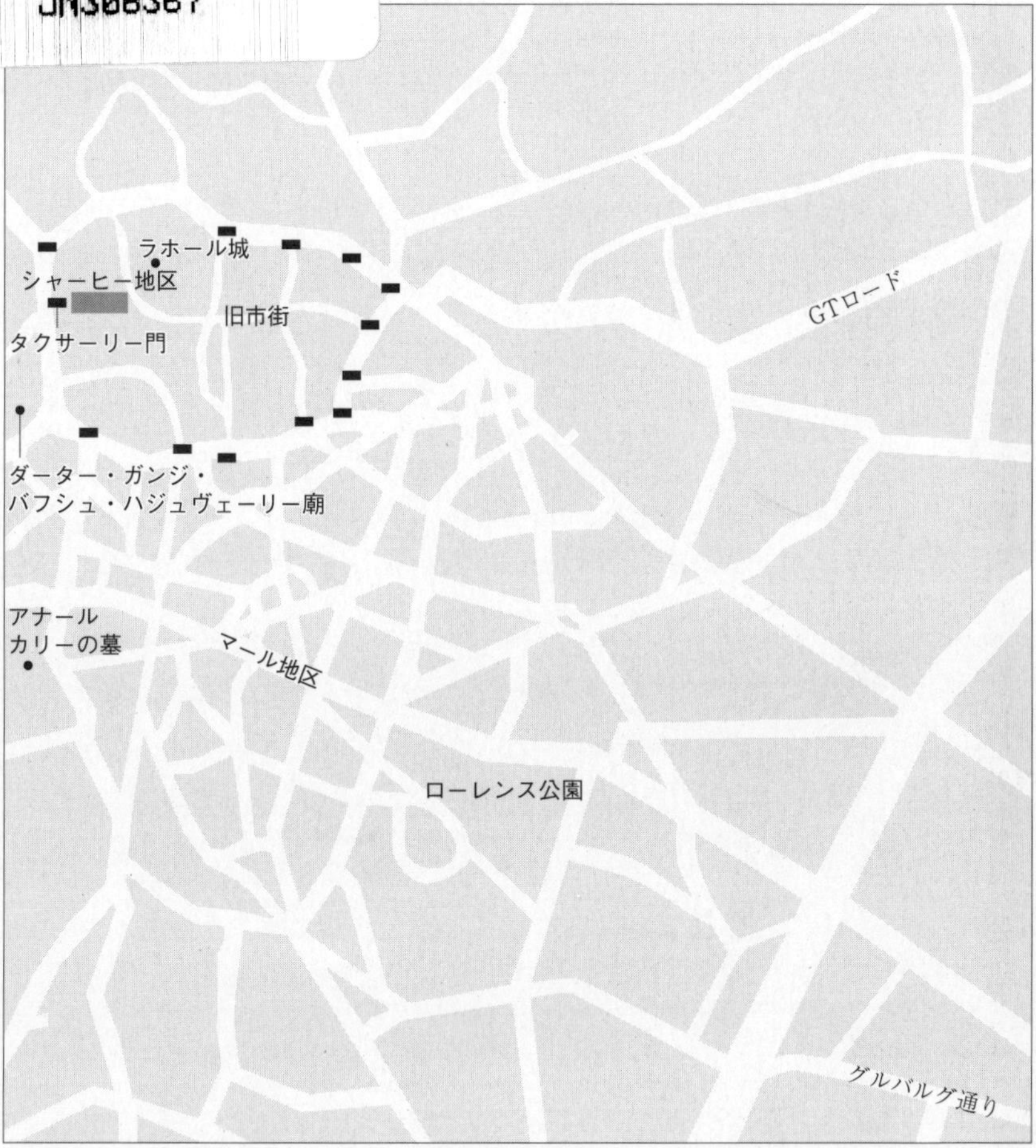

（注） ▬ は 13 の門を示す。

シャーヒー地区

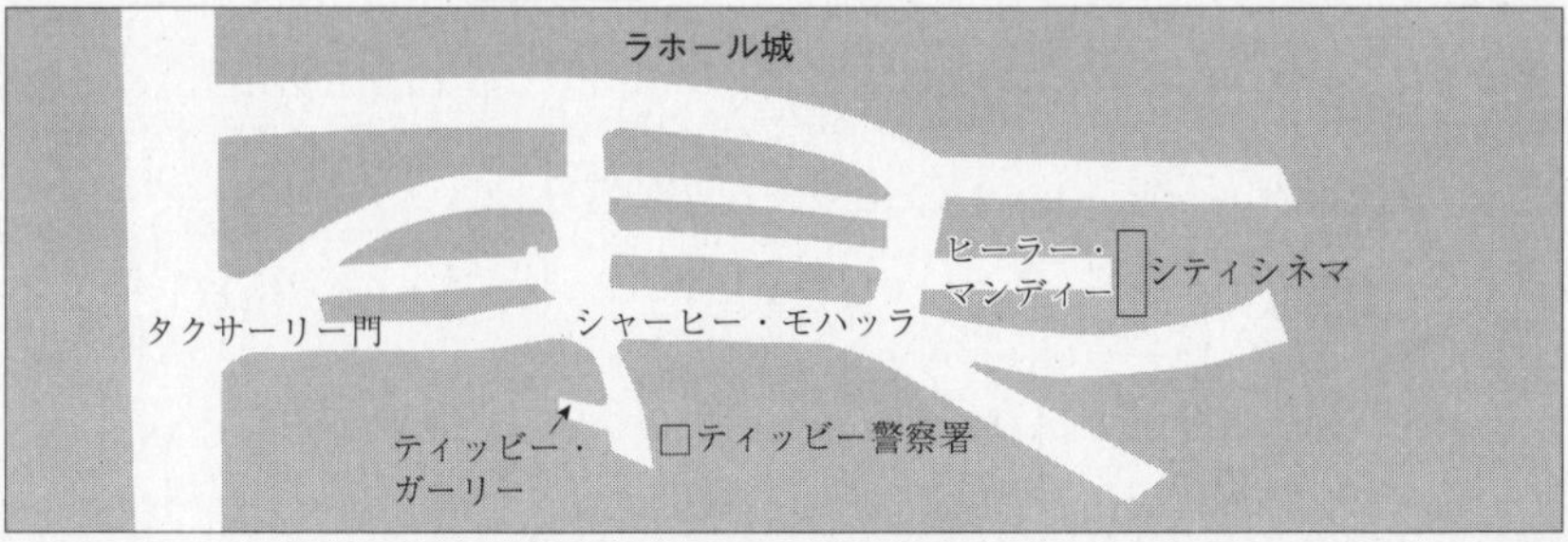

タブー

パキスタンの買春街で生きる女性たち

フォージア・サイード 著
太田まさこ 監訳
小野道子・小出拓己・小林花 訳

コモンズ

＊訳出にあたって、読者の理解を助けるために、原文にはない見出しを加えた。

もくじ●タブー――パキスタンの買春街で生きる女性たち

日本の読者の皆さまへ

アジアの国々では、家父長制にもとづく同じような伝統が深く社会に根付いています。男女間の関係にかかわる慣習も、そのひとつです。結婚は世界共通の制度ですが、社会が認める男性と女性のかかわり方は異なっています。南アジアには、かつてコーテザン(王侯貴族に仕える高級娼婦)という制度があり、明確に定められた役割が与えられて社会に位置付けられていました。男性には、歌や踊りなど芸能を身につけ、詩作、会話、恋愛術にたけた女性と短期的・長期的な関係をもつことが許されていたのです。この制度は、日本の「ゲイシャ」と似ているところがあります。「ゲイシャ」の世界にも、明確な決まりごとと確固とした伝統があり、歌や踊り、茶道、会話などの稽古を積んだ女性が、男性を楽しませることが認められていました。南アジアにも日本と同じような伝統的な制度があったという点で、日本の読者の皆さまに『タブー』を興味深く読んでいただけるのではないでしょうか。

私はパキスタンのラホール市における伝統的なコーテザン制度と、それが現代の買春へと変容していく過程をエスノグラフィー手法を用いて八年間にわたって調査し、二年かけて本書を書きあげました。ラホール市の買春街に足を踏み入れ、調査しようと考えたのは、音楽と舞踊がとても好きだったからです。しかし、こうした芸能は「良くないもの」とされていたため、「良い家庭」の女性が興味をもつことを常に反対されてきました。私はそれがとても不満で、反対される理由を探ろうと思ったのです。そして、歌や踊りなどの芸能と買春には歴史的に見て古いつながりがあると知り、その起源を理解しようと考えたのです。ラホールで調査を行った結果、これらの職業に携わる人たちと会えただけでなく、家父長制の背後に潜むポリティクスや、とくに女性に対する道徳観を規定している人びととの偽善ぶりについて深く知ることになりました。

本書は買春街に住む人びとについて書かれているように見えますが、実はパキスタン社会全体におけるジェンダー関係を映し出す「鏡」として、それを使っています。いわゆる「悪い」と考えられている女性について読んでいただくなかで、「良い」と考えられている女性への理解を深めていただくことになるのです。さらに、「悪名高い制度」をとおして、主流社会の「貞節を定めた制度」の背景にある偽善について理解していただけるでしょう。

かつてのコーテザン制度は、現在のパキスタンではほとんど消滅したものの、「良い女性」「悪い女性」という考え方は、社会に、人びとの心に、深く根付いていることに気がつきました。女性が貞節であるかないかを決めるのが男性であるという状況は、まったく変わっていません。結婚している男性が別の女性と付き合っても、何ら悪く言われることはありません。そのうえ、男性は付き合っている女性を侮辱したり、その女性との間にできた子どもを認知しないこともできます。男性による否認、男性が決めた道徳観にもとづく判断によって、女性の生活が破滅させられてしまうというのに、その責任が問われることはまずないのです。パキスタンであれ、日本であれ、アメリカであれ、多くの社会では、判断を下すのは男性で、非難されるのは女性という家父長制のもとで、女性は道徳観を求められてきました。

最後に、この場をお借りして、日本の読者の皆さまに私の本を紹介してくださった出版社と訳者にお礼を申し上げます。そして、この本をとおして、パキスタンの社会や人びとに現実に起こっている状況を知っていただき、コーテザン制度があった時代につくられた価値観がいまも残るパキスタン社会を、「ゲイシャ」という職業がある日本の皆さまとともに見つめ直す機会になればと思っています。

二〇一〇年八月

フォージア・サイード

主要登場人物関係図

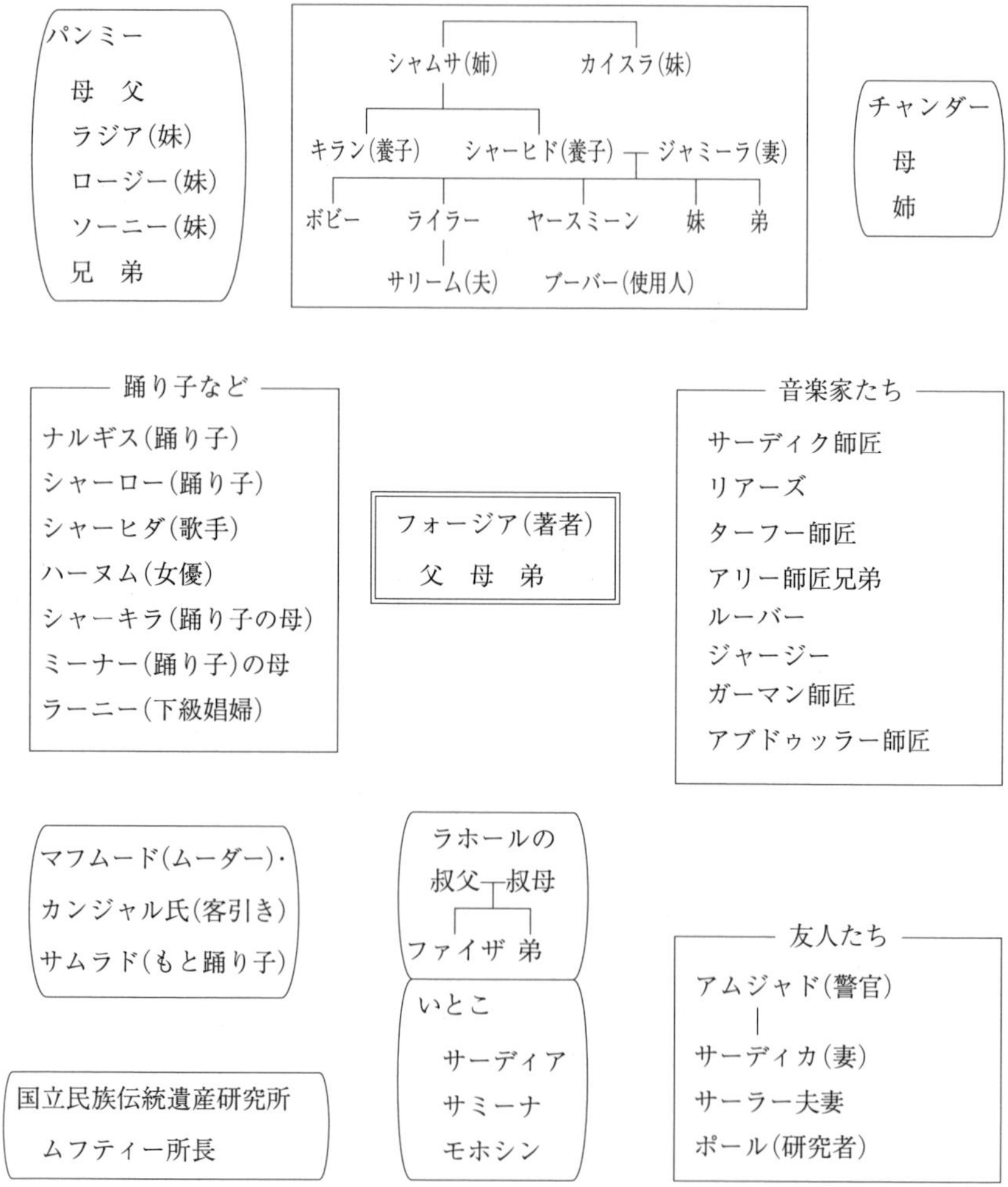

＊本文でよく出てくる用語を 360〜362 ページに解説した。

第1章　タブーとされる地区

バルコニーで客を誘う踊り子

ラホールの買春街

秘密にしておきたい存在

シャーヒー地区で調査を始めて一年あまりが過ぎていた。イスラマバードからラホールまで、古いトヨタ車を何度走らせただろうか。多くの人たちと出会い、会話を録音したテープが山のようになった。ときには警察と言い争い、車のタイヤをすべてパンクさせられたこともある。しかし、私が抱いていた多くの疑問に対する答えは、まだ見つかっていない。ラホールにおける伝統的な売買春の形態とパキスタン社会との関連について説明してくれる人と話がしたかった。

そんなある日、家に帰ると、うれしいことに、イスラマバード警察の幹部で個人的な友人でもあるアムジャド・シャーからのメッセージがあった。私が行っている調査の進捗状況について知りたいので、自宅に来てほしいという内容である。私の身の安全についても心配していたのだろう。

アムジャドの家に到着すると、趣味のいいモダンな造りの応接間に通された。長い付き合いだったが、制服姿でない彼を見るのはまれである。その日は、珍しくシャルワール・カミーズを着ていた。妻のサーディカは影のような存在だ。玄関であいさつを交わした後、夫と私にお茶とお菓子を持って来て「遠慮しないで、たくさん召しあがってくださいね」と勧めると、私たちの会話が始まる前に静かに立ち去った。

少しくつろいだ後、アムジャドが切り出した。

「君がいま行っている調査に対して、警察は強く反対していると聞いているのだが」

「警察だけでなく文化省も、ラホールの赤線地帯についての調査にはとても否定的な態度をとっています。それに、私のような中流階級の女性が売買春という研究テーマに取り組むことは、社会から受け入れられていないように感じています」

実際、調査を続けるように励ましてくれる人は、まずいなかった。シャーヒー地区とそこでの職業が重大な「タブー」とされているからである。一方で、何か面白い話を見つけるのではないか、というけしからぬ期待をする人もいたのだが。そこで、シャーヒー地区のことは秘密にしておきたいと考えられていて、情報を得るのが非常にむずかしいのはなぜなのか、アムジャドに聞いてみようと思った。それまでも、政府や警察関係者に聞こうと試みたが、秘密を暴こうとする調査にはかかわりたくないという態度が明々白々だったからだ。

「どうして、こう秘密めいているのでしょう？　だから、何かロマンチックだけれども、恐ろしい、疎ましい、というイメージになっていると思うんですけど」

「ふれられたくない部分に君が入り込もうとしているからだよ。このことは以前にも話しただろう」

「どうも、それだけではないように思うんです。人びとの反応は本能的なんです」

「本能的とは……売春を生理的に嫌っているということかい」

「そういう意味ではありません。何世代にもわたって社会に深く根付くと、社会がつくった価値観だということを忘れてしまうのです。価値観が深層心理となり、考えないで反応してしまう。性別による役割分担についてもっている意識と同じです」

「シャーヒー地区はタブーなんだよ。そこから、いったい何を得ようとしているんだい。なにしろ、あそこは恐ろしい場所だと、みんな教え込まれている」

「すべての人がそう思っているわけではないですよ。一般的に、そんな印象がもたれているだけです。だって、多くの人たちがお客としてシャーヒー地区を繰り返し訪れているじゃありませんか。社会がシャーヒー地区を謎の場所とし、その謎を懸命に守ろうとしているんですよ。売買春に携わっている『悪い人たち』だけに着目して、シャーヒー地区と一定の距離を保とうとする。作り話によって、地区での秘密を守る。そして、もっとも重要な点は、売春婦のもとに通うお客を守っていることなんです」

秘密にするための作り話

テーブルからパイプを取り上げて、火をつけたアムジャドは、椅子に深く座り直して聞いてきた。

「どんな作り話だい」

「性的暴行を例に話してみましょう。言うまでもないですが、買春が性的暴行と同じだと言うつもりではありません。性的暴行は、疑いの余地なく社会で非難されますよね」

「もちろん、そうだとも」

「でも、作り話をもち出して、性的暴行をした人を本能的に擁護することがよくありますよね。『責任はいつも女性側にある』と。女性が派手な服装をしていたとか、きっと間違ったサインを出したんだとか。暴行した側についての作り話もありますよ。『性的暴行を行うのは気が狂った人だけだ。ふつうの人ではない』。それに、性的暴行は、性的な抑圧やフラストレーションなど感情に駆られて起こす犯罪だと言われています。実際のところ、性的暴行とセックスへの欲求との関連性は薄くて、男女の力関係によって引き起こされる犯罪だと広く認められているにもかかわらず。

暴行された後についての作り話もありますよ。『被害者の女性は汚れてしまったから、結婚する男なんていない』。性的暴行について使われる言葉には、尊厳の喪失という意味が含まれています。でも、尊厳を失うのはいつも女性で、暴行を加えた者への敬意が損なわれることはありません。こんな作り話が社会に存在するから、暴行された女性だけが注目され、暴行した男性は見逃されて表に出ることはない。『だから何だって？　若気のいたりだよ』と、この国では暴行犯をしょっちゅう許しているじゃありませんか。女性は恥辱を受け、汚名をきせられるのに。大物政治家たちが同情して性犯罪に取り組もうと決めたとしても、髪や顔を隠さなければならないのは女性。国中のテレビニュースで映されるのは、暴行犯ではなく被害者の女性なんです」

「わかったよ。世間は被害者ばかりに注目し、性的暴行を加えた者に甘いと言うんだな。では、売買春とどう関係があるのか説明してくれたまえ。売春をしている女性も性的暴行を受けた女性と同様に被害者だというのかい」

「同じような作り話を、シャーヒー地区や他の買春街にもつくっているんです。その真相を暴こうとすれば、猛反対が起こる。作り話は、『悪い人びと』とされている売春婦と買春宿の経営者たちにまつわるものばかり。だから、彼らが悪人だという思いが、どんどん強まるのです。また、『女性が一人で、あるいは男性の同伴なく外出すると、そんな悪人の餌食となり、買春街で働くはめになってしまう。いったん買春街に足を踏み入れたら、決して逃れられない』という作り話もありますよ。売春婦が別の職業に就くなんて、私たちの社会では決して受け入れられないでしょう。こうした話をお聞きになったことがおありですよね。映画や文学でも繰り返し繰り返し語られ、受け継がれ、社会の伝統的な知恵となっているのです」

隔てられない二つの社会

アムジャドは、大きく息を吸ってから言った。

「シャーヒー地区との距離が大事なのだと私が言ったとしたら、どうだい。私は、娘には買春街のことをあまり知ってほしくないと考えている。娘は私の気持ちを知っているから、買春街に興味をもつことはない」

「では、息子さんはどうですか。息子さんのほうが、『恐ろしい場所』だとより強く思う必要があるんじゃないですか。これが私の言いたい点なんです。世間は、売春婦の存在は単なる社会現象の一つだと、気にもとめていません。本当は、買春する人のほうがもっと問題なのですが、社会が保護しています。買春街に行く人は、私たちのまわりに山ほどいるにもかかわらず、誰なのかは知らない。シャーヒー地区では、警察はお客を保護し、売春婦に嫌がらせをします。お客とは、買春街が営業している夜一一時から一時までに訪れる人だけじゃありませんよ。本当のお客とは、買春を存続させている人たちのことです。もしアムジャドさんが買春している人についての作り話を三つ言えるとしたら、私は売春婦にまつわる作り話をいくつでも言うことができますよ」

　アムジャドがニヤッとする。私は続けた。

「女性には四つの役割があるとよく言われています。つまり、母、妻、姉あるいは妹、そして売春婦です。売春婦は、その役割以外の三つの役割を果たしたいと夢見ますが、失望するばかり。私たちの文化では、売春婦はまったく別の種類の人間となっているのです」

「一理あるな。売春婦は社会に溶け込むことができない、とは言わないが」

　アムジャドは、ためらいながら言った。

「売春婦は木の上で生きているとでも？　売春婦も母であり、娘であり、姉であり、妹じゃないでしょうか？」

「うん、そうだ。そうだと思うよ。彼女たちのなかではね。しかし……」

「私たちは売春婦を遠い存在だと思いがちですよね。でも、アルバイトで売春をしている高学歴の若い女性がラホールにたくさんいることを、私よりよくご存知でしょう。彼女たちのようなコールガールは増えるばかりで、どれほど広まっているのかわからないほどではありませんか。いま売春をしているのは、特定の集団の女性たちではなく、大きなグレーゾーンとなっています。シャーヒー地区へ伝統的な売買春について調査に行くと、グルバルグ地区(1)に住む女の子たちが車でやって来て、自分たちの店の鍵を開け、伝統的な歌や踊り、ムジュラーを夜中の一一時から一時まで見せ、車を運転して家に帰るのをよく見かけますよ」

アムジャドはパイプをくゆらせながら、宙を見ていた。

「『女性がシャーヒー地区に行ったら、無理やり売春させられる』という作り話については、どう思われますか。シャーヒー地区に住む女性の多くは売春とはなんら関係していないと、世間の人は知っているのでしょうか。店を経営している人の家族も住んでいるんですよ。カンジャルの人たちのなかでも、売春婦の息子の嫁は決して売春婦として働きませんし、売春をしないと決めている娘もいます」

「わかった。じゃあ、作り話をなくしたら、いったいどうなるんだい」

「私は作り話にすぎないことを証明するために、その背後にある現実を明らかにしようとしているんです。売買春を行っている地区だけに注目して話をでっちあげ、作られた話を信じ続け、真実を暴こうとする者に反対していると、世間の人は認めるべきだと思います。全体像を知るためには、別の側にいる人たちのことも含めて考えなければならないと言っているんです」

眉をひそめながらアムジャドは私を見て、聞いた。

「別の側とは」

「シャーヒー地区以外の社会、つまり私たちについて考えるべきなのです。売春婦が相手にしているのは誰ですか。売買春によって利益を受けているのは誰ですか。社会がシャーヒー地区に託している機能は何ですか。私たちは本当に売買春の問題について知り、公然と議論を始め、その問題に取り組みたいのでしょうか。それとも、シャーヒー地区の人たちはたいへんな『悪人』で、一般の男性を堕落させる怪しい人たちだと非難し、その存在を無視し続けていくのですか」

「その意見に賛成できるかどうか、わからないな」

アムジャドは窓のほうへ目をそらせた。

「では、なぜ、これほど秘密ばかりで、抵抗があるのでしょうか。どうして売買春という話題を恐れるのでしょうか。私たち自身にある矛盾と偽善が明らかになるからではないでしょうか。アムジャドさんまでが、『パキスタンに売買春が存在しないというふりを続けるべきだ』と考えていらっしゃるなんて、言わないでくださいね」

「もう少し、考えてみる必要があるな」

「おっしゃってください。もし本当に売買春に反対するのであれば、真実を追求することがどうして害になるのでしょうか。誰が売春婦を雇っているのか。誰が売春婦にさせられてしまうのか。誰がお金を儲けているのか。誰が売買春を保護しているのか。私たちの社会の『うみ』を出そうと望むのであれば、もっと学ぶことから始めたらいいでしょう。理解することが、売買春についての作り話をなくすための第一歩です。売買春に携わっている人たちも私たちと同じ人間です。うれしかったり、悲しかったり、祈ったり、この困難な時代を生き抜こうとやりくりしている。人を愛したり、うまく利用したり。権力がある人、ない人、誠実な人、思いやりがある人など。それが理解できれば、私たち自身をも見つめ直し、そして社会の全体像を知ることができますでしょ」

伝統的な職業としての売買春

アムジャドの妻、サーディカが現れた。

「庭の芝生の上で、お茶にしましょうよ」

「われわれが話をでっちあげてきたのだと、本当に考えているのかい」

サーディカといっしょに外へ出ようとする私にアムジャドが聞いてきたので、振り向いて答えた。

「歴史的に見ても、カンジャルの人たちが特定の役割を果たしてきたことは無視できません。多くの証拠がありますから。カンジャルとは親族の大きな集まりのような職業カーストで、ほとんどの女性がシャーヒー地区のような場所で、何世代も売春を行ってきました。生まれたときから売春婦になるように育てられるのです。不道徳な若い娘が売春の道に入るとか、貧しい家の小さな娘が親に売られて売春をしているのとは、違うんですよ」

サーディカは私の腕をとって自分に引き寄せた。外に出てテーブルについてから、私は話を再開する。

「たとえば床屋、肉屋、鍛冶屋、革職人などの職業と同じように、カンジャルの人たちは生まれたときから売春を職業としているのです。古い封建制度では、権力者が社会で必要な機能すべてについて、それぞれの機能を果たす人びとから構成された社会階層を構築しました。インドでは、家業は売春であると決められたカーストや民族集団の存在を確認した研究報告が数多くあります。売春を職業とする家に生まれ、他の職業に就く人びとと同じように社会のなかで居場所をもっていたのです。なぜ、このような広い視野でカンジャルの人たちを見ることができないのでしょうか」

サーディカは私とアムジャドの会話に飽き飽きして、さえぎった。

「もう終わりにしてちょうだい。お茶とお菓子の時間にして、何か楽しい話をしましょうよ」

私は微笑んで、サーディカの家族について話し始めた。アムジャドは、宙を見ながら口ひげをもてあそび、それからは何も語らなかった。

シャーヒー地区の昼と夜

昼間はふつうの旧市街

私が初めてシャーヒー地区を訪れたのは、本格的に売買春についての調査を始める八カ月ほど前だった。その訪問が調査の方向性を決定づけた。勤務先の上司である国立民俗伝統遺産研究所(3)のアクシー・ムフティー所長に誘われて、ラホール旧市街で毎年開催されているバサント(4)という凧揚げ祭りに行くことになったのである。彼の友人で、イスラマバード市に住む心臓専門医とラーワルピンディー市に住むビジネスマンもいっしょだ。私の主な目的は研究所に所蔵する凧を手に入れることで、カメラ好きの三人の男性は凧揚げの様子を写真に収めるのに夢中だった。

精巧な造りの凧を探しながら、旧市街をあちこち歩いているうちに、有名なシャーヒー地区に行き着いてしまった。驚いてあたりを見まわしたが、他のバザールと変わりはない。細い路地、建物、人ごみ、自転車、馬車、リクシャーの間を駆けまわる子どもたち。物売りの男たちの私に対する態度も、なんら変わらないように思えた。私たちが立ち止まって道を聞いたりすると、あっという間に野次馬に囲まれたが、それは他のバザールでも起こりうることだろう。旧市街の他の場所を歩いているときと同じように、女性の私も気楽に歩きまわった。

男たちで大混雑の夜

ムフティー所長たち三人は、その夜もう一度シャーヒー地区を訪れるつもりだという。私は調査対象の場所となるか見極めるためにいっしょに行きたいと頼んだところ、同意が

シャーヒー地区のメインバザールに並ぶ出店

得られた。夜のシャーヒー地区は、昼間見た光景とはうって変わり、人、人、人の大混雑。それもほとんどが男たちだ。店にはこうこうと灯りがともり、少年が花やパーンを売り歩き、活気に満ちあふれていた。道幅六メートルほどの通りを、人びとはゆったりと歩いている。日中見た交通渋滞はなく、ときおり車が通り過ぎる程度だ。

私はある奇妙な小部屋を発見した。建物の一階にあるのだが、道より一メートルほど高くなっていて、短い階段でつながっている。階段を上がったところは踊り場というか短い通路になっていて、いくつかの小部屋に通じるようになっている建物もあった。さらに通りを下って行くと、小部屋の中に着飾った女性たちの姿が見えた。正面の壁がなければ、自宅のリビングでくつろぐ様子を見るようだ。小部屋の扉は大きく開かれ、布か竹を編んだカーテンで覆われているだけ。室内は明るく、外から中の様子は丸見えである。

ほとんどの女性は小部屋の中央で床に座っていたが、ソファに座っている女性もいた。女性たちの後ろに、音楽を演奏する男性が座っている小部屋もある。シルクのシャルワール・カミーズを着ている女性が多い。ある「お店」(小部屋)には、まるで映画のセットから抜け出してきたような長いガウンをまとい、ビーズが垂れ下がった中東風の金色の帽子をかぶっている、エキゾチックな装いの女性もいた。建物の上のほうを見ると、鮮やかな色の服を着た厚化粧の女性たちがバルコニーから身を乗り出している。こ

コーターで客を待つ踊り子

の二階の「お店」の女性たちは、通りすがりの男たちに微笑みながら姿をちらっと見せては小部屋に隠れ、気を引こうとしていた。

これらの小部屋は、まるで店のショーウインドーのようだ。ただし、並べられている商品は生身の女性。客はじっくりとショーウインドーを眺めて品定めをしている。通りの人ごみのなかには、小額の紙幣へ交換する両替サービスに走りまわる少年や男たちもいた。(5)「美のバザール」(*Bazaar-e-Husn*)、「ダイヤモンド市場」(*Heera Mandi*)というシャーヒー地区の別名が頭をよぎった。商品が陳列され、客が何を買おうか迷っている。まさにバザールであう。そして、私は気づいた。この小部屋こそが、南アジアの映画のシーンによく登場する、客が踊りを見るために駆け上がって行くコーターなのだ。

コーターと踊り子たち

凧揚げ祭りが真最中の街で、私は少し着飾っているように見えたのだろう。通りすがりの男たちは、私のことを小部屋から抜け出て来たシャーヒー地区の女性だと思ったらしい。「お客」は、頭のてっぺんからつま先までなめるような視線を私に浴びせたが、触ったり嫌がらせをすることはなかった。お供の三人の男性は、ボディーガードのように、私にぴったりと寄り添って歩いている。しばらくすると、言葉では言い表しがたいのだが、なんとなく心地よく、開放的な気持ちにすらなっていた。

私たちは、とても素敵なグングルーをつけた二人の女性が座っているコーターに入ることにした。グングルーをつけているから、歌うだけでなく踊るはずだ。私は舞踊に興味があったから、ぜひ踊りを見たいと思っていた。コーターに入ると、二人の女性は立ち上がり、たいへん丁寧なあいさつで迎えてくれた。すぐさま、少年が大きな折りたたみ扉を閉めた。一度に一人ないし一グループをもてなす慣わしがあり、芸が披露されている間に他の客が入って来ないようにするためだという。

コーターは横幅四・五メートル、奥行き三・五メートルほどの広さで、床にはじゅうたん、その上にさらに白いシーツが敷かれ、筒型のクッションが置かれている。タブラ、ハルモニウム、ドーラクを演奏する三人の楽師、その横に年配の女性と一二歳くらいの少年もいた。女性客を珍しがっていたので、ムフティー所長が「アメリカから来て踊りを見たいのだ」と説明すると、納得したようだ。床に腰を下ろすとお茶を勧められたが、丁重に断った。

「何をお聞きになりたいですか」

「パンジャーブの曲なら何でもいいよ」

一人がそう返事すると、女性たちは楽師の演奏に合わせて、歌と踊りを始めた。荒れた声で、雑に歌うパンジャーブ映画の挿入歌。演奏の音は大きく、踊り子たちもグングルーで大きな音を立てながら、よく映画で見るようなあからさまにセクシーな踊りを見せた。二人の踊り子は一人の客をターゲットにし、その客の目を見つめながら誘惑するようなポーズをとって踊っていたが、まったく感情がこめられていないと明らかにわかる。踊り子たちはその客からお金をもらうまで踊り続け、それから次の客へと移動する。私の近くにも来て踊った。私の代わりに三人の男性がお金を投げると気付いた踊り子たちは、短時間でできるだけ稼ごうと、私の前で繰り返し繰り返し踊り続けた。これも踊り子たちの芸のうちなのだろう。ほかにもたくさんの客が通りにあふれている稼ぎ時である。私たちのお財布をすばやく空にし、うまく追い出そうというわけだ。

私たちの作戦失敗だった。コーターに入ってすぐに少年を両替に行かせたので、私たちの予算が知られてしまっていたのである。五〇〇ルピー[6]しか両替せず、しかも踊りの後に「別のサービス」を要求する常連客でもない。両替したお金を使い切ったところで、踊り子たちは別れのあいさつをした。

「お客さんが他の部屋にいらっしゃいましたので、失礼させていただきます」

「お話を聞きたかったのですが……」

と私が言うと、それぞれが名前を名乗ってから答えた。

「『オフィス・アワー』ではなく、昼間に会いに来てくだされば、何でもご質問にお答えします」

政府はコーターの営業を夜の一一時から一時まで、と規制している。だから、勤務しているコーターを「オフィス」になぞらえ、「勤務時間中」と表現した。観光目的で、本当の客でない私たちを相手に、貴重な「オフィス・アワー」を無駄にしたくなかったのだ。

研究計画書の提出

私はシャーヒー地区を調査の対象にしようと、すぐに心を決め、研究計画書を作成した。世間から拒否されているものの、社会のなかで揺るぎない位置を占めている矛盾に満ちた地区と、そこに住む女性たちの生活を、さまざまな側面から探るという内容だ。この地区は、一般社会の人びとに謎めいた場所として捉えられており、男性に快楽を与える役割を果たす商品として女性が扱われている極端な事例である。ただし、偏見や道徳規範をもち込まず、客観的な視点から調査を行いたかった。

この調査において、私の学術的な背景から次の二点に興味をもっていた。一つは文化的な側面で、音楽の伝統やシャーヒー地区とパキスタン全体の大衆芸能との関係について調べること。もう一つは手法で、売春婦として働く女性を理解するために、フェミニストの視点を用いること。こうした意図で、国立民俗伝統遺産研究所へ研究計画書を提出した。そのとき本格的な調査を始める前に官僚社会の高い壁が立ちはだかるとは、夢にも思わなかった。

「赤線地帯」の女性博士

立ちはだかる壁

調査を行う間に多くの反対や嫌がらせに直面したが、とりわけ忘れられない日がある。それは、文化省の事務次官からの呼び出しだ。ラホールの赤線地帯、それも悪名高いシャーヒー地区で調査をしていると、文化省の上級官僚が聞きつけ、激怒していたからだ。問題があるようには見えない研究テーマが官僚をこれほど大騒ぎさせるとは、信じられなかった。公職に就く女性がタブーとされている地区へ足を踏み入れるだけでなく、その地区に関する論文を書くなど、我慢ならなかったようだ。政治的な問題になるかもしれないと危惧したのだろう。私を解雇しようとしているのだから、釈明しなければならなかった。

ほとんどの市民が見たこともないパキスタン政府の中枢部、高いビルが立ち並ぶ官庁街で、国立民俗伝統遺産研究所の公用車から私は降りた。官庁街はイスラマバード市の閑静な一角にある。市内に住み、文化省下の研究所で働き始めて一年あまり経っていたが、このあたりへ来たことはなかった。ファイルの山を手に抱え、資料で膨れ上がったカバンを肩に、私は建物の一つに入り、「文化省の建物で間違いないですか」と確認した。

「エレベーターが故障中なので階段を使いなさい」

警備員は膨大な書類の束を不思議そうに眺めながら答えた。ゆたかな口ひげの下から、かすかに笑みがもれている。冷たい大理石の壁に囲まれた階段を昇りながら、腹立たしくも、がっかりもしていた。それでも、何とか事務次官を説得できるのではないかと信じていた。

二つの研究計画書

私が勤務していた国立民俗伝統遺産研究所の目的は、工芸品、音楽の流派、民話などパキスタンの伝統的な民俗文化について記録を残すことである。当時の私は研究部門の副部長を務めており、部の年間研究計画に二つの案を数カ月前に提出していた。どちらも、パキスタンの伝統的な大衆芸能がテーマだ。とくに、芸能とパキスタン社会における女性の役割との関連について以前から非常に興味をもっていた。研究計画書の一つは、村々を旅して人びとに娯楽を提供する伝統的な旅回りの一座に関するもので、大衆芸能において女性が果たす役割に注目している。また、研究所が苦労して記録にとどめている歌手や音楽家のルーツについても調べたかった。もう一つが、この国で人気がある芸人の多くの出身地であるシャーヒー地区の大衆芸能についての研究である。

南アジアでは最近まで、赤線地帯に対する考え方が他の国とは異なっていた。音楽、歌、踊りといった芸能は売春という職業と密接に関連しており、赤線地帯に伝統的な文化の起源がある。そこは、大衆芸能の芸人を次々と輩出してきた場所である。何世紀もの間、社会で明確に定められた位置があり、芸能とともに性的なサービスが提供されていることもよく知られていた。

私が書いた二つの研究計画書は、同僚と研究所長によって精査される。数カ月前にシャーヒー地区へ私を連れて行ったのは、ほかでもない自分であることを思い出したムフティー所長は、調査手法、標本の抽出方法、調査期間についていくつか質問をした後、こう勧めた。

「この調査は研究所の知見の集積に貢献する。正式に研究計画書を提出するように」

ところが、数週間後「文化省は提出した研究計画書のうち、シャーヒー地区の調査部分だけは認めなかった」と直属の上司から聞いた。信じられない話だ。本省は研究所の事業には口を出さず、所長が事業の計画と実施にかかわる権限をもっていることは、勤務年数が浅い私でも知っていた。私の計画書が採択されなかった理由をきちんと説明してくれる人は、所内に誰もいない。せいぜい休憩時間に、冗談めいた理由を聞いただけである。

研究所では、青々と茂った大きな木に囲まれた近くの出店で休憩をとるのが、同僚たち(といっても全員男性なのだが)の日課だった。休憩時間がもっとも創造的な時間といってもいいだろう。笑いがあふれる会話のなかで、ビデオ制作や研究の新しいアイデアを議論し、古文書整理の計画を立て、共同研究者が生まれる。そんな非公式な場で、私の研究計画書は「ふれられたくない部分を探ろうとしている」という理由で、認められなかったと知った。官僚たちは、とても神経質になっていたようだ。私は何げなく尋ねた。

「どうしてなの。シャーヒー地区出身の大衆芸能の芸人たちが研究所に来たとき、あんなにほめていたじゃない」

当時、研究所では『パキスタン音楽の巨匠たち』というビデオシリーズを制作していた。その制作にかかわれて私はとてもうれしかった。音楽家に長時間インタビューでき、芸術、稽古、演奏、家族、生活などについて貴重な情報が得られるからだ。インタビューをとおして、ほとんどの巨匠たちがなんらかの形でシャーヒー地区とつながっていることを知った。そこで、シャーヒー地区と、そこに住む巨匠と他の芸能人との交流について調査し、ビデオ制作に役立てたいと思ったのだ。

研究所はビデオ撮影する歌手や音楽家一人ひとりのために、豪華なイベントを夜に開催する。素晴らしい歌や演奏が披露されると、首に何重もの花輪をかけ、パキスタン音楽への貢献を讃える。それなのに、彼らのような歌手や音楽家のほとんどが生まれ育ったシャーヒー地区を調査対象として取り上げたことが、官僚を驚かせる事態となってしまった。どうして、シャーヒー地区を認めないのだろう。

官僚の道徳家ぶった態度について、同僚たちと議論した。同僚たちは言う。

「どうしてシャーヒー地区が認められていないかって。社会的なタブーと関連しているからさ。音楽より売買春と結びつけて考えられているじゃないか」

それは一理ある。しかし、私は反論した。

「この国すべての芸術家や芸能人の業績を保存し、伝統音楽を普及させようとしているこの研究所が、音楽家や歌手を輩出しているシャーヒー地区を認めないことはありえないでしょ」

官僚たちは、シャーヒー地区と国家との秘密のつながりを私が暴くとでも恐れているのだろうか。そんな偽善者に屈せず、研究所の資金や支援に頼ることなく、独自に調査を進めようと決心した。

大きな新聞記事

文化省は私が提出した研究計画書のうち大衆芸能については承認したので、ラホールでの調査を開始した。その間にシャーヒー地区に関する調査の準備を行い、後日個人的に調査を進めるつもりだと、研究所長に伝えた。調査のために情報を提供してくれる協力者を探しているうち、ほとんどの人がシャーヒー地区と関連していることがわかり、現地で何人かと会った。

イスラマバードへ戻ったある日、『パキスタン・オブザーバー』という主要な英字新聞の記者たちが、研究所へ私を訪ねて来た。シャーヒー地区へ行ったことを聞きつけて、興味津津《しんしん》だったのだ。報道関係者に対してはっきりものを言うべきでないと私は知らず、記者たちの質問に気軽に答えた。官僚組織で働いている者が、決してしないことだ。何でも遠まわしに言う。そうすれば、意味がよくわからない話となり、後で批判される種をつくらずにすむ。しかも、公務員は記者のインタビューを直接受けるべきではないことさえ、私は知らなかった。まず、上司に相談すべきだったのだ。記者たちが私の調査内容に大いに関心を示したので、この調査は研究所とは関係なく個人的に実施していることまで言ってしまった。それで、一研究者としてインタビューが続けられた。

翌日、父が新聞を食い入るように読みながら、私に近づいて来て困惑した顔で言った。

「これは、おまえか」

新聞をちらりと見ると、第一面に「赤線地帯の女博士」という見出しで私の写真が大きく掲載されていた。こんな大きな記事になったとは、ショックだった。父は目を見開いて、何度も何度も写真を見ていた。私はおどおどしながら「そのようね」と答えた。父が新聞をめくると、そこにも私が載っている。さまざまなポーズの写真とともに、私が話した言葉が太字で引用されていた。全面記事である。見逃す読者はまずいない。

すぐさま、私は母のところへ走って行った。人生最大のショックを受ける前に、私の口から説明すべきだと思ったのだ。母と父に昨日起こったことを話すと、納得してくれた。少なくとも私はそう思いたかった。かなりリベラルな両親に育てられた私のことだ。突拍子もない行動をとるかもしれないと、想定していたのだろう。

両親との長い会話のなかで、研究所の偽善者ぶりに対する不満をぶちまけた。シャーヒー地区については、作り話や言い伝えをとおしてしか知らない人が多いため、両親は調査の重要性については理解してくれたが、方法には懸念があるという。シャーヒー地区に立ち入った女性はみな誘拐され、売春婦にされるという作り話を信じていたうえ、暴力団との関係についても心配していたからである。私が現地へ行ったことに対して最大級の反応を示したのは、「悪人」として知られている客引きでも暴力団でもなく、パキスタン社会で「善人」と考えられている人たち、とくに官僚のなかでも「教養がある」とされている上級官僚だったという事実を、両親は知らなかった。

その新聞記事は、官僚たちの間で大騒ぎになった。がっかりしたことに、所長はすべての責任を私になすりつけ、研究所内では多くの政治的な問題がうずまいていた。八年間アメリカに留学していた私は、研究所がパキスタンに戻ってから初めての職場で、官僚という人たちを知ったのも初めてだった。私のとった行動が政治的にどんな意味をもっているのか、まったく考えもつかなかった。それに、シャーヒー地区の調査は個人的に行っていて、誰からも止めるようには言われていない。

解雇通達

状況を理解しないまま、大衆芸能に関する草分けとなる調査研究だと信じ込んでいた私は、再びラホールへ向かった。二週間の間に多数の芸能関係者に会い、数少なくなった旅回りの大衆芸能の一座を追いかけるため、パンジャーブ州の僻村《へき》へも行かなければならなかった。この調査期間中に、旅回りの一座がシャーヒー地区やあちこちの赤線地帯から踊り子を雇っていることがわかった。女性の出演者が常に不足していることと、近年観客数が減っているので幕間に踊りを見せて客集めをしようというのが、その理由だ。

イスラマバードに戻ると、シャーヒー地区での私の調査は重大な職権乱用だとして、上司たちが処分を検討していると聞きおよんだ。そして、私を解雇するために綿密な捏造工作が行われ、認可されていない研究に政府の予算を使ったという罪で告発されたのだ。この事態には、とても驚かされた。というのも、それまでの二回の現地調査については研究所から承認を得ていたからである。例の新聞記事を読んだ政府高官がいて、この大失態について文化省の事務次官を非難したにちがいない。多くの政治家や政府高官はシャーヒー地区での商売と強いつながりをもっていることが、その後の調査でわかった。だが、当時の私は知る由もない。事務次官はムフティー所長を叱責し、所長は直ちに官僚組織のドンたちへ私の首を差し出した。研究所で働き始めて一年半、私は不要な人間と考えられたわけだ。

しかし、正式な手続きを踏まずに公務員を解雇することは、それほどたやすくはない。通常、新規職員が採用されると、半年間の仮採用期間を経て正規職員となる。私の仮採用期間が二回延長され、一年半になったことにするため、二通の文書が偽造された。こうして、「まだ仮採用期間中であるから、通常行われる解雇に関する照会も手続きも必要がない」という所長の主張を成り立つようにしたのである。

この見事な工作にはめられて目が覚めた私は、「これが現実社会なんだ」と自分に言い聞かせた。その一方で、こんなことが起こるとはを信じられないという気持ちもあった。「こんな卑劣な手段を使ってすまされるわけがない。ましてや国家組織のなかでありえるはずがない」というかすかな望みにすがり、私が実施しているもう一つの調査は承認されていると上級官僚が知れば、誤解が解けるだろうと思っていた。実際には、誤解ではなく、虚偽と捏造でしかないことが理解できないほど、私はおめでたかったのである。シャーヒー地区というだけで大騒ぎになり、官僚組織の上から下まで関係する責任者は失職するのを恐れていたというのに。

研究所長は偽造文書をもとに、簡単に私を解雇できたはずである。だが、真の官僚らしく、脇を固めようとして、私と事務次官との面会をとりつけた。後でわかったのだが、面会は形式的なものにすぎず、決断はすでに下されていたのである。公金を乱用して文化省が承認していない調査をしたという理由で、私は解雇を言い渡された。しかも、二回目の調査の前払金五〇〇〇ルピーは、何の通達もなく、すでに給与から差し引かれていた。ただ、そんなことはどうでもよかったのだ。

事務次官との面会

事務次官の部屋へと向かう階段を昇りながら、これまでの経緯が頭のなかに渦巻いていたが、すべてを説明しようと心に決めた。調査ノート、写真、パンジャーブ州各地の役者、マネージャー、舞台監督とのインタビューの録音テープ、分析途中の中間報告書など膨大な資料を抱えて、ようやく四階の事務次官室の前にたどりつく。

ドアを開けると、雑然とした狭い控室に事務次官の秘書と事務職員がいた。「座って待つように」と言われたが、あまりにも長く待たされたので、形ばかりの面会すらできないのではないかと思い始めた。部屋には、カレンダー、時計、掲示板に貼られた何枚かのメモがあるだけ。何度も同じ物を見ているうちに気分が悪くなってきた。官僚が人を待たせるのは、その地位を誇示する方法の一つなのだ。

一時間以上経って、ようやく呼ばれた。広いオフィスというだけで、重要人物の部屋だという雰囲気を醸し出す。もっとも奥まったところに立派な机と椅子がある。大きな机は、事務次官と面会者との間に距離を設ける目的にちがいない。部屋に事務次官以外の人がいることに驚く。次官はファイルを手にした二人のうち一人に対して、予算承認の件で熱弁をふるっていた。面会者は「イエス・サー、イエス・サー」と繰り返している。私のほうをちらっと見た事務次官は、「座りたまえ」とつっけんどんに言った。「たとえ他の二人の面会者がそのまま部屋に残ったとしても、気にしないで、包み隠さず率直に話そう」と言い聞かせながら、私は座り、次官の机の上に書類と写真の束、そして録音テープを置いた。次官はやっと私のほうを向いて、「何か」と聞く。私はあわてて答えた。

「私は研究者で、官僚ではありません。私の調査内容を見ていただくと、ご理解いただけると思います」

そして、調査資料を見せて説明した。

「ラホールの大衆芸能の舞台に出演している女性について調査をしておりまして、本を書くつもりです」

事務次官は「研究所長に背いてシャーヒー地区へ調査に出かけた」とだけ報告を受け、大衆芸能についての調査であることは初耳だったという。私は出張と出張費の前払いを承認する書類を見せたが、次官は困惑していた。ともかく形式上の面会だったので、私の話を真剣に聞くつもりなどなかったのだ。私が持参したたくさんの資料に驚いてはいたものの、真実を知ろうという気はまったくない。ぶっきらぼうな態度で、私が一言話すごとに口をはさみ、だしぬけに退出するよう命じた。「後で目を通されるのなら資料を置いていきましょうか」と尋ねるやいなや、「いや、いや、持って帰ってくれ」と返された。

階段を降りながら、ようやく理解できた。事務次官にとっては、私が仮採用期間中かどうか、政府が大衆芸能に関する調査を承認していたかどうか、上司が私のしたことを把握していたかどうかなど、どうでもよいのだ。事実を確認する気はまったくない。何を言っても無駄で、最初から私の話を聞くつもりなどなし。次官と上司は私を解雇すると決めていたのだ。一般の人がシャーヒー地区と聞いただけで走る恐怖心と、まったく同じである。政界のボスたちに不愉快な思いをさせ、自分たちの首を危うくするようなことに、これっぽっちも関係したくないのだ。

大騒ぎの結末

事務次官との面会後間もなく、解雇通知が出されると知った私は、一生涯することはないだろうと思っていた一か八かの賭けに出た。なにしろ、私を首にするためにとんでもない捏造行為があったのだから。次官と再び直接会えるようにするには、官僚のルートは使えないだろう。そこで、著名な文化人とコネがある友人たちに連絡し、研究所にはとどまりたいが、シャーヒー地区の調査は個人的に続ける意向だと説明した。友人たちは私の状況を理解し、さっそく次官に電話をしてくれた。「もし彼女を解雇したら、自分たちや家族から今後いっさい協力は得られないと思ってほしい」と。

すると、まったく笑い話のようなことが起きた。あれほどの騒ぎや懸命な捏造工作がぱったりなくなり、何事もなかったような平穏な日々が戻ってきたのだ。私は勤務を続け、現地調査の申請はすべて承認され、翌年には『大衆芸能における女性』という本を執筆した。研究所にとってはけっこうな話だ。調査費用はいっさい出さず、私の給料から違法に差し引いた五〇〇〇ルピーを返済することもなく、研究所から本が出版されたのだから。

その後も、私はシャーヒー地区での調査を続けた。同僚は非常に協力的であったが、ムフティー所長は私がかたくなに調査を継続していることをひどく嫌がり、研究所内の政治抗争に私を陥れるなどの嫌がらせを繰り返した。結局、事務次官との面会から二年後、複雑な政治的策略の網にひっかかり、またしてもでっちあげられた罪で強制的に休暇を取らさられるはめになった。そのころまでには、私は研究所にすっかり幻滅しており、休職命令を覆そうとはしなかった。二年後にその案件は再検討されたが、私にとって何の意味もない。復職命令の通知が家に届いたその日、辞表を提出した。

二年間の休職は、私の人生においてもっとも実り多いときだった。国際援助機関のパキスタン事務所で女性問題専門のコンサルタントとして生計を立てながら、数人の女性とBedari(ベーダーリー)というNGOを立ち上げ、パキスタン初の女性のためのシェルターを設立するなど、女性に対する暴力の問題に取り組んだ。そして、言うまでもなく、機会があるたびにシャーヒー地区を訪れた。

(1) ラホール市内で裕福な家庭が居を構えている地区として知られ、お洒落な家や店が立ち並んでいる。

(2) パキスタンにはインドのようなカースト制度はないが、芸能、清掃、床屋、鍛冶屋など職業によるカーストがあり、一般的に社会の下層に位置付けられている。

(3) イスラマバード市にあるローク・ヴィルサ(Lok Virsa)。民俗的文化遺産の調査、収集、保護活動や研究者に対する情報提供などを目的として一九七四年に設立された。音楽や芸能も対象とし、録音・映像資料を積極的に収集・制作している。

(4) (*basant*)春の訪れを祝う祭りで、揚がっている凧の糸を切り合うけんか凧が通常、二月第二週の週末に開催される。ラホールの凧揚げ祭りはとくに有名で、多くの人びとが訪れる。

(5) ヴェール(*vail*)といって、歌や踊りへ感謝の意を表すために、一、五、一〇ルピーなど小額の紙幣を踊り子たちにシャワーのように浴びせる古い習慣がある。そこで、客のために両替をする商売がある。

(6) 一パキスタン・ルピーは約二円(二〇〇二年当時の為替レート)。

第2章　「赤線地帯」の人びと

踊り子たちに教えるサーディク師匠（一番左）の稽古場

最初の出会い

本格的な調査を開始

シャーヒー地区についての研究計画書が引き起こした騒動は奇跡的に解決し、ようやく本腰を入れて調査に取りかかれると、私はラホールへ向かった。南アジアの多くの古い都市と同様に、ラホールも都市部が周辺地域へと広がっているが、中心部には古くからの街が残っている。一〇世紀以降のラホールの歴史については詳細な記録が残っており、旧市街については二世紀なかばにまで遡る記述がある。いまでは流路が多少変わったラーヴィー川のほとりにある旧市街は、アクバル皇帝(1)が建設した厚いレンガ造りの城壁と、そのまわりの濠に囲まれていた。城には一三の門があり、内側に住む人びと守るために夜間は閉められたという。

一九世紀になると、イギリス人が城壁や門を壊し、濠も埋めてしまった。しかし、ラホールの人びとはかつての姿を心にとどめ、代々語り継いできた。城壁の中の街に住む人たちは、いまも門を目印としてよく使う。誰かを訪ねるときは、門、次にバザールの名前か近辺の場所を言えば、道順を教えてくれる。旧市街の人たちは、お互いをよく知っているのだ。

ラホール新市街の中心にあるマール地区に親戚の家があり、私はそこに泊めてもらうことにした。親戚宅に到着すると、すぐにでもシャーヒー地区に行きたくてたまらなくなった。ところが、初めて訪れたときはムフティー所長といっしょだったし、別の研究のために音楽家や役者たちに何回か会いに行ったときは、大衆芸能の芸人たちに連れて行ってもらった。そのため地理が頭に入っていない。迷路のような狭い道ばかりという印象しかなかった。

これからは自分で運転して行かなければならない。そこで、叔母に道を聞くと、タクサーリー門から旧市街に入り、ラホールで一番目立つシャーヒー・キラー（王の城）と言われるラホール城の右手がシャーヒー地区であると説明してくれた。タクサーリー門を越えたところで、「シャーヒー地区はどこですか」と聞けばよいと言う。イスラマバード市やアメリカのミネアポリス市などの碁盤の目のような街並みに慣れている私にとっては、変な説明に思えた。しかし、さんざん苦労してきて、ようやく調査を始められるのだ。思い切って出かけるしかない。

愛車を駆って出発

シャーヒー地区でもっともよく知られているのは、シャーヒー・モハッラとヒーラー・マンディーだ。ムガル帝国時代のラホール城のそばにあったことから、シャーヒー・モハッラには「王宮の近所」という意味がある。ヒーラー・マンディーは「ダイヤモンド市場」という意味だが、ヒーラーと呼ばれていたランジート・シンの副長官からとったという説もある。ウルドゥー語の詩で「美のバザール」と詠われているシャーヒー地区は、もともと一四のバザールから構成されている。シャーヒー・モハッラとヒーラー・マンディーはそのうちの二つにすぎないが、とくに評判となったため、シャーヒー地区全体がいずれかの名前で呼ばれるようになった。この二カ所と同様に、現在も歌と踊りを伴う売買春が行われているのは、残りの一二のバザールのうち六カ所だけである。

タクサーリー門までの道は、車、馬車、牛車、ロバ車、荷車、バイク、自転車で混雑していた。ほこりが舞い上がる喧騒のなか、車を走らせる。二又になった道まで来ると、私は旧市街へ一直線に進むほうを選んだ。道はしだいに狭くなり、両側に高い建物がところ狭しと立ち並び、まるでバルコニーが上下の階を隔てているように見えた。一階はほとんどが靴屋で、二階以上が住居になっている。そのあたりは商業の中心地らしく、車やバイクが大勢の歩行者と競い合うように走っていた。混雑が激しくなるにつれ、私の車は遅々として進まなくなった。それでも、公共交通機関に頼らず、自分で運転して出かけられるのはありがたい。旅回りの一座を調査していたときも、パンジャーブ州の農村部の村々を車で追いかけた。私は愛車の白いカローラに、「ラーニー」（女王様）というニックネームを付けている。数々の冒険を共にする大切なパートナーのような存在で、車内にいると安心できる。

やがて、映画女優の大きな看板がかかった映画館がある交差点にさしかかる。窓を開けて、通りがかりの男性に尋ねた。

「ここがシャーヒー地区ですか」

「どこへ行くんだい」

逆に、こう聞き返されるのはいつものことだ。旧市街で何かを尋ねると、必ず質問から始まる。人びとは会話をとおして情報を集め、街で起こるすべての出来事を把握しておくことが重要だと考えている。

「シャーヒダ・パルヴィーンさんの家へ行きたいんですけど」

男はまず私を見て、それから車を見て、また聞いてきた。

「どこから来たんだい」

後方の車が鳴らすクラクションの音がだんだん大きくなり、声が聞きとりづらい。パニックになりながらも、強い口調で「ここはシャーヒー地区じゃないんですか」と繰り返すと、男は答えた。

「まっすぐ行け」

最初の知り合いは歌手のシャーヒダ

私がシャーヒー地区の芸能界で最初に知り合ったのはシャーヒダ・パルヴィーンで、調査を開始した当時唯一の接点だった。古典音楽のベテラン歌手で、パキスタンの文化人からとても尊敬されている。コンサートの模様をビデオに収録するために研究所へ来たときに会い、長時間にわたって話を聞かせてもらった。最初はシャーヒー地区について話すのをためらっていたが、「いずれご自宅にうかがいたい」と頼み、承諾を得ていた。

男に言われたとおり直進し、交差点を通り過ぎると、バザールだ。レストラン、ビデオショップ、牛乳屋、パーンを売る露店などが並ぶ、どこにでも見られるようなバザールである。道の両側には、パキスタン映画やインド映画でよく見るバルコニーが目立つ高い建物が建っている。そこで、面白い光景を目にした。通りをはさんで向かい合う建物に洗濯ひもがかけられ、色とりどりのタオルが干されているのだ。ひもは交通の妨げにならない高さに張られている。シャッターが閉まり、廃業してしまったような店舗もある。しかし、初めてシャーヒー地区に来たときのことを思い出した。これらの店は夜になると、「夜の女王たち」が演じるきらびやかなホールへと様変わりする。これがシャーヒー地区に対する悪評の理由だ。

ノーガザー（別名ナインヤード）交差点に、ようやくたどり着いた。ここには長さが八メートル以上もある墓があったとされ、昔の人は背が高かったのだと、いまだに信じている人がいるらしい。イスラーム聖者(5)の墓だったと考えられているが、いつごろ取り壊されたのかは定かでない。墓廟も何の形跡も残っていないが、この謎の墓にちなんで名付けられている。続いて、楽器屋と大きなレストランが三軒見えた。店先にぶら下げられた鶏肉や牛肉、道路まではみ出した厨房の調理器具、具材が載せられた調理台が、この交差点に独特な雰囲気を醸し出している。

目的地に着くまでに、さらに二回道を尋ねた。最初の若い男性には、「次の交差点まで行って、また聞いてくれ」と言われた。次の交差点で、クルターは着ずにドーティー(6)だけ巻いている太った年配の男性に尋ねると、「ここに車を置いて、後をついておいで」と言う。いっしょに狭い道を進んで行くと、ハイダリー通りという標識がある路地に出た。シャーヒダの家は、そこから少し下ったところだった。

売春を認めることへの抵抗感

開いていた扉から入ると、裸足でくしゃくしゃの髪にシャルワール・カミーズを着た一〇歳くらいの少年がいた。「シャーヒダさんの家ですか」と確認してから、「会いに来たのよ」と伝えると、「中にどうぞ」と言われた。狭くて短い通路を抜けると、四～五階建ての建物の中央に暗くて井戸のような中庭があり、その向こう側には小さな部屋がいくつかあった。少年は左手の灯りがついた部屋に案内し、「ここでお待ちください」と言った。部屋は四・五メートル四方ほどの大きさで、床には白い布が敷かれている。ソファとテーブルがあり、部屋の端にハルモニウムとタブラが置いてある。壁の向こう側から音が聞こえてくるということは、この部屋の大きな白い木製の門扉が入り口で、開くと通りに通じているはずだ。典型的なコーターである。

シャーヒダがとてもうれしそうに入ってきて、お茶とお菓子を勧めてくれた。どうやら、研究所で開くコンサートの出演依頼に来たと勘違いしているらしい。そこで、計画している調査についてすぐに切り出し、道徳的な観点から売買春の悪い点について情報を集め、売買春にかかわっている人たちを批判することが目的ではないと懸命に説明した。

「ご自身の生活について調査するのではありません。シャーヒー地区のサブカルチャーを理解するために協力をお願いしたいのですが」

シャーヒー地区の人びとがどのように生活し、かかわり合い、客に応対し、伝統的な音楽を普及しているのかを知りたいのだと、研究者として最善の努力を払って頼み込んだ。しかし、重要な調査協力者になってもらえると期待していたシャーヒダであったが、売買春についてはいっさい口を開いてくれなかった。

「母は歌に専念するため売春を止めました。自分も同じ道を歩んで、歌手をしています。ここに住んでいるのは持ち家なので売りたくないからなのです」

しかたなく、「他に調査に協力してくれそうな人を探すために近所をひとまわりして戻って来ます」と告げると、「知り合いなら喜んで紹介しますよ」と言われた。

その後数日間、私は足しげくシャーヒダを訪ね、そのつど何人かを紹介してもらった。ある日「お手洗いを借りたいのですが」と頼むと、尿の臭いがする暗い中庭のほうへ女の子に連れて行かれた。裸の男の子が下水路に立ち小便をしている。女の子は幅の狭い木の階段を上がって行く。私も後をついて昇りながら、ふつうの階段とは何か様子が違うと感じた。昇りきると扉があり、その奥に部屋がある。

私は自分の目を疑った。部屋の壁と天井はすべて鏡張りだ。ゴシック様式の木彫りがほどこされた大きなベッド、それにテレビ、ビデオ、冷蔵庫まである。じゅうたんが敷き詰められ、かなりモダンな感じだ。ただ、ちりが厚く積もっていたから、長い間使われていないのだろう。部屋に続いているトイレはタイル張りで、きれいな栗色の便器があったが、いたるところクモの巣やほこりで覆われていた。この部屋には、きっと興味深い話があるにちがいない。しかし、シャーヒダが打ち明けてくれることはなかった。

ある晩、夜の街の様子を見ようと思い、一〇時ごろにシャーヒダの家へ行くと、女の子が二人やって来た。一部屋をコーターとして使わせているそうだ。

「お部屋代を取っているのですか」

「歌手としての収入がほとんどないので、女の子たちの稼ぎから歩合を取って生計を立てているのです」

シャーヒダは歩合の決め方について詳しく語らなかったが、楽師、踊り子、部屋の貸し主の間で、歌や踊りから得た収入を分配するシステムがあることを後から知った。

翌日シャーヒダから、シャーキラという四〇歳代後半の体格のいい女性を紹介される。私を家に招いてくれ、一家がとても信仰心が厚いことを延々と話した。

「いま娘たちはコーランを読んでいるところなので、邪魔したくないんです。ご紹介できず、申し訳ありません。親戚中で一番多く寄付しているんですよ。先週はダーター様の廟に大きな鍋二つ分の食事を用意して持って行きました。私たちはイスラーム教シーア派でして、毎年ムハッラム月から四〇日間は喪に服す、信心深い一家です。歌や踊りを披露していますが、売春とはまったく関係ないんですよ」(7)(8)

シャーキラへのインタビューは信頼関係を築くという点ではうまくいかなかったが、売買春がシャーヒー地区で行われていることを認めたがらないのはシャーヒダのような有名な歌手だけではないとわかった点では、大きな収穫だった。また、信仰心という仮面をかぶって売春と無関係だと示そうとするのは、パキスタン社会がこの地区のサブカルチャーに対して植えつけた偏見や汚名を返上したいと望んでいるからだろう。

売買春のいまと昔

複雑な伝統やしきたりによってつくられたシステムをとおした性的サービスの提供は、かつては公然の秘密とされていた。音楽や踊りは常にそのシステムの一部であり、エリート層がシステム全体を擁護していた。しかし、一九四七年にパキスタンがイギリスから分離独立した後、売春は違法となる。コーテザンは、芸能人として働くのであれば合法と認めると、突如言われたのだ。裏の仕事がなくならないことはみんな知っていたが、コーテザンはその部分の仕事については隠すようになっていった。

昔は、南アジアの港町などの買春宿で働く売春婦と、芸能とかかわりがあって、より文化的な状況で働く売春婦とは、はっきりと区別されていた。コーテザンの場合、誰でも客にするわけではない。特定の男性の愛人として長期の関係をもつこともあり、買春宿の女性たちほど低く見られてはいなかった。ところが、今日ではすべてのセックスワーカーが、「堕落した人たち」とひとくくりにされている。

南アジア以外で似たような例は、私の知るうるかぎり日本の芸者だけだろう。音楽や歌や絵画の修行を積み、男性と短期・長期的な関係をもつ。長い伝統があり、一定の地位の客層が維持されている。「旦那」といわれる一人の男性と長期の愛人関係をもてば、他の客はとらなくなる。

南アジアでも、タワーイフといわれる高級娼婦は一人の客とだけ長期の関係をもっていた。路上で客を取る女性も、長期の愛人関係をもつ女性も、性的サービスを提供する女性すべてを売春婦と呼ぶようになったのは、近年のことである。南アジアでは、セックスワーカーを表す言葉は一つではなく、コーテザンから街娼まで明確な階層づけがあり、異なる呼称が用いられてきた。

調査の進め方を再検討

当初は、二週間もあれば初めに知り合った人たちと信頼関係を築くことができ、情報収集が順調に進んでいくだろうと思っていた。ところが、予定していた期間を大幅に過ぎたにもかかわらず、抵抗する壁を突き破れない。調査を始めたとき、シャーヒダ以外にも研究所の仕事をとおして知り合ったシャーヒー地区の踊り子や女性歌手何人かと連絡を取り、協力を得ようとした。しかし、パキスタン社会で売買春はタブーとされているため、その職業に関しては口をつぐむ。私は「部外者」なので、年長の家族、とくに女性には信頼されず、若い踊り子たちと話すことさえ許してもらえなかった。売春という商売がきわめて困難な状況に直面していると、彼女たちがよく知っていたからである。

法律で禁止されている売買春にかかわっていることを見ず知らずの人に認めると、自分たちだけでなくシャーヒー地区全体を危険な状況にさらしかねない。そのうえ、若い踊り子たちが私のような外部の者と知り合うと、言うことを聞かなくなるという不安があったのではないだろうか。これは、年長者にとって非常に深刻な問題なのだ。

彼女たちの生活は若い売春婦を育て管理することで成り立っているのだと、調査を進めるうちにわかってきた。

大騒動があったものの独自に調査が開始でき、とてもうれしかった私は、シャーヒー地区について抱いていた疑問に対する答えが見つかるまで続けようと決意していた。しかし、シャーヒダをはじめとする歌手や踊り子たちからうまく話を聞き出せない以上、別の戦略をとらなくてはならなかった。

作戦の変更

音楽家を糸口に

研究者にとって、調査対象地域の社会へ入る糸口を見つけることは非常に重要である。歌手や踊り子たちに直接あたってみたが、うまくいかなかった私は、別の戦略をとろうと決めた。シャーヒー地区のサブカルチャーのなかで大きな役割を果たしている音楽家たちに近づいてみようと思ったのだ。プロの音楽家は全員男性で、コーターで踊り子たちのために演奏するのが仕事である。弦楽器や打楽器奏者がほとんどだが、作曲家や歌手もいる。私は踊り子たちに歌を教えている師匠たちに着目した。(9) 売買春と直接関係してはいないものの、売春婦たちと密接なつながりをもっているからである。

音楽家の多くは、ミーラーシーという職業カーストに属している。ミーラーシーでない音楽家もそのふりをするか、少なくともその行動や価値観をまねる。ミーラーシーの語源はミーラースで、「血でつながっている一族」という意味だ。封建時代は領主層に仕え、家系を絶やさず、結婚式や祝い事での余興を仕事としていた。それぞれのミーラーシー一家が仕える領主は決められていて、領主の地位や財産によって報酬が異なっていた。

私は研究所の友人に連絡して、音楽家を何人か紹介してもらった。最初に会いに行ったのはムハンマド・サーデ

ミーラーシーの音楽家たち（左の楽器はハルモニウム、右がタブラ）

ィク師匠だ。以前、大衆芸能と女性について調査した際に面識があった。住所は知らなかったが、隣人関係が緊密なシャーヒー地区では、名前を知っているだけで十分なのだ。

ある店で「サーディク師匠のお稽古場[10]はどこですか」と尋ねると、店主が使用人の男の子に私を案内するよう言いつけた。シャーヒー地区で一番大きなバザールから狭い路地を一本入ると、師匠の家だった。低い木製のドアをノックすると、しわだらけのシャルワール・カミーズを着て、ひげを生やした二〇歳くらいの青年がドアを開けた。

「サーディク師匠にお会いしたいのですが」

珍しい訪問者に当惑したようで、屋内に戻り、「師匠、師匠、女性の方がお見えですよ」と叫んだ。ドアが半開きになっている奥の部屋に、シャルワールしか履いていないサーディク師匠の姿が見えた。シャツを取り出して身に着け、部屋から出てきた。中背で、色黒、薄い口ひげ、目にはスルマー[11]。ポマードをつけた髪は油光りしている。

稽古場に入れてもらいたいため、調査の目的を簡単に説明すると、小さな控えの間に招き入れられた。ブリキの衣装缶、箱、寝具が片側に積まれ、残りの空間が次の部屋へ行くための通路となっている。通路の片隅には、蛇口、重ねられた皿、卓上コンロがある。台所としても使われているのだと気付く。狭い空間をうまく利用しているものだ。稽古場は広い住居内の奥の小さな二部屋を一部屋にして、ゴザや布が敷いてある。四方の壁の上部には、女優、歌手、豊満な胸の魅力的な女性が写った色とりどりのポスターや新聞の切り抜きが貼られ、太い釘が打ち付けられている部屋の一角は、師匠が着替えをする場所として使われているらしい。一本の釘に小さな鏡と巾着袋が、もう一本の釘にはクローゼット代わりに服が掛けられていた。師匠にとっては、これで十分なのだろう。別の一角には、積み上げられた寝具の横にハルモニウムが置かれていた。

生活の中心になっていると思われる稽古場の床に座り、サーディク師匠に自己紹介した。師匠の対応はたいへん丁重だったので、歓迎されていると感じとれた。研究所に勤務していることが役立ったのだ。音楽家たちはみな研究所を知っていて、その業績を高く評価している。共通の知人を話題にしたことも、よかったようだ。

サーディク師匠のほかに三人の男性がいた。当時師匠の家に住み込んでいた仕事上のパートナーのリアーズについては詳しい紹介があったものの、残りの二人については簡単な紹介だったので、弟子だと思われた。師匠が話すパンジャービー語は、ラホール旧市街の人びと独特のアクセントがあり、とても新鮮に聞こえる。外部から来た女性である私の前でもふだんどおりのようで、汚い言葉を立て続けに使う。もっとも、パンジャービー語でよく使われる「くそ野郎」「たわけ者」くらいしか理解できなかったのだが。相手をののしるような言葉を使うのは、不愉快に思っているからとは限らない。サーディク師匠にとっては、ふつうのしゃべり方なのだ。こうした言葉使いも貴重な情報なので、ノートを取り出して書き留めたい衝動に駆られたが、音楽家たちと親しくなるのが先決と、会話を続けた。

音楽家をとおしてシャーヒー地区の文化を調査するという作戦は、うまくいった。まず、音楽家たちの社会について調査しよう。そうすれば、彼らとのつながりから、踊り子や売春婦の社会を知るきっかけが生まれるだろう。

青年タブラ奏者の暮らし

私は、サーディク師匠や他の音楽家を定期的に訪問するようになった。ある日、師匠の稽古場に行くと、一五人もの若い音楽家たちがインタビューのために集められていた。来てもらったことにお礼を述べてから、こう頼んだ。

「皆さんが日ごろお仕事や生活をされているお稽古場をお訪ねして、お話を聞かせていただきたいのですが」

「自分の稽古場はありません。知人の稽古場を借りています」と言う音楽家もいたが、稽古場をもっている場合は「いつでも、どうぞ」と言ってくれた。

私は音楽家たちの仕事と家族についての情報がほしかった。彼らの多くはシャーヒー地区に住み、音楽家として身を立てるチャンスをつかみたいと願っている。支援してくれるプロの音楽家と同じ場所に住むことが有利に働くと考えているのだ。この地区には、テレビや映画業界からひんぱんにスカウトがやって来るからである。

ある青年音楽家が暮らしぶりについて語り始めた。

「ぼくは歌手の伴奏をしているタブラ奏者です。師匠が作曲した曲を演奏します。師匠には、作詞家やいっしょに演奏する音楽家たちが必要です。ぼくだって、一人では何もできません。いろんな人がいっしょに働いて、はじめて演奏ができます」

「生活はどうしているのですか」

「ときどき、ラジオ局やコンサートの主催者から仕事をもらいます。いつ来るかわからない不定期な仕事ですが、そんなことには慣れっこです。ぼくは最近シャーヒー地区に来たばかりで、以前はシアールコート市のここみたいな地区に住んでいました。音楽家の仲間がたくさんいましたよ。ただ、チャンスを求めてラホールへ来たのは、ぼくだけです」

「ここへ来て、生活はよくなりましたか」

「もちろんです。仕事があまりなくても、ラホールのほうがギャラがいいですから。サーディク兄さんのおかげで、昨日はコンサートで演奏して、一〇〇〇ルピーもらいました」

「誰かがタブラ奏者を探しているという情報は、どのようにして手に入れるのですか」

この質問にはサーディク師匠が説明した。

「だから、ここにいるんだよ。誰かに連絡が入ると、そいつが人を集めるか、他の音楽家に知らせるんだ」

「そして、取次料を全部懐に入れるんだ」

リアーズが笑いながら付け加えた。

「ライバル意識はないのですか。連絡を受けたら、他人に仕事をまわすより自分の仕事にしませんか」

サーディク師匠も笑いながら言った。

「先週、ある家族から、踊りはなしで歌だけの音楽会をしたいという電話があった。女性歌手一人と伴奏二人という要望だ。でも、私は『伴奏には少なくとも三人いります』と言って、すぐ仲間に声をかけた。歌手としてチャンダー、タブラはアブドゥル、ナールはリアーズ。私がハルモニウムを弾いて、数曲歌った。それぞれ担当があるんだ。ここにいると、お客さんの希望に応じて、グループをつくることができるんだよ」

私は道路で見かけて、以前から気になっていたことについて聞いてみた。通りをはさんで干されている色とりどりのタオルについてである。みんながこの質問を面白がりながら、教えてくれた。

「シャーヒー地区には公衆浴場がたくさんあるんだ。そこのタオルさ。ここでは住居用の土地が不足していて、小さな稽古場を借りるのにも家賃がかなり高い。だから、公衆浴場を利用するのさ」

小さな浴室がいくつかあり、床屋がいて、ひげ剃り、散髪、ヘッドマッサージまでしてくれる公衆浴場もあるそうだ。低所得の男性向けで、風呂は日常生活に欠かせないから、料金は低く設定されている。それでも人気商売となるほど十分な料金なのだ。

サーディク師匠の生い立ち

サーディク師匠は一九八〇年代初めにシャーヒー地区に移り住んだ。小さいころは、有名な師匠たちの身のまわりの雑用係として住み込みで働いていた。そこで学べたのは幸運だったと考えている。生まれ育った村では、小学校までしか行かせてもらえなかった。しかし、音楽の才能があったので、有名な音楽家のサヒー・ドールワーラーが父親の許しを得て、シャーヒー地区へ連れてきたのだ。サーディク少年は、ドールワーラー師匠だけでなく、師匠といっしょに演奏する音楽家仲間のために、買い物、洗濯、楽器の管理、水タバコ(12)の準備、お茶汲み、そして夜にはマッサージなど、ありとあらゆる仕事をした。

ドールワーラー師匠からとくに目をかけられていたわけではなく、きちんとした稽古をつけてもらっていない。音楽家たちのまわりにいることで学んだ。ラーガ(13)についての議論を聞き、演奏を見つめ、歌を聴いたという。当時、音楽の師匠たちは、家族以外の弟子をとった場合、雑用をさせるのが一般的だった。服の仕立てや自転車修理など徒弟関係がある職業と同じで、技術を学ぶために奉公に出された子どもは何年も雑用係として働き、その合間に基礎的な技術を習得するだけだ。一〇歳くらいのころを思い出しながら、サーディク師匠は話した。

「演奏が終わるのが真夜中になる日もあり、音楽家たちは疲れて、テントの中でチャールパーイーに横になるのさ。すると、『歌えよ』と言われる。私が音楽家たちのために余興をするんだよ。師匠も真剣な聴衆となって、ときにはほうびとして小銭をもらえるときもあったさ」

サーディク師匠はミーラーシーの家系の生まれだ。しかし、ミーラーシーとしてはまれなことに、父は音楽家にはならず、パンジャーブ州の小さな村で果物を栽培しており、兄はプロレスラーになった。家族のなかで音楽の道を選択したのは一人だけだったが、小さいときから音楽家になろうと思っていた。

やがてドールワーラー師匠のもとを去り、ジャミール・シャー師匠の正式な弟子となり、いくつかの大衆芸能の一座で演奏した。それから、音楽家として身を立てているのだから、すべての音楽業界の人がつながりをもつシャーヒー地区に住もうと決心する。妻と子どもはラホール近郊のオーカーラー市に残すことにしたが、仕事しだいの不規則な生活のなか、ひんぱんに会いに帰る。ちょうどある建物の持ち主のカイスラという女性が、娘のライラーに音楽の師匠を探していた。彼女を弟子にするかわりに、二部屋貸してもらうことで合意し、引っ越して来た。ライラーが夜にコーターで踊るときには、踊り子の師匠として楽師を確保しなくてはならない。もちろん、サーディク師匠も楽師の一人として演奏する。

二人の踊り子との出会い

サーディク師匠は素晴らしい調査協力者であり、「禁じられた地区」での調査の道案内をしてくれた、私にとっても師匠である。約二週間かけて、紹介された音楽家たちから話を聞き終わったある日のこと、年長の弟子のライラーとチャンダーを稽古に呼んでいると教えてくれた。ここ二週間ほど演奏の依頼が急に増え、ライラーの稽古時間が少なすぎるとカイスラから苦情が出ていたのだ。

背が高く、色黒で、細身の若い女性が、稽古場に入ってきた。私がこれまでに会ったシャーヒー地区の女性とは、ずいぶん違っている。一見、誰かの愛人つまり高級娼婦に思えた。肩にかかるきれいな長い黒髪、モデルのような歩き方。しかも、しっかりしていて、大切に育てられたように見える。とびきり魅力的な女性だ。興味深いことに、ドアをノックすることも、あいさつすることもなく、稽古場へ入って来て床に座った。

「ああ、来たな」とサーディク師匠は言ってから、詳しい紹介があった。師匠が主催する音楽会で歌手としてひんぱんに使っている優秀な弟子の一人のようだ。そばに座っていた若い音楽家は、師匠があまりにもほめ言葉を並べたてるのを聞き、彼女を少しからかおうとして口をはさんだ。

「師匠、もうそのくらいでいいんじゃないでしょうか」

部屋中が笑いに包まれた。彼女も笑いながら、低いハスキーな声で音楽家に軽く言い返す。口を開いたとき、歯がオレンジ色なのに気付いた。パーンを噛んでいるからだ。大声で数々の罰当たりな言葉を叫んで応酬し、最後に音楽家の背中をバシッと叩いたのには、とても驚いた。彼女がチャンダーだ。

「こんなばか野郎の話なんて聞かなくていいわ。それより、ここに来たわけを教えてくださらない？」

サーディク師匠が私と調査について丁寧に説明してくれた。それから、チャンダーと私で話を始める。彼女は自分の家や家族のことを語った。

「毎日同じ仕事で退屈しているから、あなたとのおしゃべりは楽しいわ。高校までしか行かなかったけれど、読書が好きで、たまに本を買うの」

「また会いに来てくださいね」と言われ、「そうするわ」と答えた。チャンダーはとても聡明で、思いやりがある女性だと感じた。彼女が見せるさまざまな側面に、私は驚くばかりだった。子どもっぽかったり、熱烈な恋人みたいになったり、責任感が強い成熟した女性のようだったり、洞察力があり好奇心満々だったり。また、男性客を捕まえる「技」を駆使するのに夢中になったり。

師匠は歌の稽古を始めたが、遅刻しているライラーに、たいへん腹を立てていた。ときおり音楽を止めて彼女について愚痴をこぼしたり、「手を抜いた稽古しかしない」と再三文句を言ってくるカイスラをののしったり。実際、真剣に稽古をしていないのは、師匠ではなくライラーのほうなのだ。師匠は小間使いの少年に、上に行って「王女様、お出まし願えますか」と聞いて来るよう言いつけた。

やがて、ライラーが裏口から入って来た。背が低く、ぽっちゃりとして、可愛らしい。師匠がにらみつけると、笑い始めた。長い間笑い続け、師匠の小言など聞いていない。おとがめが終わると、「お師匠さん、今日はご機嫌ななめでいらっしゃいますね」と、いたずらっぽく、またちょっとセクシーに言う。このふまじめな態度に師匠はいっそう落胆しながら、私に紹介した。

「これが、私の優秀な弟子のライラーだよ。踊り子たちの世界を知るには、うってつけの娘だ。ただし、あんたの手に負えればの話だがな」

私は歌の稽古を続けてもらうように伝え、途中で邪魔をしないように、そっと失礼した。ライラーには、「一週間以内に会いに行くわ」と約束して。

踊り子ライラー

ライラー一家を初訪問

翌日、ライラーの家を初めて訪ねた。表通りに面した古い木製の扉は、クリーニング屋と牛乳屋の間に埋もれているように見える。レストランが多く集まる、ノーガザーという大きな交差点の近くだ。扉を開けると、狭くて急な螺旋階段があった。まだ正午過ぎだが、とても暗かったので、一段一段足で確かめながら昇らなくてはならない。階段を昇り終えると、また扉があった。建物の隙間からかすかに光が入ってくるので、ぶつからずにすんだ。扉を三回ほどたたくと、「どなたですか」という若い女性の声がした。

「フォージアです」と言ってもわからないだろうから、「ライラーさんの友達です」と答える。うまくいった。扉が開くと、そこは何世代も売春業に携わってきた家族の世界だった。後にこの一家と親しくなるにつれ、複雑な人間関係と力関係がシャーヒー地区のサブカルチャーを構築していることがわかってくる。

目の前には六歳くらいの女の子が、聞いたことのないようなリズムに合わせて、左右に体を揺らしながら立っていた。不思議そうに私を眺めながら、体を揺らし続ける。「ライラーのお友達で、会いに来たのよ」と伝えると、女の子は、居間のソファに「お掛けください」と言って、ぼろぼろの黒い木綿のカーテンが掛かった出入口のほうへ駆けて行った。たぶん、その奥にも部屋があるのだろう。ソファまで足を進めると、先ほど昇ってきた螺旋階段は、入って来た入り口のすぐ横にある別の出入り口からさらに上へつながっていることに気付いた。

部屋にはじゅうたんが敷かれ、西洋風のソファと椅子が置いてある。一方の壁にはアーチ状の木製の窓枠があり、その向こうは細長いバルコニーになっていて、表通りが見下ろせる。窓はすだれで覆われていた。まるで映画のセットのようだ。夜になると、踊り子たちが着飾って、客を誘うために立つバルコニーにちがいない。この居間がコーターなのだろう。映画で見るより狭く、洋風だ。「いけない、いけない。研究者としては、『思っていたとおりだ』と確証を得るのではなく、先入観をもたずにここでの生活を知ろうとしなければならない。十分に情報を集めるまで、解釈を始めるべきではない」と自分に言い聞かせた。

壁の装飾も実に魅力的だ。出入り口と反対側の壁には大きな鏡がやや斜めに掛けられ、その他の壁には写真が飾られている。なかでも、二枚の大きな白黒の女性のポートレート写真が目にとまった。一九五〇年代の女優らしい。当時流行していた髪形や化粧をしていて、透けるように薄いドゥパッターを付けている。

五分ほどして、色白で目鼻立ちのはっきりとした年配の女性が現れた。質素な木綿のシャルワール・カミーズ、モスリンのドゥパッター、鼻には金のピアス、経験を積んできた女性という印象だ。ライラーの母カイスラである。彼女は丁寧にあいさつをし、私は自己紹介をした。

「あなたのことはライラーから聞いてますよ。ライラーは朝が弱くて、いま起きようとしているところなんです」

「朝ですって」と不思議に思った。すでに午後一時近くになっていたからである。

カイスラの話すパンジャービー語が素敵だったので、私もできるだけパンジャービー語で答えた。パンジャーブ州東部の人のアクセントのように思えたが、ずっとラホールに住んでいるという。初対面なのに個人的なことを詮索するのはよくないと思い、話題を変えて子どもについて聞いてみた。娘と息子が一人ずつで、息子は結婚して、娘と息子が二人ずついるそうだ。

「同居していらっしゃるのですか」

「ええ、ここに住んでいますよ。でも、息子は出張が多くて。嫁と孫はいつもいっしょですけど」

私は旧市街の人びとが通常初対面のときにする、こうした質問だけにとどめておいた。カイスラは、自分のことは十分に話したので、そろそろ私のことを聞きたがっているように感じた。イスラマバードに住んでいて、以前研究所で働いていたことや、シャーヒー地区について本を書きたいと思い、ラホールの叔父の家に泊っていることなどは、すでに話してある。すると、私を頭の上から足の先まで見て、眉をひそめながら聞いてきた。

「サーディク兄さんとは、どこでお知り合いになりました」

「共通の知人がおりまして」と答え、ミーラーシーの著名な男性音楽家や歌手の名前をあげると、満足げに微笑みながらうなずいて言った。

「フォージアさんは、私たちのお客さん、娘みたいなものですね。何かお役に立てることはありますか」

私はとてもうれしかった。踊り子たちのネットワークに入るのは非常にむずかしいと思っていたからである。こう言われたからといって、額面どおりに受け取るべきでないとは知らなかった。カイスラは、私のような外部からの侵入者の扱い方をよく心得ているのだ。突然やって来て、簡単に手に入る情報を集めたら、すぐに出て行き、何か書こうとするというような。

女優志望のライラー

ライラーが部屋に入ってきた。体にぴったりフィットした、ちりめんの濃い青色のシャルワール・カミーズを着ている。カイスラほど色白ではなく、大づくりな顔立ちだ。白っぽい粉おしろいとアイライナーで薄化粧し、大きな口に塗った薄いオレンジ色の口紅が目立っている。私のほうへ来て、抱きしめながら言った。

「お友達が近いうちに訪ねてくると、母に話しておいたのよ」

およそ威圧的な印象を与えることはない私ではあるが、できるだけ不安を与えないように親しげに振る舞った。

カイスラは私を見て言った。

「この人はラホールっ子だね。クッサー(14)を履いている」

この言葉は、カイスラが何を見ているのかがわかったという点で重要だった。ライラーも私を見て言った。

「そうよ、この間サーディク兄さんのところで会ったとき、イスラマバードから来た人には見えないと思ったわ」

「イスラマバードの女性って、どんな女性なのかしら」

「ギット、ピット、ギット、ピット」

カイスラがすぐに答えた。英語を話す人を指す俗語である(15)。私は思わず笑ってしまった。

「母さんの言うとおりよ。パンジャービー語がとてもお上手だわ」

ライラーは私に近づき、母に向かって言った。

「母さん。あたし、フォージアさんの髪が好き。長くて、とてもきれいだもの」

二人の気分を害するようなことを何もしなかったようだと安心し、少しずつ受け入れられているとも感じた。ただし、世間話をしている間も、研究者として、彼女たちが話す一言一句、アクセント、身振り、目の動きに注意していた。

先ほどの六歳くらいの女の子と、四~五歳くらいの男の子が、ほかに何もすることがないかのように、私たちのまわりをうろうろしている。ときおりカイスラが、「お茶を注文しておいで」などと言って、女の子を使いに出す。といっても、むずかしくはない。階段を下りて、表通りにある茶店の少年に向かって、「紅茶を四つ、すぐ持ってきてちょうだい」と叫ぶだけでいいのだ。

少年が紅茶を運んで来た。グラス(16)は後から取りに来る。「私は紅茶がいただけないんです」と何度も丁重に断っていたにもかかわらず、私の分まで注文していた。ミルクがたっぷり入り、湯気が上がっている紅茶を目の前にして、座り続けなければならなかった。「紅茶が飲めるようになればいいのに」と長年願っていたのだが。

それは、現地調査で知らない人たちと親しくなろうとするときの第一関門だからだ。いつも断るうまい理由を見つけなくてはならない。村で出された紅茶を飲まないと、村の人が使っているコップで飲みたくないのだと思われてしまう。宗教や民族が異なる人びとが同じコップを使用しなかったころからの古い偏見である。そんな誤解を招かないように、いつも紅茶のかわりに水を頼むようにしている。この方法は、相手を見下しているわけではないことを示すために、だいたいうまくいく。もっとも、ときには「何か」が浮かんでいる濁った水を飲まなくてはならないという危険もある。紅茶は沸騰した水を用いているので、水に比べれば安全だ。紅茶が飲めないにもかかわらず、村々で調査する職業を選んだために支払わなければならない代償だった。

「ライラー、お友達だから、この紅茶飲んでくれるでしょ。今日は暑いから冷たいお水をいただけるかしら」

そう頼んだら、困ったことに、水の代わりにセブンアップを出してくれた。ラホールではお客さんに水を出すようなことはしない。何とか紅茶からは免れたが、カイスラに断っておいた。

「お客さん扱いは、今日だけにしてくださいね。さっき、私のことを『娘のようだ』と言ってくださいましたから、そのようにしてくださいね」

この言葉を聞いて、カイスラはうれしそうだった。

話題を変えて、「ライラーは、どんな音楽が好きなの」と尋ねると、目を輝かせて、「インド映画の歌よ[17]」と答えた。シャーヒー地区の有名な師匠の名前も、パキスタンの有名な歌手や作詞家の名前も、一人もあげなかった。好きなインド映画の挿入歌については、歌詞やどの映画の曲かも知っていたが、作曲家や作詞家にはまったくふれない。私の経験では、音楽に詳しい人や音楽業界で働いている人は、楽曲については少なくとも作曲家について、ガザルについては作詞家について必ず述べる。映画で使われているガザルでさえ、必ず作詞家の名前を言ってから歌う。好きな歌についてすでにわかっていた。これは、シャーヒー地区の音楽家たちとの短い付き合いのなかでも、ガザルについては作詞家について必ず述べる。

のライラーの話から、彼女の音楽の知識や音楽とのかかわり方が理解できた。

シャーヒー地区出身の大物芸能人についてどう思っているのかも、聞いてみた。

「そうよ、ああいう人たちみたいになりたいわ」

「たとえば、誰？」

「リーマーみたいな女優。踊りが上手で、大人気だもの。でも、才能だけじゃないのよ。コネも必要なんだから」

この答えから、ライラーが興味をもっているのは音楽ではなく俳優業であることが明らかになった。

初めての訪問はうまくいき、また来るように言われた。もちろん、それから何度も訪れることになった。

ライラーと私を引き離そうとするカイスラ

ある日、カイスラとシャーヒー地区での商売について話をしていたときだった。

「私たちは悪い仕事(売春を意味する)はしないんですよ。父は信望が厚い人でね、ラホール以外の人たちにもよく知られていたんだよ。私たち二人をとても可愛がってくれてね」

「私たち二人って、どなたのことですか」

「私たち姉妹だよ」

「姉妹って、お姉さん、それとも妹さんですか」

すると、これ以上聞いてほしくないという表情で、ちらっと私を見た。それから、目をそらして「姉さんだよ」とさりげなく言い、話を続けた。

「父は私たちをしっかり育ててくれた。二人ともきれいで、教養があって、行儀もよかった。まわりの人たちに、よくほめてもらったものだよ。悪い仕事は絶対にしなかった。父は背が高くてハンサムな人でね。パターンの人[18]だから、大きなターバンを巻いていたんだよ。深緑色のクルターをよく着ていたものさ」

「お父さんととても仲がよかったんですね」

深く心の奥にしまっていた思い出に浸っていたようで、カイスラの顔中に微笑みが広がったが、答えはない。私はしばらく黙っていてから聞いた。

「お父さんと同じように、お子さんたちを育てられたんですね」

カイスラはなんともいえない嫌そうな顔をして、大きな声で言った。

「いいや。時代は変わり、人びとが求めることも女の子たちも変わった。何もかも変わってしまったんだ」

「それはどういう意味ですか」

「もっとしゃべらそうと思っているなら、大間違いだよ」と言いたげに私を見たが、「何か飲まないかい」と、にこやかに聞いてきた。私の聞きたくてたまらない気持ちと、カイスラの話そうか体面を保とうかという内なる葛藤に気付きながら、「お客さん扱いはしないでくださいね」と答えた。カイスラとライラーを訪ねたのは三回目で、いつもご馳走になっていた。

ちょうどライラーが部屋に入って来て、「何が飲みたい」と聞いたので、「コカコーラがいいわ」と言うと、「田舎者みたい」とクスクス笑った。私の返事が気に入ったようで、もっと冗談を言い合おうと挑発してきたのだ。「どういう意味なの」と返すと、ライラーはソファにどっかと座り、いたずらっぽい目をしながら、パンジャービーなまりで説明した。

「田舎者はコカコーラを飲んで、上流階級の人はスプライトやセブンアップを飲むのよ」

「正解。私は田舎者。家ではミルクを飲んでいるけれど、ここではちょっとモダンに見えるように、コカコーラを頼んだのよ」

二人で大笑いしたが、カイスラはさほど面白がっているようには見えなかった。ライラーが私とあまり親しくならないことを望んでいた。一家の体面を保つために、家業に関して話すことにためらいがあったのだ。

「ライラー、頼んだことをすませておいで」

厳しい顔で言った。明らかに、カイスラは私からライラーを遠ざけようとしている。おそらく、自分たちは売春と何の関係もないと、私に納得させるために話を続けたかったのだろう。

ライラーはカイスラに気付かれないように私にウインクをして、言った。

「母さん、用事って何だった」

カイスラをからかおうとしてとぼけたふりをしたが、カイスラは厳しい目つきで言った。

「朝頼んだことを覚えちゃいないのかい」

「忘れちゃった」

子どものように答えたライラーめがけて、カイスラは近くにあったクッションを投げつける。ライラーはあきらめて、笑いながら部屋を出て行った。出入り口のカーテンをめくり上げたとき、私のほうを振り向き、またウインクして。

ライラーは私に興味をもち、母親抜きで会いたがっているが、カイスラは私から娘を遠ざけようとしている。もちろん、当時の私は、カイスラ一家が売春にかかわっていると知っているのだと議論をふっかけたり、証拠を突きつけたりするのではなく、親しい関係を保つべきであった。そうしていれば、いずれは信頼してくれるだろう。そこで、カイスラやシャーヒー地区の人びとについて簡単な質問をした。

「実は、ここのバザールの人たちの生活については、何も知らないんだよ。何年もこの家から外に出ていないんでね。買い物は子どもや使用人がしてくれる。付き合いがないのさ。娘たちにも悪い仕事にかかわらないようにと、言い聞かせているし」

「生活はどうされているのですか」

「この建物の家賃で暮らしているんだよ。父親が残してくれたんだ」

ドアをノックする音が聞こえ、使用人のブーバーが入って来た。背が低く、古くて汚いシャルワール・カミーズを着ている。頭を片方に傾けていて、知的障がいがあると思われる若い男性だ。言語障がいもあるようだ。私は彼の言葉がほとんど理解できなかったが、カイスラたちはわかっていた。彼は一家のなかで不思議な存在だ。

ライラーはブーバーが居間に入る瞬間をチャンスととらえた。ブーバーにドアを開けてあげるふりをして、すばやくコカコーラを奪い、私に手渡したのだ。そして、私が笑ったのをいいことに、母のほうは見ずに私の隣に座り、英語で話しかけてきた。

「あたし英語が話せるのよ。カレッジ(19)で習ったんだから。試していいわよ」

学があることを示したいのか、ちょっとした秘密を共有しようとしたのか、カイスラは英語を話せないから内緒話ができると知らせたかったのか、真意はわからない。とりあえず、「教養があるわね」とほめたが、英語で話はしなかった。

カイスラは何とかライラーを追い出そうとして、「ブーバーを朝ごはんを買いにやっておくれ」と命じた。ラホール旧市街では、家で朝食を作らない。バザールではさまざまな朝食が売られているので、それを買ってくる。

「何を買ってきたらいいのか、わかんないわ。母さんが言ってよ」

ライラーは甘やかして育てられた五歳くらいの子どもように、ドゥパッターの端をいじりながら答えた。カイスラは立ち上がって、お金を取りに隣の部屋へ行き、その後にブーバーが続いた。

ライラーの作戦

ライラーと私の目が合った。以前から彼女に聞きたいと思っていたが、機会が見出せないでいたことがある。信頼関係ができたと確信するまで待つべきだったかもしれない。でも、話したそうなそぶりをそれまでにも感じていた。私は彼女の手を取って、一〇カ所くらいある傷跡が見えるように手首を返した。初めてライラーの家を訪ねたときにこの傷に気付いてから、ずっと気になっていたのだ。カミソリで自殺しようとした跡ではないようだ。ただ、傷の場所と方向からそのようにも考えられる。

「ライラー、これはどうしたの」

「話してもいいけど、ここではだめ。二人きりのときにね」

「どうして、ここではだめなの」

「フォージアさんに知ってほしくないことをあたしがしゃべったと母さんが知ったら、二度と会えなくなってしまうわ」

「二人きりで会えると思う?」

「それは無理ね。母さんは、一分たりともあたしから目を離さないわ。いっしょに長くいることさえ許してくれなかったでしょう。（カイスラの真似をして）『朝頼んだことを覚えちゃいないのかい』。朝だって。あたしはさっき起きたばかりなんだから」

カイスラがブーバーに話しかけながら戻ってきた。

「朝ごはんを食べないかい」

「お昼ごはんの時間をとっくに過ぎていると思いますよ。それに、今日は早めの昼食をすませてきましたから」

私は笑いながら答えた。すでに二時ごろになっていた。

「そんなことは言い訳にはならないよ。今度からうちへ来る前には、何も食べてこないでおくれ」

ライラーが口をはさんだ。

「おうちではミルクを飲むって言っていたわよね。ここには世界一おいしいミルクがあるのよ。アーモンドとピスタチオが入っていて、とっても甘いの」

「世界一だって？　いったい世界について何を知っているって言うんだい」

カイスラが仕返しをした。

「いろいろ知っているわ。カレッジで勉強したもの」

ライラーも負けずに言い返す。

「そうかい。カレッジではシャーヒー地区のミルクについても教えるんだ」

「そりゃ、母さんはいろいろ知っているんでしょうよ。あちこち行ったことがあるから。でも、カレッジで何が教えられているか知っているの」

口論を続けたくないライラーは、私のほうを振り向いて言った。

「飲んでみて」

母娘の間に緊迫した空気が漂い始めていたので、ミルクを飲むことにした。ライラーはブーバーに「二つ」と頼み、話しかけてきた。

「あたし、とっても優秀な生徒だったのよ。大学に行って学士号も取れるはずだったんだけど、母さんが『カレッジで十分』って言うから、高校卒業資格を取ったの(20)」

こう言ってから、一息つくと、目をきらめかせながら立ち上がり、カイスラのほうへ歩いて行った。

「母さん、フォージアさんがね、ドライブに連れて行ってくれるって」

カイスラは困惑した。思いもよらなかった話だし、私の気分を害さずに断る理由がすぐには出てこないようだ。返事をさせまいと、ライラーがたたみかけた。

「ねえ、天気もすごくいいし。長い間、外出していないじゃない」

それから、私に向かって言った。

「出かけると、帰りが大変なのよ。『シャーヒー地区まで行ってほしい』って言うと、リクシャーの運転手がいろいろ聞いて、変な目で眺めるのよ。だから、いつも隣の地区で降りて、そこから歩いて帰るの」

カイスラは、ライラーがそんな話まですることに耐えられなくなりながら、平静を装おうとしていた。

「何を言っているんだい。私は外出なんてしないから、そんなこと知らないよ」

ライラーはまた小さな子どものような口調になって、「いっしょに行こうよ」とねだった。そこで、私も「ぜひ、いっしょに出かけましょうよ」と頼んだ。ライラーは私と二人になりたいはずなのに、なぜカイスラをしつこく誘うのか理解できなかった。何の打ち合わせもなく始まった話に、とにかく口裏を合わせていると、とうとうカイスラが折れた。こうして、カイスラ、ライラー、その姪、私の四人でローレンス公園へ行くことになる。ところが、身支度にはなんと二時間もかかった。ただ、居間から出たり入ったりして用意する様子を見ているのは面白かった。「探し物が見つからない」という叫び声が、何度も聞こえて。

私は部屋を見まわしながら、しばらくここで、できるだけ情報を得ようと考えていた。壁に掛けられた二枚の大きな女性の白黒写真には、本当に魅了される。軽く巻いた髪とお洒落な服から、昔の女優のように見える。目には秘密がたたえられている。そんな話も聞きたくてたまらない衝動に駆られた。

売春婦の「結婚」

カイスラが最初に身支度を終え、私の隣に来て座った。

「こんなふうに出かけるのは初めてだよ。ほしい物はすべて買ってきてもらうようになっているんだ。病院へ行くのだけは例外だけど。あらゆるお店が近所にあるし、仕立屋も家に来てくれる。孫たちをちょっと使いに出せば、それですむからね」

「外出を許してもらって、本当にうれしいです」

私たちが階段を下りていくと、バザールにいる人たち全員が振り返って見た。「私がライラーたちをどこへ連れて行くのだろう」と不思議がっているらしい。カイスラは、服の上に白いチャーダルを羽織っていた。ライラーが選んだのは、襟元が開き、体の線がわかるほどぴったりした、紫色のシャルワール・カミーズ。胸の谷間を隠すべきかどうか悩んでいるようで、ドゥパッターで覆ってみたり、ドゥパッターを首のまわりに巻いて胸元が見えたままにしてみたり、深く息を吸い込んで自慢げに胸を膨らませたりしていた。

車を停めているところまで来ると、ライラーは迷わず助手席に座った。バザールを通るとき、みんなに見てもらえるからだ。タクサーリー門に向かう車中、友人の白いトヨタ車で出かける自分を目撃できる幸運な人が誰なのか確認するために、あたりを見まわしていた。私はまるでロールスロイスを運転しているような気分だった。

ローレンス公園の駐車場に車を停め、冷たい飲み物を買うために売店へ向かった。この公園は古くからラホールの娯楽の場の一つで、ムガル時代や植民地時代にもきちんと管理されてきた。古い木は子どもが怖がるほど大きく、翼を広げると六〇センチを越えるコウモリが生息している。セメント製のベンチがある広場、芝生と花で覆われた小高い丘、小さな花壇、美しい歩道、野外劇が行える場所もある。

ライラーの最初のおねだりは、冷たい飲み物とアイスクリーム。一家と知り合って一週間しか経っていないというのに、いっしょに外出してくれたことがとてもうれしくて、もちろんかなえてあげた。

「こんなにいいお天気なんだから、丘のまわりを歩きましょうよ」

「ライラー、私が歩けるほど元気じゃないって、知っているだろ」

「それは残念。じゃあ、母さんはここに座って待っていて。あたしたちは丘を一周してくるわ」

カイスラが椅子に座ったのを確認してから私たちが歩き始めると、「姪っ子をいっしょに連れて行っておやり」と呼び止められた。「まあ、母さんの言うことは聞いておかないとね。とにかく二人きりにしないように、何かと考えているのよ。年配のご婦人を片付けたから、六つの女の子の世話なんて問題ないわ」とでも言うかのように、ライラーは私を見た。そして、母の姿が視界から消えると、姪に「ちょっと先に行ってて」と言い、私に近づいてきた。

「一瞬でもあの人たちから逃れるのがどれだけ大変かわかったでしょ。鷹のようにあたしを見張っているのよ」

「あの人たちって」

「母さんと兄さんよ」

私はまだ兄に会ったことがない。ライラーによると、いまはラホールにいないそうだ。

「本当はもっと勉強したかったのよ。でも、女の子は勉強しすぎると手に負えなくなると考えているのよ」

「それなら、なぜ学校に行かせたのかしら」

客たちは教養がある女性が好きで、少し英語が話せると良い客がつくからだと、ライラーは説明した。

「学校へは行かせるけど、勉強に夢中にならないように仕向けるの。それで、おとなになったら辞めさせる」

「おとなになったらって」

「あたしたちはだいたい一四、五歳で働き始めるの。あたしの場合、学校に長くいたから遅かったほうなのよ」

私はわくわくした。売春に実際かかわっている女性から直接話を聞くのは初めてだったからである。一方ライラーは、公園に来ることができて、うれしくてたまらなかった。美しい大木やさまざまな人たちに気を取られ、女性を見かけると服装を批評したり、最近の流行について知ろうとしていた。「ふだんは映画から服や化粧のヒントを得ているから」と言い訳をして。

私は手首の傷について聞いてみた。

「兄さんと母さんはよくけんかするの。あたしともけんかするわ。あたしの結婚相手を探しているんだけど、良い人が見つからないと、まるであたしがちゃんと仕事をしていないかのように責めるのよ」

どういう意味だろうか。

「夜にお客が来ると踊るんだけど、あたしとの結婚に高いお金を払う気になるほど夢中にさせていないって言うの。兄さんや母さんに管理されるのは嫌なの。干渉しすぎるのよ。食べ物を与え、洋服やビデオも買ってやっているのに、やるべきことをやっていないって。自分の家族にそんなこと言うなんて、ひどいと思わない。あたしがどうであれ、ごはんを食べさせるのは当然でしょ」

「結婚」(*shadi*)という言葉に少しひっかかった。踊り子が最初の客を取るナト・ウタルワーイーという儀式については知っていた。文字どおりの意味は、「鼻につけている輪の形をしたピアスをはずす」だが、ナトは処女性を表し、セックスマーケットで非常に高価な値がつけられる。しかし、ライラーは一般社会で用いられている「結婚」という言葉を使ったので、何のことかよくわからない。「売春婦は結婚しないと思っていたわ」とは言えなかったので、代わりに「お兄さんとお母さんは、結婚相手にどんなことを望んでいるの」と聞いた。

「お金よ」

ライラーは驚いたように私を見て答えた。質問を変えてもう一度聞く。

「結婚って、世間一般でいう結婚のこと」

「そうよ」

まだしっくりこない。

「結婚したら、その男の人のところへ行くの」

そんなことはありえないと知っていたが、とにかく聞いてみた。ライラーが言う「結婚」の意味を理解したかったからだ。アイスクリームの最後の一口を音をたてて食べながら答えた。

「違うわ。男の人がときどきあたしたちの家に住むのよ」

「ときどき」

「そうよ。運が悪いと男の人は去って行ってしまって、踊り子たちは元の仕事に戻るの」

これは有益な情報だ。私はもう一度聞いてみた。

「自殺しようとしたとき、いったい何があったの」

「いつものけんか。『家族は人並みの暮らしをしていないし、将来に希望もない。妹や弟たちの将来もあんたにかかっているというのに、そんなこと考えてもいない』と、あたしを責めたの。『私たちが、あんたのためにどれほどしてやっているか。それなのに、あんたはちゃんと働かない』って、延々と言い続けたのよ。『もっと積極的にお客を惹きつけて、家族のために稼いでくれ』って。あたしはその日とても機嫌が悪くて、メロンを食べていたフォークで手首を切ろうとしたの。血がたくさん出たから、病院へ連れて行かれた」

「お母さんとお兄さんは、どんな様子だった」

「何日かは放っておいてくれたけど、すぐ元に戻ったわ。でも、稼ぎが悪いことをあたしのせいにはできない。シャーヒー地区の人は、みんな厳しい状況なの」

あっという間に時間が過ぎていることに、二人とも気付かなかった。すでに丘を一周していて、遠くのほうにベンチに座っているカイスラが見えた。私たちが近づいて来るのが見えると、そわそわして立ち上がった。そばまで来ると、私たちの顔をじっと眺めている。家族の話をしたのか、それともたわいのない話をしたのか、うかがおうとしているように思えた。それから、私たち四人は車に戻って出発した。これまで何度もローレンス公園に来たことがあるが、今日のライラーとの散歩は決して忘れないだろう。

断ち切れない水と油の関係

音楽家リアーズの稽古

ある日の昼ごろ、サーディク師匠の稽古場に着くと、パートナーのリアーズが午後に稽古をすると言う。

「今日はゆっくりしていって、私の弟子たちに会ってくださいよ」

リアーズはサーディク師匠ほどベテランの音楽家ではないので、弟子は二歳から八歳くらいの小さい子どもたちだ。四時ごろになると、一人、二人とやって来た。最初は二歳の女の子。いつも最初に来て、最後に帰るそうだ。

「みんなこの子みたいだったら、私はすぐにでも金持ちになれるんだけどな」

リアーズが冗談を言う。女の子は裸足で、パージャーマー[21]の上に薄いセーターを着ていた。前髪をたらした短い髪をしていて、笑顔が絶えない。赤ちゃん言葉で一生懸命話す様子を、リアーズは楽しんで聞いていた。他の弟子たちも間もなく到着。女の子が八人、男の子が一人だ。リアーズはハルモニウムを取り出して鳥の歌を歌い始める。いっしょに歌っていた子どももいたが、私のことを珍しそうに見ている子どももいた。そこで、リアーズは歌うのを止め、私が子どもたちと話す時間を少しくれた。そうすれば、子どもたちは私がいても気にならなくなるだろうと考えたのだ。

しばらくすると、リアーズは「踊りの稽古を始めよう」と言った。とはいえ、私がいるせいで、あまり真剣に教えていないように思われた。サーディク師匠によると、リアーズも他の弟子たちも、月謝が少額なため、あまり熱心に稽古を行っていないそうだ。音楽の稽古をしっかり積ませたい家庭は、娘を有名な師匠につける。高い月謝が払われるので、師匠は真剣に指導する。

踊りの稽古が始まった。リアーズがハルモニウムでラヘリアー[22]を弾き、サーディク師匠の弟子の一人がタブラを叩く。五歳以上の子どもたちのほとんどは、インド映画の踊りを見てステップをまねていると、私は確信した。リアーズとタブラ奏者は、あの二歳の女の子の踊りを私に見てほしかったのである。励ましながらも、笑っていた。女の子は、私の存在もリアーズの笑い声も気にならないようだ。タブラの音とみごとに調和した独特のステップで、夢中になって踊っていた。

音楽家のサブカルチャーは、シャーヒー地区特有の文化をよく表している。家族との同居はまれで、サーディク師匠のようにこの地区に稽古場をもち、別の場所に住む家族を定期的に訪れる。踊り子社会との個人的・社会的・職業的な関係が、伝統によって明確に規定されている。ミーラーシーの人たちは、売春婦に囲まれて住んでいる状況を「水と油の関係」のようだと語っていた。これは、踊り子たちとの距離を保つべきであると次の世代に説明するときによく使われる表現で、代々言い伝えられている。

ガーマン師匠の曲作り

調査を始めたころは、サーディク師匠の稽古場を拠点として毎日訪れ、多くの時間を過ごしていた。その後、ガーマン師匠とアッラー・バフシュ師匠の稽古場も定期的に訪れるようになる。この三つの稽古場には多くの音楽家たちが集まるので、彼らとも知り合いになっていく。一一時ごろに到着すると、音楽家たちが起きてくるころだから、狭い稽古場に前夜から泊っている人たちに会うことができる。寝室兼稽古場が音楽スタジオへと変わるのには、五分もかからない。ほとんどの音楽家は複数の楽器を扱え、客からどんな楽器を手渡されても、躊躇《ちゅうちょ》なく演奏する光景を何度も見た。

ガーマン師匠のところへしばらく通っていたある日、サーディク師匠の同僚の紹介で、遠くの村から来たばかりだという青年に会った。パキスタンで将来を嘱望されているダマール(23)の作詞家の一人だという。いつものように、大げさな紹介があった。あるじが客をもてなしていることを示している。まだ作品を一曲も発表していない音楽家でも、ゲストの場合は大仰なほめ言葉を並べたてる。音楽家たちはこうした紹介をし合うのが好きだ。

青年作詞家はノートを取り出して、詩を朗読した。朝食を買いに行った音楽家が何人かいたが、その他の音楽家たち、ガーマン師匠、そして私も敷物の上に車座になって聞いた。楽器が取り出され、四人の音楽家がそれぞれハルモニウム、ナール、ドーラク、チムター(24)を選んだ。最初にガーマン師匠がハルモニウムを演奏し、作詞家の歌詞に昨晩曲をつけた歌を歌った。続いて、他の三人が変化をつけながら演奏する。音楽家はすべてのビブラートを互いにほめ合い、作詞家に対しては歌詞の聞かせどころすべてを称賛した。その後、もう一曲別のダマールを選んで、曲を作り始めた。

曲が完成していく過程はとても興味深い。曲調を変えるために、ガーマン師匠が「楽器を変えてくれ」などの指示を音楽家に出す。「フルート奏者を連れて来い」という注文まであった。近所に住んでいるフルート奏者は寝ていたため、到着するまでしばらくかかったが、フルートの美しい音色が加わると、よりいっそう美しい曲となった。青年作詞家の創作意欲が高まり、作曲しているダマールに二行、詞を加えた。

朝食の紅茶とニハーリー(25)が届くまで、作曲は続いた。私が来ていたので、ふだん食べないような特別豪華なメニューである。ただし、ガーマン師匠の稽古場で寝泊りしている数人のベテラン音楽家だけが私といっしょに食べ、他の人たちは紅茶を飲んだだけだった。いつも、こんなもてなしを受けるわけではない。師匠にうれしいことがあったのだ。二日前に、そのときいあわせた六人の音楽家、それに四人の踊り子を率いてオーカーラー市で行った舞台が、たいへんうまくいったのである。

作曲活動は、シャーヒー地区の人たちについての冗談を交えながら続けられ、昨夜ガーマン師匠が作曲した曲と合わせて、三曲完成した。師匠は弟子のチャンダーを夜に呼んで、そのうち一曲を歌わせ、残りの二曲は自分で歌うことにした。いつか自身のダマールのアルバムを作りたいと考えているそうだ。来週には近くの町で結婚式があり、そこで弟子たちと演奏することになっていると教えてくれた。すでにいくらかの前金を受け取っているが、もっともらえるだろうと期待していた。

古典音楽と舞踊の変容

かつてシャーヒー地区は、質の高い古典音楽、美しい歌声、美しいメロディーの曲を創造する場所として知られていた。音楽家を師として、多くのカンジャルの女の子たちが熱心に稽古を積んでいた。ところが、調査するにつれ、真剣に音楽の稽古に取り組んでいない女の子が増えていることがわかってきた。弟子も師匠も、稽古中の態度はいい加減である。残念ながら、その影響は明らかに歌の質に表れていた。

古典の声楽を教える師匠はほんの一握りである。厳しい稽古をし、弟子をまずラジオやテレビで、そして最終的には映画界で歌えるようなプロの歌手に育てる。一番優秀な弟子たちのためにギート(26)やガザルの作曲も行う。しかし、古典音楽だけで身を立てようと考える若い音楽家は、ほとんどいない。踊り子の歌のレベルや質を決定するのは、客の好みである。古典のラーガやガザルを歌い続けようとするカンジャルの家族もあるが、ほとんどは映画音楽に変えてしまっている。それ以外の曲をリクエストする客がめったにいないからだ。

コーターを訪れる客の数は年々減り続け、いまでは一九七〇年代の半分になっている。カンジャルの大半は生き残りをかけて苦労しており、歌が上手な踊り子を育てる余裕などない。客がパンジャービー映画の歌をリクエストするのであれば、古典を上手に歌える踊り子を維持するために投資する必要はない。音楽にうるさい客は減り、どんな演奏でも喜んで聴く客が一般的である。

現在コーターに来る客は、数年前の常連客より経済力がはるかに落ちている。踊り子と長期間、特定の関係を結べるほどお金のある客がほとんどいない。そうした関係がもてたころは、踊り子の生活は安定していて、音楽に集中できた。いまでは、一晩かぎりの客からお金をしぼり取ることに力を入れている。古典音楽を継承しようとする踊り子たちは仕事がなく苦労している一方で、現代社会で高度に商業化されたニーズに応えている踊り子たちは比較的うまくいっている。

踊り子たちにとって、踊りの稽古は歌と同様に大切である。コーターで披露する重要な芸の一つであるだけでなく、将来映画界で成功するための鍵を握っているからだ。踊りのうまさは、演技のうまさと同じくらい重視される。南アジアでは、演技と踊りは、とりわけ女優にとって切り離すことができない。どの映画にも六曲程度の歌が挿入されていて、その多くは踊り子が集団で踊るシーンに使われる。したがって、映画で成功したいならば、踊りの稽古に力を入れなければならない。いま映画界でもっとも有名なダンサーのイシュラト・チョードリー、ミーナー・チョードリー、サムラド、アーリアは、すべてシャーヒー地区の出身である。

かつて古典舞踊は、もっと真摯な職業と考えられていた。ムガル時代にはカタック[27]という踊りが流行し、踊り子は有名な師の下で修業をして、パトロンたちが十分な報酬を与えていた。赤線地帯や王宮では、単に踊るだけではない。歌いながら歌詞に合わせて踊るように訓練を受け、踊り子の動きによっていっそう詩心が表現された。座ったままガザルを歌うときも、手は踊っているときと同じように動かし、顔の表情で歌詞の意味を伝えた。いまもプロの歌手は、こうした手の動きを見せる。

シャーヒー地区では、舞踊の質もここ数十年で低下してきた。ほとんどの踊りはインドやパキスタン映画のダンスをまねており、踊り子の服装や化粧も好みのスターそっくりに似せている。カラーのコンタクトレンズを入れて、目の色まで同じにしている踊り子もいるほどだ。そして、グングルーでやたらに音をたて、あからさまにセクシーなポーズで踊り、体と目の複雑な動きで客を虜にしようとする。踊りの基本は師について学ぶ場合もあるが、客の心をとらえるための踊りは、先輩踊り子の踊りを見たり、コーターのマネージャーの助言を聞いて身につける。映画のビデオが踊りの師匠となり、映画のまねをした踊りをコーターで見せているのだ。ただし、歌に関しては、きちんとした師匠の下で稽古をつけるべきだといまも考えられている。

この地区の衰退の大きな原因は、政府の方針にある。警察や地方政府による住民、客、地区の有力者に対する絶え間ない嫌がらせが、商売に悪影響を及ぼしてきた。また、シャーヒー地区が悪い場所だと吹聴されているため、音楽家として名をあげようとしなくなっている。加えて、一九八〇年代初めに、パキスタンのラジオ・テレビ業界の有力者がシャーヒー地区出身の芸術家の雇用を禁止する指示を出し、地区全体に大きな打撃を与えた。

ターフー師匠が語る音楽の質が低下した原因

ハージー・アルターフ・フサイン、通称ターフーは著名なタブラ奏者で、シャーヒー地区でもっとも尊敬されている師匠の一人である。まじめな音楽家で、この地区の音楽の質の低下を非常に懸念している。その原因は警察を使った政府による嫌がらせだという。性的暴行や姦通を含む婚外性交に関するフドゥード法(28)などの法律が、社会全体を規制するというよりシャーヒー地区で限定的に執行されているから、この地区の人びとの状況を悪化させたと。ここで売買春が行われているのは周知の事実であるにもかかわらず、警察は大物政治家からの命令で住民を収監したり、特定の人物を困らせたり、金銭を要求している。

ターフー師匠は、このような法の執行状況について、「針に糸が通っている場合は、法が適用されるべきであるが、針が一定の場所にあり糸がバザールをうろついている場合は、法は適用されるべきでない」とたとえた。つまり、「男女の不倫現場を押さえた場合のみ、法は適用できるはずなのに、警察はどこかの家の中にいる女と道を歩いている男を捕まえ、『二人がフドゥード法に反した』として調書を作成する」と言いたいのだ。

「逮捕案件のほとんどが実はでっちあげなのに、多くの師匠やまじめな音楽家がシャーヒー地区を去っていく主な原因になっている。政府はラジオ、テレビ、映画を含めて音楽を全面的に禁止するか、あるいは音楽を奨励して踊り子が売春を行う必要がないようにすべきだ。そして、社会は芸術家に一銭も払わず、プロの芸術家という『無料のダイヤモンド』を手に入れているのだから、文句を言うべきではない。社会や政府が音楽活動を支援すれば、優れた芸術家はシャーヒー地区に戻り、美しい音楽の創作に集中できるだろう」

ターフー師匠一家は、シャーヒー地区で隣同士に建っている二軒のハヴェーリーという伝統的な造りの大きな家に分かれて住んでいた。地区の音楽の質を維持するために長年努力を続けているほか、映画音楽でもっとも人気があるタブラ演奏者の一人である。ヌール・ジャハーンというパキスタンでもっとも人気があり、尊敬されている女性歌手のためにも多く演奏してきた。また、師匠は、若い音楽家と一流の師匠がもっと交流すべきだと感じている。高齢の師匠たちの経済状況についても心配していた。子どもが音楽や他のビジネスで成功し、裕福に暮らしている師匠もいるが、コンサートで演奏する機会はあまり多くない。そこで、選ばれた弟子たちを指導する代わりに師匠たちが経済的な支援を受けられるシステムをつくりたいと考え、音楽家同盟をとおした資金集めに中心的な役割を果たしてきた。

シャーヒー地区の音楽家たちは、パキスタン社会で十分に評価されていないと感じている。地区内外の音楽家からの評価や支援、とくにベテランの師匠から認められることは、真剣に音楽をやっていこうとする若い歌手や音楽家にとって大きな意味をもつ。このような一部の人びとの支援や少ないながらも仕事があるからこそ、古典音楽がなんとか今日も存続しているのである。

有名なタブラ奏者、ターフー師匠

ターフー師匠とその兄弟は、パキスタンの映画音楽の世界で比類のない存在である。音楽家たちの競演という一大イベントを、ラホール城とシャーヒー地区との間にあるアリー公園で毎年開催している。まず何人かがタブラを演奏し、その後でターフー兄弟が登場し、素晴らしい腕前を披露する。実際には、競演とはならない。兄弟が最高のタブラ奏者であるばかりでなく、この地区で非常に尊敬されているからである。師匠は一生懸命稽古を重ねた結果、成功を収めた。そのため、自分と同じくらい稽古をする弟子だけをとり、厳しく指導する。師匠自身、毎日早朝から数時間の稽古を欠かさず、兄弟や弟子全員にも同様にさせている。

師匠と踊り子の関係

カンジャルの女の子は、生まれたその日からタブラとグングルーの音色を聞き、他の子どもが学校へ行き始めるかなり前から、正式に音楽の稽古を始めなければならない。踊り子は通常、ミーラーシーの男性、ときには音楽に精通した家族の男性を師匠にもつ。音楽家の間には、「よい師匠なくして、音楽家の将来はない」という格言がある。「師匠がいない」と言われたら、音楽家や踊り子の間では悪口や蔑《さげす》みを意味する。

ある稽古場で、一三歳の女の子とその父に会ったことがある。音楽家たちは、女の子が師匠についていないことをからかい続けていた。父親は、「娘は歌を歌えるし、将来も問題ないさ」と言い張ったが、音楽家たちはその返事を笑い飛ばした。とうとう、父親は「お金がなくて師匠につけられなかったんだ」と認めたが、「いろんなレベルの師匠がいるのだから、そんなことは言い訳にすぎない」と音楽家たちは受けつけなかった。師匠をもつべきだという社会的なプレッシャーは、職業としての売春を伝統的な形態のまま残していくために、音楽と踊りと結びついていなければならないという暗黙の了解を反映している。同時に音楽家たちは、このプレッシャーを自分たちの居場所や立場、そして安定した収入源を確保するために使っている。

師匠が弟子を受け入れる儀式には、細かい決まりごとがある。新しい服が師匠に贈られ、お菓子が配られる。カンジャルの家族の経済状況によって金額は異なるが、まとまったお金が師匠に渡され、月謝の額が決められる。これらの贈り物は、贈り主の家族の好みだけでなく、経済的・社会的地位をも反映する。師匠とその親しい友人や親戚は、贈られた物を近所の人に披露する。贈り主の社会的地位を上げ、師匠はさらに収入を得られる可能性を高めるためだ。カンジャルは、ミーラーシーの機嫌を損ねないようにしなければならない。いとも簡単に世間の評判を落としかねないからだ。このように、音楽家たちは売春婦たちに対して暗に影響力を及ぼしているのである。

裕福な家庭は師匠に自宅へ来てもらうが、通常は弟子が師匠の稽古場へ通う。弟子は毎日少なくとも二時間、稽古に行くことになっている。とはいえ、多くの弟子や一部の師匠は厳密に守っていない。師匠をもっていると、音楽を学べるだけでなく、音楽家仲間のネットワークとつながりができるという利点もある。師匠はコーターで演奏する楽師の手配をし、弟子の踊り子のキャリア形成に責任をもつ。ベテラン音楽家が企画する舞台にも出演させる。そのために、さまざまな歌を教え、人に聞かせられるレベルにまで指導し、客によってどの歌を選ぶのかについても助言する。最終的には、エージェントとして、優秀な弟子をラジオ、テレビ、映画界の作曲家に紹介する。弟子を有名にできると、音楽家としてのみならず指導者としての地位も上がり、富も名声も手に入れられる。

グングルーの稽古をする踊り子

バラエティーショーとムジュラーの違い

サーディク師匠は数人の弟子をとっていたものの、指導にはそれほど熱心ではない。稽古場で教え、弟子のコーターで演奏しながら、外での仕事を探すために多くの時間を費やしていた。「ライラーのコーターで演奏しても、稽古場にかかる費用をかろうじて支払える程度で、家族のためのお金は残らないよ」と言う。以前はコーターからもっと収入があったのだが、いまはその収入だけではやっていけず、家族を養うためにシャーヒー地区の外で芸能ショーを行っている。

芸能ショーとは、大衆演劇、テレビのショー、売春婦による伝統的なムジュラーという、一風変わった組み合わせである。大衆演劇の舞台は、幕間の歌や踊りを含めて、短くても八時間は続く。当初は、俳優の休息と舞台転換のために歌の時間を設けていた。ラジオが地方に普及し、歌手の人気が高まると、幕間の歌の時間を増やし、芝居の時間が短縮されていく。やがて、大衆演劇が芸術として認められなくなったころには、俳優たちは人気歌手が歌い終わるまで何時間も待たなければならなくなった。

現在、地方で行われている舞台はバラエティーショーと呼ばれている。フリルのたくさんついた西洋風の派手なドレスを着た踊り子の踊り、歌手による歌、コメディという構成だ。踊り子のほとんどはシャーヒー地区出身で、現代風にアレンジしたムジュラーを踊り、歌手と音楽家(ほとんどがミーラーシーの男性)が、流行のウルドゥー語やパンジャービー語の歌を披露する。このようなショーが普及したのは、パキスタンのテレビ局が踊り子や歌手を起用した音楽娯楽番組を制作し、放映しているからだ。数曲の歌と、ゲストと司会のコメディアンが面白い話をする番組が定番である。

バラエティーショーで行われるムジュラーは、コーターで行われるものとほとんど変わらない。男性の観客は公演中踊り子たちにお札を投げ、終了後の性的なサービスを受ける約束をとりつける。いまでも伝統的なムジュラーを希望する地主や事業家もいるが、多くはバラエティーショーを希望する。ムジュラーという言葉には悪いイメージがあるが、バラエティーショーなら地方の中流階級は受け入れる。

つまり、ウルドゥー語の「ムジュラー」を英語の「バラエティーショー」と言い換え、いかがわしい印象をなくそうとしているのだ。シャルワール・カミーズが洋服に変わり、シンセサイザーやドラムが加わるので、ムジュラーではないと思っている人がいるかもしれない。しかし、男性がバラエティーショーに行く目的を見誤ってはいけない。バラエティーショーは、純粋に音楽を楽しむコンサートや音楽会とはまったく性質が異なる。

そうしたバラエティーショーの主催者を三人、数カ月間にわたって調査した。ショーの依頼者は大地主ではなく小規模な事業経営者で、お金があるのを親戚に見せびらかすのが目的のようだ。主に結婚式、ときには息子の誕生日など家族の祝い事の際に、たくさんの人を招待して行われる。ムジュラーとバラエティーショーでは、主催者が異なる。ムジュラーは踊り子のマネージャーで、バラエティーショーはほとんどが音楽家である。この違いによって、踊り子と客との関係も変わってくるのだと後でわかった。ムジュラーでは性的サービスの約束をとることに集中する。一方、バラエティーショーの主催者は、再び公演を依頼されるようにショー全体の質を重視している。

サーディク師匠はバラエティーショーでお金を稼ぎ、音楽テープを制作できる録音スタジオを造ることが夢だと私に話していた。そのために詳細な計画を練り始めたとも。

客引きの親分

お決まりの反応

マフムード・カンジャル氏を紹介してほしいと、私はサーディク師匠に何週間もしつこく頼んでいた。ムーダー・カンジャルと呼ばれ、シャーヒー地区で非常に尊敬されている人物で、地区の重要な代弁者だと考えられている。貴重な話が聞けるはずなので、会いたくてしかたがなかった。ようやく、シャーヒー地区で知り合った音楽家からカンジャル氏の電話番号を教えてもらい、イスラマバードから電話をかけると、女性が出た。私の名前と用件を伝えたところ、翌日の午後一時ごろにかけ直してほしいと言う。一時以降は、ほとんど外出しているそうだ。シャーヒー地区の人びとと同様、カンジャル氏の一日は正午ごろに始まる。つまり、午後一時は私たちの午前八時に相当するのだ。

翌日電話すると、カンジャル氏は家にいた。とても感じがよく、敬意がもてた。

「ラホールを訪問する予定を立てたいと思っています。インタビューをさせていただくのにご都合のいい日時を教えてもらえませんでしょうか」

カンジャル氏は自分の都合に合わせて私が来ようとしていることに驚いていたが、うれしそうだった。次の金曜日、彼の家で会うことになる。

その前日、日暮れまでにラホールに到着するために、いつもより少し早く研究所を出ようと準備しながら、同僚のアーリフにカンジャル氏とアポイントがとれたと話した。すると、仰天して口をポカンとあけ、突拍子もない声で聞いてきた。

「どういう人物か知っているのか」

「ええ、もちろん。シャーヒー地区のボスよ。政治にもかかわっているらしいわよ」

カバンに書類をつめながら私が何げなく答えると、アーリフは額を叩き、心底恐れをなして叫んだ。

「当世きっての客引きの親分だぞ。シャーヒー地区の最有力者の一人で、大きな暴力団の組長たちともつながりがある。誰を相手にしようとしているのか、本当に知っているのかい」

私がシャーヒー地区へ行くことを誰もが心配する。それには飽き飽きしていた。

「ちょっと待ってよ。私は一人の男性をインタビューしに行くだけなのよ」

私は椅子に座って、もう一人の同僚あてにメモを書き始めた。アーリフは立ったまま、じっと私を見下ろしながら聞いた。

「誰かいっしょに行くのかい」

「それって、ボディーガードってこと？　いいえ、私一人よ」

「どれほど危険かわかっているのか。知らないうちに、何かに巻き込まれる場合もありうる。一人で行くなんて正気じゃないよ。何てこった。これまでだって、どうやって一人でうろついているのかと思っていたんだぞ。とにかく、あの男と会うっていうことは、自分をとても危険な状況にさらすことになるんだぞ。わかっているのかい」

アーリフはいら立ちと不安でいっぱいになって、怒鳴った。私はメモを書き終えて立ち上がり、カバンと車のカギを持ち、こう言って研究所を出た。

「これまでシャーヒー地区で、車の後をつけられたり、失礼なことを言われさえしなかったわ。言っちゃ悪いけど、自由で開放的だと思われているイスラマバードでは、起こりうるわよ。ボディーガードが必要なのはシャーヒー地区以外の場所よ。ラホールへ行くときGTロード(29)を運転していると、面白半分に追いかけられることがあるわ。なぜだかわかる？　私が女性で、一人で運転しているからよ。ラホールのバザールでは、しょっちゅうみだらな言葉をかけられる。シャーヒー地区はとても混雑しているけど、触られたり嫌がらせを受けたりしないわ」

地区の大物カンジャル氏との対面

夕方ラホールに到着し、カンジャル氏を知っている音楽家たちと話をした。そのうち二人は、音楽活動をすでに止めている。アフザルは路上でショールを売り、イクバールはビデオショップを営む。翌日のインタビューに向けて、シャーヒー地区の政治状況や国の政策との関係、とくにカンジャル氏のこの地区での社会的な地位についてあらゆる質問をすると、苦しい生活を送っている一人の音楽家、イクバール、アフザルが次々に答えた。

「ここじゃ、ムーダー・カンジャルは有名だよ。大草原のライオンのようにうろついている。ここに来たことがない人でも名前を知っているくらいだよ」

「警察がここの人たちを困らせるために捕まえて牢屋にぶち込んだりすると、カンジャルに助けを求めに行くんだ。必ず釈放されるよ」

「ムーダーは、おれたちを絶対に見捨てない。政府がどんなに厳しい態度に出たとしても、おれたちのために立ち上がる」

いろいろな人に聞いた結果、カンジャル氏を地区の代弁者だと考えている人がほとんどだとわかった。買春宿をいくつか経営しているともいう。シャーヒー地区での彼の役割については、さまざまな意見がある。総じて、怖がってはいたが、ヒーローで偉大なリーダーと思っている。

翌日カンジャル氏の家を訪れた。シャーヒー地区の中心街から狭い通りを入ったところにある、ごくふつうの家だ。木製の扉をたたくと、使用人と思われる若い男性が出て来た。名前を名乗ると、その場で待つように言われる。すぐにカンジャル氏が現れた。長身で色が白く、きれいに糊付けされたシャルワール・カミーズを着て、威厳のある風貌だ。白髪と白くなった立派な口ひげが印象的である。あいさつの言葉の後、「うちの会計係のサムラドという女性の家へ行って、話しましょう」と言った。

いくつか通りを過ぎると、メインバザール通りに出た。あるハヴェーリーの前でカンジャル氏が立ち止まり、「ここです」と言う。たいへん大きい、豪華な玄関だ。両端は化粧しっくい[30]で装飾され、上部には精巧な彫刻[31]が施された木製の大きな扉がある。家の中へ入り、階段を昇った。階段は上まで続いていたが、二階に一一歳くらいの女の子がいて、居間へ案内してくれた。半分が西洋風でソファが置いてあり、半分は典型的な東洋風で、壁際に筒形の枕が並べられ、床に座るようになっている。

カンジャル氏と私は、ソファに向かい合わせに座った。部屋の片側にはハルモニウムや数々の装飾品が置かれ、壁は写真で飾られている。女の子がセブンアップを二本持ってきた。とても質素なシャルワール・カミーズを着ている。私たちを部屋に案内し、飲み物を出すことを楽しんでいるかのように、顔には笑みが浮かんでいた。カンジャル氏は、すぐにインタビューを始めたくない様子で、サムラドを待ちながら、あたりさわりのない話をしていた。どうやら、二人の意見を私に聞いてほしいらしい。サムラドは、社会でのシャーヒー地区の位置付けや、この地区の人びとが直面している問題について独自の見解をもっていると思っているからだった。

私も自分の立場を明確にした。まず、道徳的な観点からの調査はしていないので、貞節であると示す必要がないことだ。次に、この地区のシステムに関して基本的な理解はあるので、何も知らない外部者としてきれい事を話す必要がないことである。そして、あえて、この地区のサブカルチャーで用いられている独特の言葉や、最近起こったことを織り込みながら、気さくに話した。

たとえば、「ミアーン・サッルー氏の事務所は、まだシティシネマという映画館の中にあるのですか」と聞いた。サッルーとは、この地区に多くの不動産を所有している政治家、ユースフ・サラーフッディーン氏のことだ。また、「ティッビー署(シャーヒー地区の警察署)の署長になるための賄賂は、いまも最高額なのですか」とも聞いた。このポストは、ラホールで一番高くつくと言われていて、警察官はその地位を得るために何一〇万ルピーも使う。しかし、いったん署長になると、住民をつついて投資した額をすぐに取り返せるし、異動する前には投資した額以上に儲けられるのだ。

ラホール芸能人協会と政治活動

サムラドが入ってきた。四〇代前半、少し太っていて、おしゃれな服装、きれいに化粧をしている。とても魅力的な女性だ。両手の指に付けている大きなダイヤモンドに目がいって仕方なかった。カンジャル氏は、私を「イスラマバードの人で、シャーヒー地区について書いている」と紹介した。

最初に、シャーヒー地区が現在のような状態になってどれくらい経つのかなど、歴史について尋ねる。カンジャル氏は姿勢を正して話し始めた。

「私は現在六七歳となります。昔、赤線地帯はプラーニー・アナールカリー通りにありましたが、ローハーリー・マンディーに移動しました。当時ローハーリー・マンディーにあったチョーク・チャクラは、いまもその地名のまま残っております。そこには、もとはコーテザンで、有名な歌手になったシャムサ・ベーガムのコーターがありました。それから赤線地帯はランダー・バザール、モーティー・バザールへと移り、約一〇〇年前にシャーヒー地区で始まったのです。私が生まれたころ、ガス灯はありましたが、電気は通っていませんでした。現在のティッビー警察署のあたりは菩提樹の木が茂っていまして、昼間でも誰も近寄らなかったものです」

シャーヒー地区のリーダー、カンジャル氏

次に、カンジャル氏が代表を務めているラホール芸能人協会について聞くと、氏の目が輝いた。話したい話題だったようだ。

「ラホール芸能人協会は、長年政府から受けてきた抑圧への対応策として設立いたしました。シャーヒー地区すべての芸能関係者を守ることが目的であります。理事会は、さまざまな家族を代表する二九名の理事で構成されており、全員カンジャルです」

サムラドがさりげなく付け加えた。

「協会が保護しないと、個人個人で対応しなければなりませんので」

カンジャル氏は声高に文句を言った。

「世間の人やここの役人たちは、われわれのことを悪い人間だと思っているのです。ここの女の子が人前で歌を歌うと、売春婦だと見なされる。一方、ターヒラ・サイヤドやグルシャン・アーラー・サイードなどの女性歌手は、ここで学んだにもかかわらず、ここの出身ではないですから、そんな悪口を言われることはありません」

「ラホール芸能人協会の活動はシャーヒー地区内に限られているのですか。それとも地区外でも活動しているのですか」

「ラーワルピンディー市、サルゴーダー市、オーカーラー市、ライアルプール市、パットーンキー町、ラーラームーサー町など、パンジャーブ州全県の芸能人を代表しております。シャーヒー地区出身者がどこにいても、連絡を取り合っています。ただし、音楽家は別です」

「音楽家は芸能人ではない、と考えていらっしゃるのでしょうか」

「いや、いや」と手を振って、説明を始めた。

「音楽家は別なのです。われわれが彼らの代表には、なれません。民族集団も仕事も違いますから。音楽家同盟(*Ittehad-e-Musikaran*)という別組織をもっていまして、師匠や指導者がメンバーとなっています。カンジャルの女の子たちは生まれながらの芸能人ではなく、訓練を受けなければなりません。だから、われわれは師匠たちを父親のように尊敬しております。ところが、一般社会では師匠たちでさえ尊敬されなくなってきているのです」

政府による差別に対抗するうえで音楽家と踊り子がなぜ一枚岩になれないのかについては、音楽家から聞けるだろう。そこで、この話題は終わりにした。

「カンジャルさんは、政治にかかわっておられましたね」

「そのとおりです。一九七九年に地区議員になりました。八三年に選挙区が三つに分割され、ティッビー・ガリー、シャーヒー・モハッラ、ヒーラー・マンディーのそれぞれから、一人ずつの議員が選出されるようになりましたが、私はずっとここで人びとのために働いてまいりました。

一九七九年のことです。当時のパンジャーブ州知事サワール・ハーン(32)が議会を召集し、すべての議員がそれぞれの地区の問題を持ち寄りました。しかし、私が発言しようとすると、阻止されました。ヒーラー・マンディーの代表だったからであります。『そんな地区はなくしてしまうべきだ』とさえ言われました。そこで、州知事が他の地区の議員に言いました。『もしそんなにヒーラー・マンディーをなくしたいのであれば、そこの人たち、男性も女性もあなた方の地区に受け入れるべきでしょう』と。そして、『売春婦と結婚する気がある者は挙手を』と命じると、誰も手をあげませんでした。『われわれがヒーラー・マンディーの娘と結婚し、われわれの娘をそこの男性に嫁がせないかぎり、社会は変わっていかない。いまそれができないというのであれば、社会全体が改革されるまで待つべきだ』と州知事は述べたのであります」

カンジャル氏はソファに深く座り直して続けた。

「アユーブ・ハーン大統領(33)の時代から、われわれは積極的に政治にかかわってまいりましたが、不可触民として扱われております。でも、シャーヒー地区出身者にどんな人がいるかご存知でしょうか。高級官僚、政治活動家、軍人がいると聞いたら、驚かれますでしょう。主流の社会にいると、公然とわれわれとの関係を述べたり、われわれのために戦ったりできないのです。国立芸術大学のイクバール・フサイン教授のように、『シャーヒー地区出身だ』と明かす勇気がある人は数少ないのであります。

ここには、一四～一五の赤線地帯があります。そのまわりに壁を築いて、一つの州と宣言することだってできるでしょうよ。人口は四〇万～五〇万で、二〇万人の有権者がいるのですから。われわれを代表する議員がいるべきだとお思いになりせんか。コーターの数だけでも四〇〇～五〇〇にのぼります。それ以上の数の家族がここに住んでいるのです。どうして世間はわれわれを受け入れてくれないのでしょうかね。クリケットやホッケーでも、優秀な選手がたくさんここから出ているのですがね」

そして、にわかに怒りながら続けた。

「しかし、選挙となると父親の名前を聞かれる。人に恥をかかせるのは、いいことじゃありません。身分証明書に本当の父親の名前を書いたら、問題の始まりです。母方の祖父や叔父や男兄弟の名前を書いてもいいことにすべきなのであります。父親の名前がわからないときは、どうすればいいんですか。もし知っていたとしても、父親が大物政治家や高級軍人だったら、どうします。アユーブ・ハーン時代に、いくつか芸術協議会が設立されました。芸術協議会が世に送り出した芸能人の数と、われわれが送り出した数を、比べてみてください。しかも、芸術協議会には、この地区の出身者がたくさんいるんです。音楽家も、踊り子も、師匠も、歌も、すべてここの産物なのであります。われわれの業績を公然と述べられないのが残念でなりません」

もと踊り子サムラドの結婚生活と差別

先ほどの女の子と男性の使用人がキール(34)や紅茶を持ってきた。シャーヒー地区の生活において、このようなもてなしは重要である。サムラドが私を見て言う。

「この地区の名物なんですよ」

「私の大好物のデザートですわ」

私が声をあげると、サムラドとカンジャル氏は微笑んだ。

それまで、サムラドはほとんど話していないことに気付いた。彼女にも会話に加わってほしい。シャーヒー地区外の一族の人と結婚したと聞いていたので、結婚について尋ねた。すると、ため息をついてから話し始めた。

「私が結婚したのは二五年前です。実は、夫の家族は私をまったく受け入れてくれませんでした。夫の家族や友人から常に冷淡に扱われました」

サムラドは涙声になり、せき払いをしてから水を頼んだ。カンジャル氏が代わりに話を続けた。

「サムラドはミアーンさんと結婚したのです。ミアーンさんは、サムラドを妻として受け入れるよう、みんなに強く頼みました。でも、この地区出身の女性が認めてもらえることは決してないのです。ミアーンさんが亡くなった後、家族はサムラドに遺産が分与されるのを嫌がって、娘といっしょに追い出しました。映画界で成功した女性ですと、ある程度受け入れられる場合があります。敬意をもって接してもらえ、同席も許されます。しかし、売春という職業に就いていた女性は常に非難の対象なのです」

サムラドは悲しそうに言った。

「私は嫁いだときに、シャーヒー地区とのつながりをすべて絶ちました」

「では、ここに戻って来ることは、ご自分で決めたのですか」

「夫が存命中は、私を守ってくれました。でも、あちらの家族は、夫は間違いを犯したとずっと思っていたので、夫が亡くなったその日に私を追い出しました。ここに戻って来る以外、選択肢はなかったのです」

「他に行くところがありますでしょうか。娘さんは寄宿学校に入っていますが、サムラドはここで家族といっしょに住んでおります。ここに住んでいるから売春をしているというわけではありません。生活していかなければなりませんから、しばらくの間は映画に出ておりました」

室内を見まわすと、サムラドの写真が壁に一枚も貼られていない。おそらく二五年前に嫁いだとき、すべて取りはずしたのだろう。カンジャル氏は、その夜の予定についてサムラドに話し始めた。話題を変えて、彼女の高ぶった感情を抑えようとしたのだろう。それから、私のほうを向いて話しかけた。

「われわれは、あらゆる面において公然と差別されています。ラホール市内の二、三の赤線地帯という限られた場所で、夜一一時から翌朝一時という限られた時間でしか、商売ができません。政治家に話に行きましたが、まったくらちがあかないのです。ジアーウル・ハク大統領(35)による軍事政権下の戒厳令中は、たいへん苦労しました。まあその後も、われわれのことなど気にかけてくれる人はいませんでしたけど。いろいろ理由をつけて、われわれとは会わない。やって来るのは、選挙のときだけです。麻薬取引に手を染めている政治家だっているんですぞ。メッカへ巡礼(36)に行く一方で、ここの女性を妊娠させたと知ると中絶させる。そんなやつらと付き合っていられません。官僚とは奇妙な人たちですよ。われわれを人間だとさえ思っていません。自分が自分の国であるパキスタンに住んでいるのか、イスラエルかどこかに住んでいるのか、わからなくなりますよ。彼らがひいきにしている女の子には、金のティアラを頭に載せて『ガザルの女王』とか『メロディーの女王』と呼んでいるというのに、その他の女の子のことは『売女《ばいた》』呼ばわりするのですから」

カンジャル氏は、抑圧されている状況について話を続けた。

「営業時間のこともあります。どうして一一時から一時に制限するのですかね。夜中の一時からでは遅すぎるというのは、理解できます。では、八時か九時からではいけないんですか。夜にリハーサルすることすら許されていません。さらに、断食月(37)の一カ月間は営業停止。一カ月も休んで、やっていける商売なんてありますか。それに、ムハッラム月は、パキスタン中どこへ行っても九日目と一〇日目だけしか閉店していないのに、ここの場合は一三日以上も休業しなくてはなりません。シーア派の人でも、喪に服しますが商売は休みません。ところが、われわれときたら、仕事をする権利のためにすら戦わないといけないのであります」

力説するカンジャル氏

サムラドはあまり話さなかったが、カンジャル氏が大事なことを言い忘れていないか注意深く聞いていた。「凧揚げ祭りのことは」と口をはさむと、演説を楽しんでいるカンジャル氏は切り返した。

「何で凧揚げ祭りについて話す必要があるんだい。議論の的になっているからかい。凧揚げ祭りだけでなく、シャベ・バラート[38]やメーラージ・シャリーフ[39]といった宗教行事でさえ参加しにくくなっている。ここの女の子がスーフィー聖者、ダーター・ガンジ・バフシュ・ハジュヴェーリー廟へ朝の礼拝へ行くのでさえ、他に目的があるんじゃないかと警官や役人が嫌がらせをするくらいだからな」

そして、政治家をしていたとすぐにわかる口調で元の話に戻った。大勢の聴衆の前で、ここぞというときには強調するために間をとりながら、大声で演説している姿が目に浮かぶ。

「アユーブ・ハーン大統領時代には、こんな苦労はありませんでしたよ。当時、ここの赤線地帯は閉鎖されていたと言われていますけれども、それは違います。ティッビー小路のあたりだけを閉鎖したのであります。歌や踊りを伴わない売買春を行っていたところです。大統領は間違いを犯しました。そこにいた四〇〇～五〇〇人の売春婦たちがラホール中に散らばって、商売を始めたのです。近所の人から文句が出ると、ティッビー小路に戻るのを許された人もおりましたが。いまも赤線地帯としては閉鎖されているものの、商売は続いています。

大統領は、歌を禁止することはありませんでした。どうしてだと思われます。われわれのお得意さまのパターン人だからですよ。祝い事のときは必ずお呼びがかかります。大統領の子どもさんの結婚式でも演奏しました。娘さんや息子さんのお嫁さんの化粧をした美容師は、この地区のレベッカですぞ。大統領の家で『催し』をして、問題にならないかですって。なりませんよ。社会的にも政治的にも地位がありますから。でも、他の家ではそうはいきません。

最近、一般の女の子もテレビに出て歌を歌うようになり、われわれは追いやられているのではないかですって。そうですとも。お偉い軍人さんや大物のお嬢さんがテレビで西洋風に歌うのは問題なし。しかし、われわれの歌は社会の価値観を損なうんですと。お嬢さん方が歌うとき、チャーダルを着るようにとか、チャールディーワーリー(40)を勧めているんでしょうかね。歌を歌って、お金をもらっていないとでもいうんでしょうか。

ジアーウル・ハク大統領を懸命に支持しました。それなのに、政府の人はあらゆる手段を使ってわれわれを厳しく取り締まったのです。戒厳令下では、それは大変でありました。大統領はテレビ演説で、『私の信仰は、メロディーの女王ヌール・ジャハーンの歌を聞いても揺るがない』なんて言ったんですぞ。皮肉にも、この地区出身の偉大な歌手の尊厳を大いに傷つけ、われわれも傷つきました。映画界でトップスターになった女優や歌手はみなこの地区の出身ですが、尊敬できる人たちです。ここの女の子たちは信仰心が厚く、気配りもできます。なかには芸の道に進まず、ふつうに結婚する娘もいるんです。女の子たちはまわりの世界から隔離して育てられ、われわれ独自の伝統や慣習にのっとって、教育、訓練しています。ここのシステムを理解もしないで、けなさないでくださいよ。民主主義が進展し、パキスタン国民として自由と権利を行使する機会がもてるようになると期待しているのですが。これまでの政権はどれも似たりよったりですな。将来を見守るしかありません。

二週間ほど前、夜中の一一時に、新しく来た警察署長から呼び出しがありました。『夜に赤線地帯をうろつかれては困る』と部下が言っていると。『私はここの住人で、地区の代表です。私の家族はそういう商売をしていませんが、ここに住んでいる女性は私の姉妹や娘同然です』と説明しました。そして、『どうして出歩いてはいけないのでしょうか』と尋ねました。これまでそんなことを言われた覚えはありませんでしたから。逆に言ってやりましたよ。『ご心配の理由はお察ししますよ。われわれが過去二回の選挙で勝っていますけれども、今回は州警察の長官がご自分たちの候補者を出そうとお考えだからではないですか』と。まったくもって政治的なゲームなんですな。しかし、われわれに圧力をかけようとしても無駄なことです」

差別との戦い

私は同情し、「そのようなひどい差別についてたくさん聞いてきました」と話したうえで、尋ねてみた。

「ラホール芸能人協会としては、具体的にどのようなことを政府に要求されているのですか」

「一九七〇年代の法律に戻すことを要求しているのであります。そのころは、芸能人として自宅で歌や踊りを披露できました。当時は、保護されていたのです。最高裁判所は一九七八年に、夜一〇時半から午前一時まで営業を許可するという命令を下しました。でも、いまは一一時にしか始められません。女の子たちを連れて行って地区の外で芸を披露するときには、警察に連絡したものです。何か事故があったら、保護してもらえました。そんな時代に戻ってほしいと思っています。最近は、政府はありとあらゆる制限を設けているうえ、警察はもっとたちが悪い。われわれからお金をむしり取るために、法律を乱用するのです。しかし、われわれは決して屈しませんぞ。

このごろ、結婚式や誕生日会などの催しでも、女の子たちを外へほとんど出せなくなってきました。何かと口実をつけられて、逮捕されかねませんから。安全ではないのです。検問所があって、男と女がいっしょに歩いていると、その関係を取り調べる。女の子がいっしょにいる男性を『師匠です』とか『兄弟です』と言うと、『嘘をついているだろ、おまえみたいな者に兄弟がいるものか』と言われるらしいのです。こういう差別に抗議しているのであります。われわれは喜捨(41)もしていますし、一〇分の一税(42)も払っています。食べ物や服やお金も、喜んで寄付しています。固定資産税、電気、水道、その他の公共料金だって、ちゃんと支払っています。お金を取るとき、われわれはイスラーム教徒やパキスタン人と見なされ、一方イスラーム教徒やパキスタン人としてのわれわれの権利は考慮されていないのです」

カンジャル氏の声はますます大きくなってきた。政府や警察に対して言いたかったことを、私という聴衆を前に演説できて、うれしかったようだ。

「われわれは、哀れんでくださいと頼みまわっているのではありません。この地区の人たちのために働きたいのであります。ご存知ないと思いますけど、ここでは囚人以下の扱いを受けているのです。少なくとも囚人は刑務所内で動きまわれますが、ここの女の子たちは市場にでも行こうものなら、怪しがられ、嫌がらせをされます。何ごともなく市場を通り抜けることすらできません。

弁護士を雇って法に訴えようとしても、逆に偽の容疑で警察に告訴されてしまう。拳銃所持、ヘロイン服用、ギャンブル、思いつくことなんでもありです。私が一度牢屋にぶち込まれたときには、地区中の人が抗議してくれました。『カンジャルはこの地区のすべての出来事の黒幕だから釈放できない』と警察は言うのです。ある州議会議員が間に入って、出してもらえましたが。何のために、そんなことをすると思われますか。政治家が捕まえるように指示し、そして釈放させる。そうやって恩にきせるためなのです。

逮捕されたのは、断食月の二〇日から二一日目、その年は五月の七日から八日にかけての夜中でした。警察署に行って、シャーヒー地区への入り口に設けられる検問所について尋ねようと、われわれは計画しておりました。行政というのは不思議なことをするもので、道のど真ん中に検問所を造るのです。また、イスラーム教のカリフ、ハズラット・アリーのために行進[43]をする予定で、警察に届け出るつもりでした。女性と男性とに分けた二つのルートを決めないといけませんので、断食月二一日目のイフタール[44]に集会を開いて、寄付を募ろうとしていました。すると、ギャンブルをしたという罪で捕まえられたんですぞ。この地区のリーダーで、シーア派組織の事務局長でもあるこの私を。

われわれは集まった寄付金を手に持っていました。タバッルク[45]を配ろうと思っていたので、買いに行くよう男の子たちにちょうどお金を手渡そうとしていたところです。いきなり警察の捜査が入り、われわれは捕まえられ、警察署へ無理やり連れて行かれ、殴られましたよ。これが、戦いが始まった原因です。地区の人びとは公開裁判と外部の中立な人による審理を要求しました。毎年アリーのための行進を運営している人間が、断食月中にギャンブルをするなんて考えられますか。法的な手段にも訴えました。ところが、われわれの抗議に応えてくれるはずの行政は、さらに抑圧してきたのです。あらゆる圧力をかけてきましたよ。そんなことに屈しないとは知らないんですな。どうして、そこまでわれわれに対して残酷になれるのでしょうか。芸能も、音楽も、詩も、われわれがつくり出しているというのに、この仕打ちはいったい何です！」

カンジャル氏は演説を終えた。インタビューが終わると、カンジャル氏とサムラドは、祈りの言葉とともに「研究がうまくいきますように」と言いながら見送り、「また、ときどき訪ねて来てください」とも言ってくれた。いくつかコーターをまわってから、次の週末にカンジャル氏に会いに行こうと、私は決めた。

イスラマバードに戻って職場に行くと、同僚のアーリフと偶然会った。

「よう、戻ってきたか。例の人物とは会えたのかい」

「ええ、いっしょにお茶を飲んでキールを食べて、とても楽しく話をしたわ。また会いに行くつもりよ。最高だったわ」

微笑みながら答え、朝の打ち合わせに遅れていたので早足で歩いた。追いかけてきたアーリフは、複雑な表情で口ごもりながら聞いてきた。

「それで、それで、どうだった」

「一番よかったのはキールね。大好物なの」

私はそれだけ言って、打ち合わせの場所へ向かった。

（1）一五四二年～一六〇五年、在位一五五六年～一六〇五年。北インド全体を支配下に置いて行政区分を敷き、官僚制、税制、軍事政策の改革を行い、宗教的寛容政策をとった。また、諸芸術を保護し、ラホール城の再建を含む数多くの建築事業を行い、ムガル帝国を確立し、発展させた。このことから、アクバル大帝とも呼ばれている。寡婦再婚の合法化や幼児婚の禁止も行ったが、これらについては、あまり成功しなかったと言われている。

（2）現在のラホール城（the Royal Fort＝ロイヤル・フォート）は、一五六〇年にアクバル帝が古い基盤の上にれんが建築で再建した。壮大なムガル建築物で、続く皇帝によって増改築され、アウラングゼーブ皇帝時代に最大規模となる。東西四二五メートル、南北三四〇メートルの長方形で、西と東の中央に正門がある。一九八一年に世界遺産に登録された。

（3）中央アジア出身のバーブル（一四八三年～一五三〇年、在位一五二六年～一五三〇年）が一五二六年にデリー・スルターン朝を破り、北インドに創始した、インド史上最大のイスラーム王朝。一五七〇年代から一八世紀初めまでが最盛期。

（4）一七八〇年～一八三九年。シク教徒集団の一つの指導者で、一七九九年にラホールで権力を握った。パンジャーブ地方に覇権を確立していき、一八〇一年にシク王国を築いて王となる。インドで発見され、当時世界最大と言われていた、コーヘ・ヌールというダイヤモンドを身につけていた。

（5）西暦五七〇年ごろサウジアラビアのメッカに生まれた商人ムハンマドが四〇歳ごろに啓示を受け、布教を始めたイスラーム教は世界三大宗教の一つで、一三億人～一五億人の信者がいるとされている。唯一神アッラーを信じ、預言者の啓示をまとめた聖典がコーラン（クルアーン）である。六信五行と言われる教義があり、イスラーム教徒は、神、天使、聖典、預言者、来世、予定の六つを信じ、シャハーダ（信仰告白）、サラート（礼拝）、サウム（断食）、ザカート（喜捨）、ハッジ（巡礼）を行わなければならない。イスラーム聖者とは神から特別に認められた人で、人びとの願望を神に取り次ぎ、代願できると考えられている。

（6）（*dhoti*）インドやパキスタンで男性も女性も着用する伝統的な衣服で、ルンギーともいう。一枚の大きな布を膝丈くらいにして腰に巻き、最後に布を前から股の間をくぐらせて後ろにまわし、腰にはさみ込んで着用する。ドーティーは正装、ルンギーは仕事着や部屋着と考えられている。

(7) (*deg* =デーグ)貧しい人びとに施して善行を積むために、宗教的な意義をもつ特別の食事を準備して入れる鍋。
(8) シーア派は、預言者ムハンマドのいとこで娘婿でもあるアリーとその子孫だけが預言者の正当な後継者であるとし、彼らに忠誠を誓う。イランやイラクでは多数派を占めているが、パキスタンではイスラーム教徒の約二割である。一方スンニー派はイスラームの多数派で、正統派と言われ、コーランと預言者のスンナ(確定された慣行)を信仰の基礎とする。
(9) (*ustad* =ウスタード)教師のなかでも高い地位の者を指す。
(10) (*baithak* =バイタク)居間という意味だが、音楽家の住居を指す。
(11) アンチモンや鉛の硫化物が原料の黒い粉。子どもからおとなまで男女を問わず、眼の上下を真っ黒に隈取るのに用いられる。異物や直射日光から目を守るため、眼病予防のため、また災いを避けるおまじないのために、行われている。
(12) アラビアで発明され、イスラーム圏で一般的に用いられている喫煙具。香りをつけたタバコの葉を炭に載せて熱し、出た煙をガラスびんの中の水を通して吸う。
(13) (*raga*)インド音楽において旋律をつくるための規則で、基本音列、使用音、主要音、装飾音などによって分類されている。音を強くする、弱くする、装飾音をつける、ビブラートにするなどの規則、使用すべき旋律形や避けるべき旋律形などの規則がある。一三世紀ごろまでに集大成したと言われるが、成文化されておらず、教師から生徒へ口頭で伝えられる。
(14) (*khusa*)先がとがっていて、刺繡がほどこされた、ラホールで伝統的な皮の靴。
(15) 英語での発話を表現する擬音語で、ウルドゥー語としての意味はない。
(16) パキスタンやインドの路上で営業している茶店などでは、熱い紅茶(チャーエ)を小さなガラスのコップに入れて出す。
(17) ボリウッドとして有名になったインド映画に使われている音楽は、古典音楽、宗教歌、地元の民謡、さらに欧米の大衆音楽や芸術音楽などさまざまな要素を吸収し、独特のリズムや旋律をもつ。インドのみならず、パキスタンやネパールなど南アジアで非常に人気があり、カセットテープやCDに収録され、販売されている。
(18) パシュトゥーン人ともいう。アフガニスタン全域からパキスタン北西部にかけて住むアーリア系の民族で、パシュトゥー語を話す。武勇と自由を愛すと言われている。
(19) パキスタンでいうカレッジは、一〇年生修了試験(matriculation)合格後に入学する学校で、一二学年(日本の高校卒業程度)で終える場合もあれば、さらに二年間、一四学年(二年学士、日本の短大卒業程度)まで修了することもできる。
(20) (19)で述べた一二学年修了の資格。原文ではFA(Faculty of Arts =文系の高校卒業資格)を取ったと書かれている。

(21)(*pyjama*)ゆったりした胴まわりをひもで締めてはくズボン。パンタロンのような型、チューリーダールという足にぴったりとした細い型、シャルワールの三種類がある。クルターと組み合わせて着用する。
(22)(*lehria*)リズム、テンポ、ビートのことで、とくに一六調の簡単な曲を指す。
(23)(*dhamal*)神と一体になるために、人を恍惚状態にする踊りで、スーフィーの伝統的な音楽。
(24)(*chimta*)火箸から発達した打楽器の一種で、トングのような形をしている。両手の間に挟んで拍手をするように手を動かし、トングを閉じたり開いたりして音を出す。
(25)パンジャーブ州に由来する、子羊などの肉を煮込んだカレー。
(26)(*geet*)ガザルより素朴で庶民的な歌で、愛を歌うもの、精神的・哲学的なもの、儀礼に伴う神々への賛歌もある。
(27)(*kathak*)インド北西部で広く行われている伝統的な踊りで、ヒンドゥー教社会におけるインド舞踊の特徴とムガル帝国時代のペルシア的な舞踊の特徴を兼ね備えている。踊り手が役柄をもって登場し、ストーリーがある舞踏劇の型をとるものもある。
(28)(*Hudood*)一九七九年にイスラーム化政策を進めるパキスタンで導入されたイスラーム刑法で、窃盗、強盗、婚外性交、飲酒、誣《ぶ》告(故意に事実を偽って告げること)、背教、反乱の七種について定められている。性的暴行を受けた女性は四人の成人男性の証言がなければ被害者として認められず、姦通罪を犯したとされる。姦通罪と判断された場合には、コーランの規定に従い、むち打ち、石打ちなどの刑罰が科される。二〇〇六年一一月に、性的暴行に関する犯罪はイスラーム刑法ではなく、パキスタン刑法によって裁かれることになり、性的暴行の被害者が姦通罪として裁かれる件数は減っている。
(29)グランド・トランク・ロード(王の道)が正式名称。ムガル帝国時代(一六世紀)に造られた、アフガニスタンのカブールからパキスタンのペシャワール、イスラマバード、ラホールを通り、インドのベンガル州コルカタまでを結ぶ道路。
(30)スタッコ。日本ではモルタルと言われ、住宅の外装の表面仕上げに用いられる。ここでは、イスラーム建築によく見られる透かし彫りなど非常に細密な模様が施された扉を描写している。
(31)フリーズと言われる木製の扉に取り付けられる装飾で、彫刻が施してあるものが多い。
(32)パンジャーブ州出身の軍人。ジアーウル・ハク大統領が厳戒令を敷いたとき、一九七八年から八〇年までパンジャーブ州の州知事として送り込まれた。その後、八四年まで軍の副長官を務める。
(33)一九〇七年~一九七四年、在位一九五八年~一九六九年。北西辺境州出身の軍人、政治家。陸軍参謀長、最高司令官、

国防相を経て、戒厳司令官となる。パキスタン建国の父ムハンマド・アリー・ジンナーの死後、継承されていた文民政権を一九五八年にクーデターで倒し、軍事政権を樹立した。六二年に新憲法を制定し、大統領に就任。官僚による一元的支配体制を敷くべく中央集権化を図り、行政改革、農業改革、経済開発に着手するとともに、制限された民主主義制度を導入した。

(34) デザートの一種で、インド風のライスプディング。お米を牛乳で煮て、ココナッツミルクとカルダモンで味付けし、アーモンド、カシューナッツ、レーズンなどを好みによって加える。温かいまま、あるいは常温で食べる。

(35) 一九二四年〜一九八八年、在位一九七八年〜一九八八年。軍人、政治家。陸軍参謀長としてズルフィカール・アリー・ブットー文民政権をクーデターで倒し、軍事政権を樹立。その後、大統領となり、自らの権限を拡大し、イスラーム化を進めた。しかし、アフガニスタンと旧ソビエト連邦の紛争の影響で麻薬と武器が出まわり、社会が腐敗していく。原因が不可解とされている飛行機事故で、一九八八年に死亡した。

(36) (*Haj* ＝ハッジ)イスラームの聖地、サウジアラビアのメッカにあるカアバ神殿に巡礼し、一定の儀式を果たすこと。イスラーム暦第一二月八・九・一〇日に行われる。それ以外に行う巡礼は、ウムラ(小巡礼)として区別される。メッカに行くだけの財力をもち、健康なイスラーム教徒は、生涯に一度は行うべき義務とされている。

(37) (*Ramazan* ＝ラマザーン、ラマダーン)イスラーム暦第九月で、神への感謝と貧しい人の苦しみを体験、共感するために、一カ月間、夜明けから日没までいっさい飲食せず、喫煙や性交も断つ。

(38) (*Shab-e-Barat*)イスラーム暦第八月一五日の宗教的な夜、「運命の夜」のこと。過去一年の各人の行いを神が評価し、罪を赦し、次の一年の生死、日々の糧、成功、加護などが決められると言われている。シャベ・バラートの前夜は夜通し祈り、翌朝から断食を行う。また、各家庭で炊き出しをして、親戚や近隣の人びとに配るなどして善行を積む。

(39) (*Meraj Sharif*)預言者ムハンマドが神の啓示を受けてから一〇年後のイスラーム暦第七月二七日の夜、天国への旅をしたという聖事の行われた日。イスラーム教徒はコーランを読み、礼拝を行って、この夜を祝う。

(40) (*chardiwari*)。四方を壁に囲まれた空間の意味で、女性隔離のこと。女性は室内で生活し、ドゥパッターを身につけ、チャーダルで体を覆い隠し、初潮を迎えると家族以外の男性と視線を合わすことも禁じられる。ここでは、「お嬢さん方には、イスラームの価値観を問わないのか」と皮肉っぽく述べている。

(41) (*zakat* ＝ザカート)毎年の収入と貯蓄に一定の税率で課せられる宗教税のようなものだったが、現在では自由意志のお布施のような寄付行為となっている。モスクにザカートの箱が置かれ、貧しい人、病人、老人などを救うために使われる。

(42)（*usher*＝ウシュル）アラビア語で一〇分の一を意味し、一〇分の一税といわれる、公共の目的のために土地や商業に課される税。しばしばザカートと同義に用いられ、厳密に区別できない場合がある。

(43)イスラーム教、第四代正統カリフ（在位六五六～六六一年）。預言者ムハンマドのいとこであり、後にムハンマドの娘と結婚し、義理の息子となったが、カルバラ（イラク）で反対派に暗殺された。とくに、シーア派の崇拝の対象となっていて、その暗殺を悼んでムハッラム月九日の夜から一〇日の午前中にかけて行進する。一〇日目の午後に行われるアーシューラーでは、同じときに殉教したハズラット・アリーの息子フサインの苦しみを追体験して、自分の体を剣で切りつけたりしながら行進する。

(44)（*iftar*）日没となって一日の断食終了後、乾燥したナツメヤシや甘い飲み物などの軽食をとること。

(45)（*tabaruk*）神の祝福を受けた食べ物。参詣者に分け与えられる聖者廟への供え物や、とくにムハッラム月にシーア派の信者が配る食べ物を指す。

第3章　踊り子たちの暮らし

コーターで踊る踊り子たち

大みそかの騒動

いとこたちの懇願

ラホールで調査を続けていたため、イスラマバードの友人たちとは疎遠になっていた。週末や仕事の合間は、シャーヒー地区へ行きたくて仕方がないからだ。大みそかもラホールの叔父の家に泊まっていた。パキスタンでは、新年を祝う習慣がない。便宜上太陽暦を使っているが、祝い事や重要な行事には太陰暦を用いる。あいにく、イスラーム教徒が用いている太陰暦第一月は喪に服すムハッラム月であるため、新年は祝わない。とはいえ、イスラマバードは他の地域に比べると西欧化されているので、とくに若者にとって大みそかは特別な日となっている。

学校が冬休みだったので、叔父の家にはいとこたちも来ていた。そこへ、イスラマバードの友人サーラーから電話があった。アメリカ人の夫といっしょにラホールに来ていて、大みそかの夜にシャーヒー地区へ行きたいと言う。サーラーはパキスタンで生まれた後、海外で育った。見た目はパキスタン人だが、行動はパキスタン人らしくない。この会話を耳にしたいとこたちが、「いっしょに連れて行ってほしい」としつこく頼んできた。大学院生のファイザ、カレッジに通うサーディアとサミーナ、同じ年ごろの三人だ。パキスタンの若い女の子は、たとえ大学生でも、望みをかなえるためにはまるで駄々っ子のようになる。シャーヒー地区に行きたがる気持ちは、わからなくもない。勉強とおしゃれ以外の生活は、非常に単調である。謎に包まれた場所として語られているのだから、誰もが興味津々だろう。まず、サーディアがねだった。

「ねえ、お願い。お願いだから、連れて行って。あそこの女の人たちの話について、たくさん読んだわ。ぜひ会ってみたいの」

「ラホールの旧市街で見かける女の人たちと同じよ」

次は、サミーナの番だ。

「一人でいいから自分の目で見てみたいの。友達がシャーヒー地区を車で通ったことがあるって。それで……見たんだって」

サーディアが驚いて、叫んだ。

「一人で?」

「ばかね、違うわよ。お兄さんとお友達といっしょよ」

「いいわね。私なんて、お兄ちゃんに『あそこへ行こう』って話をしただけで、殺されてしまうわ」

「じゃあ、どうして私に連れて行けって言うの。私を困らせようってこと?」

サミーナが答えた。

「『誰にも言わない』って約束する。友達が言ってたのよ。明るい灯の部屋に、着飾った女の人たちと楽師がいたのを見たって」

サーディアとファイザは目を丸くし、私は聞いた。

「コーターに行ったの?」

「冗談じゃないわよ。そんなことするわけないじゃない。お兄さんもお友達も、みんな怖かったんですって。本当は、レストラン・パージャーに行ってパーエ[1]を食べるつもりだったの。でも、車を停められず、赤線地帯の中を通っただけで帰って来たらしいわ。コーターをちらっとでも見たかったけど、怖くてどこにも寄らなかったって」

「お父さんとお母さんは、そのことを知っているのかしら」

サーディアが興味深そうに聞くと、サミーナが答える。

「ばかじゃないの。そんなこと知られたら殺されちゃうわよ。誰も行っちゃいけないことになっているのよ。女の子は誘拐されて、売春婦にされちゃうのよ。映画で見たことない？」

「もうやめてちょうだい。映画で見たようなコーターに行くと思っているのなら、大間違いよ。映画に出てくるコーターは、ムガル時代のお金持ちが住んでいた大きなハヴェーリーをイメージして造ったセットで、実際のコーターはとても小さいのよ。映画のコーターは、実際のコーターの二〇個分はあるわ。踊り子たちは、映画のようにピシュワーズ(2)や豪華なドレスを着ていないし、きらびやかな宝石もしていないのよ。高級娼婦を演じている女優みたいに洗練されてないし、騒々しいわよ。グングルーで大きな音を立てるから、歌なんてほとんど聞こえやしない。しゃがれ声の踊り子がほとんどで、うまい人はめったにいないわ。可愛い娘や歌や踊りがうまい娘は映画プロデューサーがすぐに引き抜いてしまうから、残った人たちにしか会えないのよ」

わくわくしていた三人をすっかり落胆させてしまったようだ。

「悪いけど、これがシャーヒー地区の現実なのよ。来るお客は音楽なんてどうでもよくて、唯一の目的はセックス。歌や踊りは単なる見せかけ。ロマンスのかけらもなし。どう、気が変わったでしょ」

「行きたい」

三人がそろって金切り声をあげ、口々に言い始めた。

「お願いだから連れて行って。こんな機会は一生に一度しかないわ。ねえ、意地悪しないで」

延々とおねだりが続き、サーラー夫妻が到着すると、二人にも訴え始めた。仕方がないので、親たちの許可が得られたら連れて行くと言った。もちろん、そんなことは不可能だと知っていたのだが。けれども、だんだん罪の意識に駆られてきた。女性のエンパワーメントのために活動している私が、すでにおとなになっているいとこたちが夜に外出するのに親の許可が必要だと考えるべきではない。とうとう、私のほうが折れた。

大みそかの冒険

三人の若い娘を含めて五人も連れて行くのだから、思慮分別があるおとなの男性がいたほうがいいと思った。そこで、いとこのモホシンも呼ぶことにする。両親に行き先を告げずに、すぐに来てくれた。ライラーには、これから大勢で押しかけることになったと知らせておいた。

二台の車でシャーヒー地区へ向かう。いつも車を停める場所に行って、近くの店の店主に車を見ていてくれるように頼んだ。三人の娘たちは、どう振る舞っていいものかとまどっている。こんなときパキスタンの中流階級の若い女性が通常するのは、クスクス笑いである。さらに、三人は顔を隠すことにした。親、友達、さらには将来の夫や義理の親となるかもしれない人を知っている誰かに万が一見られたら一大事と、突如思ったのだ。自分たちで引き起こしたパニックのなかで、互いにしがみつき合い、頭と顔をドゥパッターで覆い、クスクス笑っている。

私はライラーの家へ向かって歩き始めたが、サーラー、その夫、モホシン、そして三人の娘たちが、ついて来ていないことに気付いた。振り向くと、娘たちは車の横にかたまって立っている。この場所に対する恐怖心、ここにいることを見られたらどうしようという不安。そんな信じられない様子を見て、私は怒鳴った。

「ふだんどおりにしてちょうだい。ミイラみたいな格好で歩いていたら、よけいに注目されるわ」

娘たちはドゥパッターを少しゆるめに巻き直し、顔は隠したまま私の後をついて来た。「こんなところへ来るはめになったのは、誰のせい」と、小声でお互いを非難し合っている。一方、アメリカ人のようなサーラーは好奇心いっぱいで、通りすがりの誰にでも「こんばんは」と声をかけていた。声をかけられたほうは、驚いて彼女を見ている。サーラーを引き寄せて、言い聞かせた。

「いちいち、あいさつしなくてもいいのよ。ここでは、夜に売春婦以外の女性を見かけることがないから、みんな驚いていているわ」

サーラーの夫もまるで観光客だった。白人で目立つこともあり、人に見られると笑みや会釈を返していた。唯一まともだったのは、モホシンだ。三人の娘たちの後ろから歩いている。私は自分につぶやいた。

「ありがとう、モホシン。今夜のメンバーじゃ、あなただけが頼りだわ」

もっとも、モホシンは数日後に告白した。私といとこたちの後を歩いていたが、足はぶるぶる震えていたと。それまでシャーヒー地区へ行ったことはなく、「いったい、こんなところで何をしているんだ。問題ばかり起こすフォージアの言うことなんて聞かなければよかった」と、いら立っていたらしい。「自分の将来を危うくしてしまった」と、実は考えていたそうだ。そんな話を聞いて、信じがたいと思いながら大笑いした。

ライラーのコーターで楽しむ一行

ライラーのコーターに到着すると、みんな落ち着いたようだ。踊り子と楽師がいるだけで、ふつうの家の居間となんら変わりがないのに、驚いていた。三人の娘たちは口をぽかんと開け、まるでライラーが「物体」であるかのように見つめていた。

「ライラー、私のお友達と話をしていてくれないかしら。お母さんに、あいさつしてくるから」

私はそう言って、体調がよくないカイスラに会いにバルコニーのほうへ行った。ライラーは自慢好きなので、さっそく得意の英語で話し始めた。娘たちはびっくりして、まるで火星人に接するように、こわばった顔に笑みを浮かべながら見ていた。

サーラーは、ウルドゥー語で楽師たちに一生懸命話をしていたようだ。楽師たちは、私の友人だから面白がってはいけないと思い努力したのだが、英語なまりのウルドゥー語をさっぱり理解できない。楽師の一人が私のほうへ近づいて来て、「先生、みなさんがお呼びですよ」と言う。振り向くと、小さな声で「どこであのアメリカのニワトリを見つけてこられたのですか」と聞いてきたので、「お黙りなさい」とたしなめた。

コーターに戻ると、サーラーは楽師の横に座って、音楽について質問しようとしていた。夫はというと、他の人は靴を脱いでいるというのに、カウボーイブーツを履いたままニコニコ顔で歩きまわり、壁に掛けられた写真を眺めたりしている。娘たちはライラーを取り囲んでソファに座り、髪や手を触ったり、話しかけたりしていた。その様子は私が初めてここへ来たときのことを思い出させ、微笑まずにはいられなかった。そのときライラーは私の髪を触り、頭の上から足の先まで調べたものだ。

ついに、ライラーが歌い始めた。いつも同じ曲でムジュラーを始めることにしている。ドゥパッターですっかり顔を覆って、長い「アーラープ」(3)。そして、徐々にドゥパッターをはずし、美しい顔を見せていきながら歌う。『帰ってきた私の愛しい異邦人』(*Ghar aiya mera pardesi.*)という有名なインド映画の主題歌だ。コーターでの楽器の音と歌声のバランスは、テレビの録画とはもちろん、ステージの生演奏ともかなり異なる。マイクを使わないので、楽器と競い合うかのように歌う。そのうえ、足の動きのテクニックを優雅に披露するというより、騒々しいリズム楽器のようにグングルーを用いる。

サーラー夫婦やいとこたちも、歌と踊りをすっかり楽しんでいた。私は使用人のブーバーに千ルピー札を渡し、一ルピー札に換えてきてもらった。そして、みんなに配り、踊り子へのお金の投げ方を教えた。札束を持って踊り子のそばに行き、一枚一枚上のほうからすばやく投げる。そうすると、お札がシャワーのように踊り子に降りかかるのだ。お札を自分の頭の上に載せる方法も教えた。踊り子はお札を頭に置いた人だけに注目して目の前で踊り、前かがみになってお金を取る。男性客はときどき、ふざけて連れの客の頭に紙幣を置く。踊り子に誘惑させようとしているのだ。踊り子はその客の前で踊ってお金を取り、ほおをきつくつねったりする。

歌、踊り、お札投げをみんなで楽しんだ。ライラーと仲良くなり、家にいるような親しい雰囲気となった。他の

踊り子にお札のシャワーを浴びせる客

客がいないので気楽だ。最初の曲が終わると、「次は何がいい」とライラーが聞く。すぐさま、サーラーが純粋な古典音楽の歌を頼んだ。ライラーが私を見たので、「ウルドゥー語かパンジャービー語の映画音楽かガザルにすれば」と助け舟を出した。そして、サーラーに近づき、耳元でささやいた。

「ここでは、古典音楽を歌う人は少ないのよ」

「どうして」

「古典をリクエストする人がいなくなっているのよ。古典を歌う数少ない歌手は、生活に苦労しているわ。プロとして古典をやっていけるのはシャーヒダくらいよ」

三人の娘たちはさんざん議論した末、パンジャービー語の流行曲『金の腕輪』(*Sone dia kangna*)に決め、ファイザがリクエストするように頼まれた。ライラーは喜んで応え、元気よく歌い始める。歌声に合わせて、三人も小さな声で口ずさんでいた。

そのとき、コーターの隅に七歳くらいの男の子が二人座っているのに気付いた。これまで見たことがない子どもたちだ。どうして、ここにいるのだろう。花もお札も持っていないから、花売りでも両替屋でもない。たぶん茶店から来たのだろうと思っていた。

そして、カイスラがコーターに入って来た。三人の娘たちは目配せしたり、クスクス笑ったりしながら、ひそひそ話を始めている。カイスラのほうをあごで指して、私に何か聞こうとしていたが、無視しておいた。カイスラが気付かないとでも思っているのだろうか。私はばつが悪かったが、カイスラは高熱があったようで、すぐに出て行った。するとファイザが近寄ってきて、興奮してたまらないという表情をしながら小声で聞いてきた。

「あの女の人がこのコーターのナーイカ（女主人）でしょ」

映画によく出てくる売春婦の母親。善玉とも悪玉とも取引をするナーイカ。主人公の男優は無垢な踊り子が売春婦になる前、あるいはナーイカが最初の客を決める前に、踊り子を連れ出す。しかし、売春婦との結婚に反対する家族は、男を勘当する。男は家を出て踊り子と結婚し、小さな町で隠れるようにして暮らし始める。そこへ、突如ナーイカが客引きや使用人を引き連れて現れ、踊り子を連れ戻す。もっと劇的な場合は、踊り子が初めて出産した子どもが女の子だとわかると、ナーイカが赤ん坊をさらい、赤線地帯へ連れ去ってしまう。男は再び赤線地帯へ乗り込み、自分の誇りである娘を悪者から取り返すために、赤線地帯の人たち全員を敵にして闘う。ナーイカは売買春という職業の象徴的な存在で、売買春にかかわる悪と策略の骨頂として南アジアの映画ファンを魅了する。

ファイザが驚きのあまりぱっくり口を開けているのを見て、私は笑いながら答えた。

「そうよ、ナーイカよ」

しばらくすると、飲み物とキール(4)が運ばれてきたので、テーブルを囲んで座った。ほとんど全員が紅茶ではなくミルクに手を伸ばした。ライラーが私に世界一おいしいと勧めたミルクだ。赤い文字で店の名前が書かれた薄い紙が巻きつけられている大きなグラスに入ったアーモンド入りの甘いミルクを、飲まずにはいられなかったのだ。

ライラーの姪のなかで一番年上のヤースミーンが入って来た。この日の宴に、また新たな興奮が加わった。ヤースミーンは普段着で化粧もしていなかったが、とてもきれいだ。あまりおしゃべりなほうではないため、コーターの隅で椅子に座って、私たちの様子を眺めている。一方、ライラーは私に冗談を言ったかと思うと、みんなにもっと食べるように勧めたり、楽師たちと笑ったり、英語で話したりと、大忙しだった。

少し経ってから、「他のコーターものぞいてみたい」と聞いてみたところ、全員その気はないと言う。ライラーとの時間を楽しんでいたし、もう外を歩きたくなかったのだ。その後ライラーが数曲歌い、三〇分ほどで帰ることにする。ライラーがカイスラを呼び、私たちはお礼を述べてコーターを後にした。

帰路の事件

私は資料や財布をカバンに詰め込み、みんなで車へ向かった。娘たちは外へ出る前に、来たときと同じようにドゥパッターで顔と体をぐるぐる巻きにして隠している。車まではそう遠くないが、多くの人が振り返って、「ミイラ」が歩く様子を見ていた。車の近くに来たところで、鍵を忘れてきたことに気付き、モホシンに頼んだ。

「テーブルの上に置いてきたと思うから、取りに行ってくれるかしら」

サーラー夫妻には先に帰ってもらうように言ったが、いっしょに待つという返事だった。やがてモホシンが帰って来て、「鍵はなかったよ」と言う。私が鍵を探しに行くと、若い娘たちを通りに残していくことになり、心配だ。かといって、全員で戻るのも嫌だった。すでに一時ごろで、そろそろコーターが閉まる時間だ。幸いサーディク師匠の稽古場がすぐそばなので、そこで待ってもらうことにして、私とモホシンはコーターへと急いだ。

警察車両の数が急に増えてきた。一時になってしまったにちがいない。緊張した様子のモホシンに確認すると、やはりそうだった。

「早くここから出たほうがいいわ。このメンバーで一時過ぎにここにいたくないわ。警官がうるさくなるのよ」

ライラーのコーターに駆け上がり、いたるところを探しまわり、財布やカバンの中も何度も確かめた。コーターに入ってすぐに鍵をテーブルの上に置いたことは鮮明に覚えていたが、そこにはなかった。モホシンの提案で、車のドアをこじ開けることにする。ところが、戻ってみると騒動が起こっていた。警官に続いてサーディク師匠が稽古場から出てきて説明した。

「稽古場の中にいるのは、この人のお客さんです」

シャーヒー地区をパトロールする警官

警官は私を見て、嫌味たっぷりに言った。

「博士がお見えだったんですか。お友達とごいっしょですか」

「はい、帰るところだったのですが、車の鍵を失くしてしまったようなのです。何とかして、すぐに出ますから」

「営業時間は終わりです。『こんな時間に音楽など聞きたくない』と、お友達にお伝えいただけますか」

「もちろんですとも」

私は事情がよくのみ込めないままに答えた。一時を過ぎると、警察の取り締まりが始まり、誰か逮捕できないかと狙っている。警官たちは、お金を稼ぐために何かしなくてはならないのだ。だから、サーディク師匠の稽古場で待たせておいたのに。

師匠の家にモホシンといっしょに駆け込むと、みんな落ち着いていた。サーラーにいたっては、音楽家からカタック(5)という踊りのステップを教えてもらっている。信じられないことに、部屋の中央で踊りのポーズを取りながら、「タブラの音をちょうだい」と頼んでいた。音楽家はサーラーのウルドゥー語を一生懸命理解しようとしていて、他の人たちは、まるで有名な舞踏家ビルジュ・マハーラージを大劇場で鑑賞しているかのようだ。

「いますぐ、やめてちょうだい。問題になっているって知らないの。コーターの営業時間は終わったのよ。ここで踊りの練習をするなんて、自分が何をしているのかわかっているの」

サーラーに怒ると、彼女は肩をすくめながら言った。

「イスラマバードの踊りの教室で習ったことをちょっと披露しているだけよ。別のステップを少し教えてもらえないかしらと思って……」

「タブラの音を聞きつけて、警察が来たのよ。車のことは何とかするから、二人はもう帰ってちょうだい」

三人の娘たちにも、いっしょに先に帰るように言った。どれほど待つことになるかわからないにもかかわらず、私から離れたくないらしい。一人でも帰ってくれれば、多少なりとも負担が減るというのに。三人とも自分たちが危険な状況にいるとは、これっぽっちも理解していない。シャーヒー地区でもっとも残忍なのは警官なのだ。

真夜中の騒動

サーラーと夫は帰り、私たちは音楽家たちと車のドアをこじ開けようと、車を置いた場所に向かった。あたりはかなり暗い。車に近づくと、モホシンがタイヤを指差して叫んだが、言葉になっていない。タイヤが全部めちゃくちゃに切り裂かれていたのだ。車の鍵がなくなってしまったのは、偶然ではないと悟った。モホシンは車の修理ができるので、ドアを開ける作業に取り掛かった。三人の娘たちは木のベンチを車のそばに持って来て、寄り添いながら座る。ぐるぐる巻きにしていたドゥパッターを軽く頭から掛けただけにして、この機会を逃すまいと通りかかる人を大胆にも見ていた。自分たちの顔を見られることなく、ドゥパッター越しに。

警察のジープが赤色灯を点滅させ、ときおりサイレンを鳴らしながら走りまわっている。まだあたりにいた人たちの誰よりも私たちに向けて、これみよがしにだ。そして、五分か一〇分おきに停まっては、「どうしたんだい」と聞く。ドアを開けるのに成功したモホシンは、エンジンがかけられるかどうかハンドルまわりを調べていた。三人の娘たちは、私が必要な工具を探すために離れるたびに、チャンスとばかり警官に事情を説明しようとする。

「私が説明するから、一言もしゃべらないように」と何度も念を押していたにもかかわらず。

若い娘が集まればうわついた気分になるから、私は不安で仕方なかった。ところが、三人はまるで大学の男子学生と話すように、クスクス笑いかけながら、助けを求めている。警官のほうも、まんざらではなさそうだ。私はとうとう耐えきれなくなり、三人をサーディク師匠の稽古場へ連れて行った。

「私が迎えに来るまで、ここにいなさい。これ以上、面倒をかけないでちょうだい」

そう言いきかせ、年上で少しは分別のあるファイザにだけいっしょに来るように伝えた。ファイザなら役に立つこともあるだろう。それに、三人を引き離したかった。パキスタンの大学生は、男性でも女性でも、集団になるとばかなことをする傾向があるからだ。

車に戻ると、モホシンとサーディク師匠はすでにタイヤを二つ取りはずしていた。モホシンがこう提案した。

「これからタクシーに乗って、パンクさせられた四つのタイヤのうち三つを修理してもらいに行き、残りの一つはトランクにある予備タイヤと交換するよ」

警察車両が引き続きやって来ては、同じ質問をするので、私たちも同じ返事をした。助けようともせず、妙な笑いを浮かべて去って行くだけだ。それに比べて、音楽家たちはこのうえもなく協力的だった。とても寒かったため、毛布を貸してくれ、何度か紅茶まで差し入れてくれた。モホシンには二人が付き添って行ってくれた。

私は車を見ておいてくれるように頼んだ店主のところへ、ファイザといっしょに行った。少し前に、「タイヤを切り裂いたのは誰なの」と尋ねたときは、肩をすくめていただけだった。もう一度聞いてみる。

「こんなにたくさん警官がいるのに、いったいどうやってタイヤをパンクさせて逃げられたのかしら」

「警察とグルなら、できるでしょうよ」

ファイザが突っ込むと、店主が答えた。

「博士、実はパンクさせた犯人を見ましたが、何もできませんでした。警官を止めるなんて、できませんでしょ」

ショックだった。警察が誰かにやらせたか、やった人をかばっているとばかり思っていたが、それどころではない。驚きのあまり、ファイザと私は顔を見合わせた。私は怒りでいっぱいだった。

「朝までここの人に車を見ておいてもらって、私たちはタクシーに乗って帰りましょう」

だが、ファイザはその案には慎重で、懸命に説明する。

「夜中の三時にタクシーで帰宅するなんて、絶対できない。そんなことをすれば、近所の人に何を言われるかわからないわ。自分の車で出かけて帰宅が夜中になるのとは、違うのよ。育ちのいい女の子はこんな時間にタクシーで帰ったりしない」

この娘たちは、残忍な警官より親のほうが怖いらしい。

モホシンは、ようやく二台のリクシャーを大通りから拾ってきた。この近辺ではタイヤを修理する店はすべて閉まっていて、タクシーも通っていなかったそうだ。そこで、リクシャーにタイヤを積んで、一晩中開いている店がある高速道路の近くまで行ってくると言う。リアーズが車の番をして、サーディク師匠、ファイザ、私は稽古場へ戻った。

夜更けは大物政治家の時間帯

三時近くになり、警察車両の数が減ってきた。シャーヒー地区の様子は、日中のふつうのバザールとも、別の客層のための夜のバザールとも非常に異なり、謎めいた雰囲気が漂っていた。あたりは暗いが、静まり返っているわけではない。けっこう人や車の往来がある。ただし、通りの人たちは他の時間帯には見かけないような顔ぶれだ。私は、一時より遅い時間帯にここにいるのは初めてだった。シャーヒー地区の異なる顔が経験できるいい機会である。

シャーヒー地区は一般の客が帰ってから一変すると、多くの音楽家が言っていた。本当の客、つまり常連で、権力者の客のための時間帯である。ほとんどが政界の人物で、警察を野良犬のように扱える。コーターの営業時間である一一時から一時までと比べると人通りは少ないが、大型高級車が行き交っていた。本当の客は、行き当たりばったりで踊り子たちを選ばない。ほとんどが特定の踊り子の固定客で、行く場所は決まっている。

なかなか帰って来ないモホシンを待つ間、ファイザと私は、叔父の家に電話を入れておくことにした。夜通し勉強している彼女の弟が電話に出るだろう。メインバザール通りにあるレストランへ行くと、電話が故障していて、向かいのパーン屋に行くように言われた。外に出ると、通りを練り歩く一団が見えたので、私たちは急いでレストランの中へ引き返した。

二〇人くらいがこちらに向かって歩いて来る。歌っているのか、泣いているのか、わからないが、酔っぱらっていることは確かだ。パーティーの帰りなのだろうか、けんかをしてきたのだろうか、おそらくその両方だろう。すっかり泥酔し、血が付いたオフホワイトのシルクのクルターを着ている、色白で身なりのいい男がいた。大声で誰かをののしっている。この男がリーダーらしく、他の連中は後からついて歩いていた。一行が目の前を騒がしく通り過ぎ、ユースフ・サラーフッディーン(6)のハヴェーリーに向かって歩いて行くのを見ている間、ファイザは私の腕をぎゅっとつかんでいた。

一行が去ったことを確認してから、電話をかけに行く。ありがたいことに、ファイザの弟は最初の呼び出し音で電話をとった。「シャーヒー地区で足止めされているのよ」と伝えると、「置いてきぼりにして」と文句を言いながらも、「万が一、父さんか母さんが目を覚ましたら、うまいこと言っとくよ」と言ってくれた。

「ここを出る前にもう一度電話するから、叔父さんたちに気付かれないように門を開けてね」

パーン屋の店主に先ほどの騒がしい一行について尋ねた。

「ここでは、このパヘルによくあることさ。だから、いちいち訳なんて聞くもんか。あのお偉いさん方は酔っ払って、何か理由を見つけてはけんかするんだ。理由が見つからなくても、どっちみちけんかするんだけどな」

店主が「パヘル」という言葉を使ったのが気に入った。時間を表すためにかつて用いられていた単位で、一日が八パヘルに分けられている。昼間に四パヘル、夜に四パヘルあり、一パヘルは三時間に相当する。シャーヒー地区はパヘルごとにとても異なる顔をもつ。朝は他のラホール旧市街と変わらない。レストランは朝食を買いに来る人で混雑するが、売春や音楽にかかわっている人は深い眠りについている。音楽家たちは二パヘルに起床し、正午ごろ朝食を買いに出かけ、公衆浴場の前に並ぶ。三パヘルは演奏の稽古と靴や楽器などの買い物。四パヘルは魅惑の夜への準備時間である。

どの村や町でも時間ごとに人びとの活動は変化するが、シャーヒー地区では夜通し変化が続き、夜が更けるにつれ深い深い秘密が露になっていく。営業時間の後は大物政治家の時間帯だ。公になるはるか前に、重要な政治判断についての議論がコーターで行われ、密約がかわされる。ここは権力者がくつろぐ場所なのだ。お気に入りのコーターでの会議は、もっとも内密にことを運べて都合がいい。重要人物たちは、警察が一般庶民を追い出した二時ごろ到着する。警察は全面的に擁護し、嫌がらせなどありえない。大物たちは音楽を聴き、お楽しみが終わった後、朝の四時ごろから会議を行う。重要案件について話し合うために、十分リラックスした状態で。

シャーヒー地区の音楽家や踊り子たちは、ムガル時代から顧客の仕事の話は内密にするように教えられている。政治家が宮廷や私邸で重要事項を話し合っている間、音楽や踊りが行われていたという長い歴史がある。踊り子は王族に性的サービスを提供しているとき、しばしば国家機密を耳にする。秘密を口外しないことが職務の一つであるから、政治家は機密事項も気楽に語れたのだ。

事件の結末

夜の最後のパヘルになっても、モホシンは戻って来ない。そこで、この時間帯に来る客とその職業について、パーン屋の店主にもう少し聞いてみた。通りでは酔っ払いたちが大声をあげたり、ののしりながら、大いばりで歩いている。「殺人が起こるのはこの時間帯ですよ」と店主は言った。重要人物も客引きも少々無茶をするころだ。

モホシンは四時半ごろになって、ようやく帰ってきた。ラジアルタイヤを使用していたので、修理できる専門店を見つけるのに苦労したそうだ。寝ていた修理工を起こし、チップをはずんで、大急ぎで修理してもらったらしい。タイヤ交換をみんなで手伝い、モホシンが配線を直結してエンジンをかけた。私はサーディク師匠をはじめ、寒いなかずっと車の見張りをするなど助けてくれた人たちにお礼を述べると、彼らは微笑みながら言った。

「こんな大変な目に遭い、申し訳ないです」

「警察のひどい行為については調査初日から聞いていたけれど、これで自分の経験談を話せるようになったわ」

私の車の鍵は、突然消えたときと同じくらい不可解なことに、突然現れた。翌日の午後、ライラーがコーターの真ん中にあるのを見つけ、連絡してくれた。

「たぶん、誰かが朝早くこっそりとコーターに入り、置いていったんだわ」

誰かとは、コーターの隅に座っていた見知らぬ二人の男の子ではないかというのが、ライラーの推測だった。

選択

ファイザの縁談

年が明け、元旦となった。私が居間に顔を出すと、昨夜起こった大事件のことを知る由もない叔父と叔母が朝食をとっている。続いてモホシンも現れ、あいさつを交わした。四人でたわいのない話をしながら食べ終わると、モホシンは帰って行った。「ずいぶん朝早く来たわね。出社する前に、ちょっと寄ったのかしら」と叔母がつぶやいた。息子の部屋で少なくとも数時間は眠っていたとは、思いもよらなかっただろう。

私はファイザの家族ととても親しい。子どものころ、私たち兄弟姉妹はファイザとその三人の兄弟とよく遊んだ。私たちのほうがかなり年上だったが、数々の小さな冒険を共有している。兄はイギリスに留学中、弟はカラチで医学部生、一番下の弟はイギリス留学のための準備中だ。ファイザは大学院の修士課程で芸術を専攻していたが、勉強には興味がない。留学させてもらえるはずもなく、仕事で身を立てていくことも期待されていないと知っていたからだ。芸術学部を選んだのは、創造力を発揮できる分野であるし、家を離れて友達といっしょにいる機会がもてるからであった。彼女はとても頭がよく、コミュニケーション能力があり、独創的な考えができる女性だ。社交的で、とくに家族をまとめるなど積極的なところが私は好きだった。

冬休みに遊びに来ていたいとこたちが帰った後、私はファイザの兄の部屋に移った。「留学して家にいないんだから、ラホールに来るときは自分の部屋だと思って使うといいよ」と、叔父が言ってくれていた。陽気で元気のいい叔父は公務員を退職後、民間企業で働いている。

ある夜、九時ごろにシャーヒー地区から帰ってきた。もともと、私のスケジュールは予定どおりにいかないことを納得してもらったうえで泊めてもらっていたため、そのころには叔父も叔母も遅い帰宅時間に慣れていた。いつもなら私が帰るとあいさつするファイザだが、その日は自分の部屋から出たり入ったりを繰り返し、台所へ行ったかと思うと、近所の人の家へ出かけ、その後で中庭へ出て行った。機嫌が悪いらしい。叔母はいつものように「調査はどうだった」と聞いてきたので、「お友達ができたし、シャーヒー地区の人たちに受け入れてもらえるようになって、本当にうれしいわ」と答えた。叔父の姿が見えないので尋ねると、「散歩に出かけたの。とてもご立腹なのよ」と言う。

私は驚いて叔母の顔を見ると、ティーカップをテーブルの上に置き、恥ずかしそうに笑いながら言った。

「けんかしたのよ」

「何があったの。ファイザもご機嫌ななめみたいだし」

「ファイザを見るためにね、あるご家族がお見えになったの。それが原因」

「ああ、わかったわ。結婚の申し込みね。それで、どうなったの」

「私の同級生の義理のお姉さんの叔母さまを知っているでしょ」

「いいえ、知っているわけないでしょ。叔母さんが、お友達のそんな遠い親戚を知っていること自体、驚きよ」

「その叔母さまにね、ファイザに良いお相手を探してほしいとお願いしていたのよ。何人か紹介してくださったんだけど、先方はファイザを気に入らなかったの」

「そのことなら知っているわ」

「今回は、お母様方のご家族がインドのパンジャーブ州東部のルディアーナー県出身でね。私は、お母様と娘さんが気に入ったのよ。息子さんもいっしょに来られたわ。うちの人は、ご家族といっしょに本人が来るのが嫌いなの。でも、今日は息子さんがいらっしゃるとは知らされていなかったのよ」

ちょうどそのとき、ファイザが中庭から部屋に入って来て、母親が私に話していることを聞いてしまった。何も言わず、私のそばに来て床に座った。

「ファイザがお茶とお菓子を応接間に持ってきて、お出ししたの」

「そうよ、私は見せ物なのよ。ちゃんと歩けるか、ちゃんとしゃべれるか、品定めしたかったのよ」

「もう、やめてちょうだい。お父さんにもさんざん言ったでしょ。こういう慣習なのよ。そうしなければ、お嫁にもらってもらえないのよ」

ファイザは私の膝に顔を伏せて泣き始めた。

「もう何回もやったわ。もう飽き飽き」

「フォージア、私や夫がやりたくてやっているわけじゃないのよ。どうして私たちを責めるのかファイザに聞いてちょうだい。しきたりだから仕方ないのよ。相手の家族が娘を見に来て、気に入らなければ何も連絡はなし。ファイザには、『外に出ると日焼けする。色黒の娘は好まれないから止めなさい』って言っているのに。大学院だって、行かなくてもいいと思っているのよ。課題をこなすのに忙しくて、遅くまで絵を書いたりするから、目の下に隈をつくってしまう。これくらいの年齢のときは、夜更かしをせず、ゆっくりとして、日焼けしないようにすべきなのよ。そう思うでしょ」

「でも、ファイザはまだ学生よ。どうしてそんなに結婚を急ぐの」

「適齢期なのよ。過ぎてしまうと、結婚できなくなるわ。いまなら相手を選べるけれども、もう少し経つと選り好みなんてできなくなる。そのうち、離婚した人か、妻に先立たれた人しか残らないのよ」

「選んでいるのは誰なの。教えてもらえるかしら」

ファイザは泣きながら言い、私を見て訴えた。

「みんな私の肌の色が黒すぎるって言うのよ」

あまりにもひどい話なので、何と応えていいかわからなかった。ファイザが大学を卒業するとすぐに、叔父と叔母は結婚相手を探し始めた。若い娘をもつ親は、いい縁談が来るだろうかと心配する。しかし、娘を選んでもらうためにできることはほとんどない。息子の嫁を探している親へ自分たちの娘のことを話してくれるように、友人や親戚に頼むだけである。見た目の美しさと十分な持参金をもたせられる家族の財力が、大きな決め手となっている。一方、息子をもつ親のほうは積極的に動きまわる。嫁探しは一つの楽しみで、息子と母親、加えて姉妹や近い親戚が選考委員会のメンバーとなり、お嫁さん候補の家を訪ね、選り取り見取りして、最終的に正式に結婚を申し込む特権をもっているのだ。

叔母は、ファイザに勉強を続けさせている唯一の理由は縁談が決まるのを待つためと考えている。叔父も叔母も相手の男性とその家族が結婚を決めた時点で、大学院を辞めさせ、嫁がせるつもりだった。結婚が最優先事項であり、慣習に従わない娘の言い分に耳を貸すつもりはない。

その夜、私はファイザのことをずっと考えていた。すぐれた才能をもつ彼女をとても愛していた。素晴らしいリーダーや有能な実業家になれることだろう。それなのに、男性から嫁として選んでもらうことに、すべてを賭けなければならない。なんとやっかいな慣習に従わなくてはならないのだろう。ファイザの将来、社会的地位、存在意義は、結婚相手によって決定されるのだ。翌日、叔母に話した。

「ファイザほど優秀なら、そんなに結婚を心配する必要はないんじゃないのかしら」

すると、典型的な答えが返ってきた。

「社会的に認められた位置におさまって、あの娘の将来が保障されるように望んでいるの。バスに乗り遅れてほしくないわ。ファイザの将来は、結婚して子どもをもつことよ」

当時コーターの客が短期的・長期的な関係をもつために、踊り子へ申し込む仕組みや両者の力関係について調査を始めていた。この私たちの家族の状況と大いに関連性がある。

女優ハーヌムと映画界

叔父、叔母、私は早起きで、毎朝話をするのが日課だった。二人の話は面白い。とくに、叔母は人びとや状況がまるで目に浮かぶかのように話し、聞き手を惹きつける。ある日の朝、叔母が「夕方に、女優のハーヌムさんと会う約束になっているのよ」と言った。私の調査に役立つだろうと、会わせてもらえるよう友人に頼んでくれたそうだ。叔母はハーヌムと面識がない。近所の人の義理の母の妹の、そのまた近所の人が知っているだけなのだが、当然のように言った。

「だって、とても親しい間柄なんですもの。私たちをハーヌムさんのところに連れて行ってもらわなくちゃ。なにしろ、同じ通りに住んでいらっしゃるんですもの」

「その時間なら行けるわ」と私は伝え、ファイザも連れて行きたいと頼んだ。彼女を悩ませている問題から解放してあげたいと思っていたからだ。叔母によると、ハーヌムはシャーヒー地区から映画プロデューサーにスカウトされ、その後で誰かの愛人になったらしい。踊り子と客との長期的な関係や高級娼婦の「結婚」について調べ始めていたので、願ったりかなったりだ。

私が車を運転して出発した。叔母はとても陽気な人で、「ハーヌムさん宅で何を発見できるかしら」など、道々冗談を言っていた。まず、近所の人の義理のお母さんの家に到着した。お茶とお菓子をご馳走になり、次にその妹さんの家に連れて行ってもらう。そこでも、「姉の義理の娘のご近所さんに、何もお出ししないで帰っていただくわけにはいきませんわ」と、またお茶とお菓子が出された。それから、その妹さんの近所の人の家へ行くと、親切にもハーヌムの家へ連れて行ってくれることになったが、「お茶とお菓子をすませてからね」と言われた。「けっこうです」と懇願し、やっと了承してもらう。私はこの一連の訪問を楽しんだ。叔母が会う女性ごとに家族全員についてにこやかに聞き出している様子を見て、ファイザと目を合わせて笑った。

ようやく、その近所の人が総勢五人の訪問を知らせるために、使用人をハーヌムの家に使いにやった。私はハーヌムが出演した映画を見たことがなく、才能についてもまったく知識がない。彼女が住んでいるのは、中流階層の下の階層の人びとが住む狭い通りにあるシャーヌール・スタジオの向かい側の、ごくふつうの家だった。このあたりは、映画業界で仕事を得ようと望んでいる人たちが多く住んでいる。自分に興味をもってもらえれば人生を変えてくれるかもしれない監督を一目でも見られないかと、スタジオのまわりにたむろしているのである。

ハーヌムは背が高く、色白で、長い黒髪に、南アジア人特有の大きな目をしていた。ハスキーな声、パーンでオレンジ色に染まった口元、ラホール旧市街で話されるパンジャービー語のアクセント。シャーヒー地区の出身だとすぐにわかる。ハーヌムは私たちを居間に招き、チャールパーイーに腰掛けた。その振る舞いからは、ある種のプライドが感じとれる。私たちは長時間、話した。叔母は質問するのが上手で、すぐにハーヌムと他の有名な女優たちとの関係について聞き出してしまった。私は映画界に入ったきっかけについて尋ねた。

「私はそんな器じゃなかったんですけど。神様の思し召しですね」

だが、声の調子から、そう思っていないことがわかった。

「ある日、常連のお客さんといっしょに映画プロデューサーのハワージャさんが、私のコーターに来たんです。とくに新人女優をスカウトしに来たわけじゃなくて、たまたま友人と訪ねて来ただけです。でも、運命っていうのはあるもんですね。ハワージャさんが『歌を聴きたいな』って言われ、師匠からいいガザルを習っていましたので、一生懸命歌いました。それを気に入ってもらえたんです」

「ハワージャさんは、ハーヌムさんの歌を気に入られたのかしら。それとも、ハーヌムさんのことをお好きだったのかしら」

叔母が口をはさむと、ハーヌムは笑い出した。

「両方でしょうね。『映画に出てみないか』と誘われ、その後よく会いました。いつも思わせぶりな話ばかり。友達は、『映画界の人って、そんなふうにして食い物にするのよ。お金も払わず、映画にも出してくれない』と言っていました。でも、私の母はそんなことは気にとめませんでした。『まわりの人はねたんでいるのよ。神様が天使を送るように、ハワージャさんを送ってくださったんだから、この機会を逃す手はないよ』って。それで、私も彼に付きまとい、スタジオに呼ばれると一日中いました。だいたい、母もいっしょです。夜にはデートに誘われ、ときどきプレゼントを買ってくれる。そして、ある日『映画で役があるんだけど』と言われたんです。家族はみんな大喜び。ハワージャさんと母が条件を決めました。私は中身についてはよく知らないんですけど。ハワージャさんは私を独占したかったみたい。でも、母は反対でした。私のキャリアをだめにするからって」

「どうしてですか」

「私が思うに、母が出した条件をハワージャさんが承諾しなかったんでしょう。ハワージャさんは、親切にした見返りがほしかったのでしょう。私は彼を尊敬していたし、とても良い人だと思っていたけれど、母はもっと用心深かったんです。『ハーヌムを必要なときはいつでも応じますけれども、きちんとした契約を結ばないと独占はできませんよ』と言いました。契約のことはご存知でしょ、結婚のこと。月々の支払いや、その他もろもろ」

「それで、ハワージャさんは何とおっしゃったのですか」

「すでに奥さんが二人もいたんですよ。結婚はできないし、私とも離れられなかった。それに、私が出た映画はあまり売れなかった。ハワージャさんはひどくがっかりして、私を他の監督のところへ連れて行くと母に言い、母はそうしてもらうことにしました。一度映画に出演すると、業界内を動きやすくなるんです。でも、その映画が売れなかったら、すぐにお払い箱。私はちょい役だったから、失敗作の原因とされても困るんですけど、やっぱり影響はあります」

「どんな役を演じられたのですか」

「私は踊り子なので。暴行されてコーターに連れて行かれ、最後には死んでしまう踊り子の役をしたことがあります。その映画で二回踊りました」

ハーヌムが自慢げに話すと、近所の人が興奮して言った。

「私その映画を見ましたわ。ハーヌムさんの映画はすべて拝見しました。ご近所の方ですもの、当然ですわ」

「もう一つの映画では、ナイトクラブで二回踊りました。一回はナディームさんが歌って私が踊った。でも、それで映画に出るのは止めにしたんです」

「映画界でのキャリアが始まったばかりでしたよね。どうして、お止めになったのですか」

「いま、セート・ラフマーン・コーカルさんとここに住んでいます。お金持ちで、働いてほしくないって言われていますから」

私は驚いた。通常、裕福な男性は愛人を閑静な住宅街の豪邸に囲う。この家はそうは見えなかったからだ。

コーカル氏との契約

私はコーカル氏との出会いについて聞いてみることにした。

「お客さんです。私は映画に出てからも、コーターで働いていました。映画界で成功するかどうかわからなかったし、母から続けるように言われてましたから。テレビや映画に出ると、良いお客さんがつくんです」

ハーヌムが包み隠さず話してくれるので、うれしく思った。私は質問を続けた。

「では、どうして、結婚してシャーヒー地区の外で暮らそうと思ったのですか」

「母が決めました。監督やプロデューサーを追いかけるのは大変なんです。あの人たちはいつも忙しいし、必ず仕事をくれるわけではありません。セートさんは、撮影現場に何度か私を見に来ていました。私のために家を借りて生活の面倒をみると、母に言ったらしいです。どんな契約か知らないけど、私はここに来ました」

「シャーヒー地区に住んでいる女性は、みなさん映画出演を夢見ていますよね。うらやましがられたり、尊敬されたりしますか」

「家族は喜んでいます。私が映画に出て家族が助かったと母は言うし、妹たちのためにも良いので、私もうれしいです。映画カメラの前で踊るのは好きでした。コーターとは違って、踊りが認められ、ほめてもらえるから。いまシャーヒー地区にいる友達や親戚に会いに行くのは、楽しみ。母は私を自慢の娘と思っているし。セートさんは、友達が映画をつくるときは出してくれるかもしれないって言うけど、どうなるかしら」

「もっと映画に出演されたいですか」

「お芝居はどうかしらね。でも、踊るのは好き。ナイトクラブの踊り子は、いい役でした。ただ、監督の事務所に居座って、『ちょっとした役でもいいから、使ってください』なんてお願いするのは、嫌でした。いまはこの生活が気に入っています。セートさんは私を大事にしてくれるし。この間は母にダイヤモンドの指輪を、私にもいろいろプレゼントしてくれる。母は私に安定した生活を望んでいます」

「セートさんとは、これからもずっとお暮らしになるつもりですか」

「将来のことは誰もわからない。私はできるだけ長くここにいたいと思っていますけど、どうなるかしら。最近は、世間でもふつうの結婚が長続きするかどうかわからないし。この生活がいつまで続くかわからないですね」

女性にとっての結婚とは

私がシャーヒー地区で調査をしていることは、叔母がすでに話していた。ハーヌムは、私が誰を知っているのか興味があった。カイスラの名前を出すと、聞いてきた。

「娘さんはライラーだったかしら」

「そうです。メインバザールに住んでいる」

「カイスラさんとシャムサさんは二人姉妹なのよ。私はあまり知らないけど、母はよく知っています。いま、ライラーのお相手を探しているんですよね。カイスラさんがとても心配していらっしゃるんですって」

「お母さんというのは、いつも心配していますよね」

「そう。誰と結婚するかで、本人の社会的な地位だけでなく、姪っ子の将来まで決まってしまうんだから」

「最初のお客さんが長期的な関係を望んでいないとします。それでも、その人が大物かどうか問題になるのですか。いずれにしてもライラーは、仕事を続けていきますよね」

「ビラーダリーのなかでの地位も重要なんです。みんな同じ仕事をしているから、自分の商売の領域を維持していかなくちゃならない。客引き、師匠、ショーの主催者は見物人。初めてとるお客がお金持ちなら、踊り子の価値、それに妹の価値も上がる。家族中が得をするんです。言われたように、たしかにお客は一人ではありません。でも、一人でもお金持ちの客がつけば踊り子たちは自慢するし、地位が上がるんです。ナーズマとその妹がいい例。あの太った政治家、名前は何だったかしら、ほら、しょっちゅうコーターに来る。警察でさえ彼女たちには、お行儀よく振る舞っているんです。ナーズマの友達は何か問題が起きたら、彼女のところへ行って、お役人にお目こぼしを頼みます。彼女のお母さんは、他人に頼みごとなんかしなくていいんです。男によって、それは違うんだから。私だって、神様がいい将来を与えてくださったと思います。妹に、ムルターン市の地主からナトになりたいと申し込みがあったんです。良い兆しでしょ」

叔母がコーカル氏の家族について尋ねた。

「奥さんと、成人した息子さんが四人。そのうち二人は結婚しています。土地をたくさん持っていて、お金持ちなんです。お金持ちは何でもほしいものを手に入れられる。セートさんが私をほしいと言えば、その家族は反対できない。お金持ちのしきたりみたいなものです」

その夜はなかなか寝つけなかった。遅くまで、女性にとっての結婚の重要性や、女性の人生や社会的地位に影響を与える男性の役割について考えていたからだ。母親が娘に「ふさわしい」結婚をさせたいと躍起になる理由についても考えた。ハーヌムの母親は、娘の将来について悩んだが、将来の保障を考えてシャーヒー地区の慣習に全面的に従った。カイスラは、叔母がファイザの将来を心配しているのと同様に、ライラーの将来を心配している。

三人の踊り子たち

バラエティーショーのお客たち

朝の八時半を過ぎたばかりだった。シャーヒー地区に、こんな早い時間に来たことはない。朝食を売っている屋台が有名なので、見たかったのだ。山羊の足を買うために、遠くからやって来る人がいるくらいだ。しかし、屋台で食べることはめったになく、ほとんどの人は家族や友人に朝食を買って帰る。山羊の足を煮込んだカレー料理がラホール一有名なレストラン・パージャーに近いメインバザール通りを歩いていると、スズキの小型トラックが私の背後で止まった。振り返ると、ライラーがトラックの荷台に立ち、私を見てうれしそうに叫んだ。

「何をしているの」

ライラーはパンミーとチャンダーといっしょで、パットーンキー町からの帰り道だという。楽団とともに、パンジャーブ州の政治にかかわっている中程度の地主の家で行われた結婚式(7)で、バラエティーショーをしてきたのだ。地主本人は選挙に一度も出ていないが、選挙管理委員会の委員を務めたことが何回かあったらしい。

「パットーンキーに行っているのだと思っていたわ」と私は叫んだ。ライラーが「家に来てね」と身振りで伝えたので、私は食欲がそそられる温かい食べ物の匂いを後にした。ライラーの家に到着したときには、楽師の男性たちはすでに帰っており、三人の踊り子が疲れきって横になっていた。

チャンダーの師匠の一人が、音楽家七人、踊り子三人、司会も務めるコメディアン一人というメンバーで、ショーを企画したそうだ。乗って行った師匠の小型トラックがどんなにぎゅうぎゅう詰めだったかと、踊り子たちは文句を言い合っていた。私は部屋に入り、横になっている三人を見て言った。

「あら、いい踊りを披露してきて、疲れたようね」

ライラーはソファに寝転がったまま、あいさつがわりに手を上げて、「まあまあよ。でも、たしかに疲れたわ」と答えた。チャンダーとパンミーはカバンを横に置いたまま、床の上で横になっている。私はひじ掛け椅子に座って「それで、どうだったの」と尋ねると、三人が一斉に話し始めた。

「自慢屋の集まりだったわ」(ライラー)

「あんなショーに何を期待しているのよ。やつらが自慢すればするほど、あたしたちにとってはいいんだから」(チャンダー)

「あたし、足に靴ずれができちゃったわ」(パンミー)

「この怠け者に靴ずれができたってさ。たくさん踊ったからじゃなくて、ばかみたいに高いヒールを履いていたせいよ」（ライラー）
「あんたに何がわかるっていうの。八時間も踊りっぱなしだったのよ」（パンミー）
「フォージアさん、聞いてちょうだいよ。ショーは六時間だったのに、パンミーは八時間踊ったんだって。パンミー、あたしたちが知らない誰かと踊っていたの」（ライラー）
「そうよ、言いなさいよ。どこで誰と踊っていたの。すごく知りたいわ」（チャンダー）
「あの大きな口ひげの男と裏の部屋に入っていったのはチャンダーじゃないの。その間、ライラーとあたしはステージで踊らなくちゃならなかったのよ。あたしはこっそり抜け出したりなんかしていないわ」（パンミー）
「チャンダーはラブレターを三通ももらったのよ。三通もよ。なのに、あたしたちには一通もなし」
ライラーが大げさにパンミーのまねをして言うと、パンミーは、ますます怒って言い返す。
「あたしはお客を取るために、膝にもたれかかったりしないわ」
「まあ、何て貞節なこと。この商売を止めて結婚したらどう」（チャンダー）
「あんたたちが何て言おうと、まったく野蛮な連中だったわ」
パンミーはふくれ面のまま続けた。ライラーは笑いすぎて、危うくソファから落ちそうになった。
ようやく私が「ライラー、何があったの」と尋ねると、また口々に話し出す。
「あたしたちが踊っているときにね、ピョンピョン飛びまわる目立ちたがり屋の男がいたのよ。お金を持って来なかったのに、自分の近くにいてほしがるのよ」（ライラー）
「黒いシャツを着ていた男でしょ。嫌なやつ。お金は出さない。せいぜい一〇ルピーよ。それなのに、そばに引きよせようとばかりして」（チャンダー）

「その男がパンミーを思いっきりつねったから、まだあざが残っているわ」(ライラー)

「本当、そんなことでがっかりしてるの。そのあざは勲章なのよ。あたしたちの商売が何だか知ってるでしょ」(チャンダー)

「あんたはあの大きな口ひげの男と裏の部屋にいたじゃない。パンミーとあたしが舞台にいた間。パンミーはね、舞台の袖に行ったのよ。すると、あの男が手を引っ張って舞台から引きずりおろして、自分の膝の上にのせたの。戻って来たとき、あたしに腕のあざを見せたのよ。泣きそうになってね」

ライラーがたたみかけると、パンミーはふくれ面で何も言おうとしない。チャンダーは話題を変えた。

「主催者のいとこは、なかなかいかしてたわね」

「そうね。かっこよかったけれど、あたしのことをちっとも見なかったわ。あの男は、チャンダーに首ったけだったわね。それで、いつ会うの」

ライラーが聞いた。

「今夜ラホールに来るのよ。あんたたちも商売のコツをすぐに覚えるわ。あたしは、あんたたちより長くこの商売をやっているんだから。男を夢中にさせないと、だめなのよ。それがあたしたちの仕事で、男はそれを求めている。だから、あたしたちを呼んでお金を払っているんでしょ」

チャンダーがどのようにしてその男と会う段取りをしたのか、私は尋ねてみた。

「日時が書かれた紙切れを渡されたのよ。母さんは料金が決まっていないと、どこにも行かせてくれないけど、今回はあたしが説得するつもり。あたしは彼を気に入ったし、彼はけちな主催者より甲斐性があると思うの。あたしたちは、いつも金持ちの男を探さなくちゃならないのよ。金持ちの男。わかるでしょ。商売を続けていかなくちゃならないんだから」

ライラーが口をはさんだ。

「あの長い髪の男も面白かったわ。金色のクルターを着ていた。どの男かわかるでしょ」

パンミーが笑いながら続いた。

「地酒にとことんやられてたわね。ばかなことばっかりして。おかしかった」

「ばかなやつが一番なのよ。わかってないわね。あんたたちは、ショーのように楽しんでいるだけでしょ。もうちょっとおりこうさんだったら、あの男を捕まえていたのにね。簡単なやつだったのに」

チャンダーがパンミーを見ながら言うと、むっとしたパンミーが返した。

「だったら、なぜあんたが捕まえなかったのよ」

チャンダーは、まるで、たったいま戦に勝利した兵士のように、にやりとして言った。

「あたしは別の男を狙っていたからよ。あたしが、金持ちで人がいい男を見つけるのが得意なのを知ってるでしょ。あたしって商売上手だと思うわ。他の仕事をしていたとしても、成功してたにちがいないわ」

ライラーはため息をつきながら話した。

「とにかく楽しかったわ。笑いすぎておなかが痛くなった。ほとんどの男たちはもっと盛り上げたかったみたいだけど、財布のひもは固く閉めたまま。前に行ったショーのほうがずっと儲かったわよね、チャンダー」

「比較しちゃだめよ。金細工職人が一番なのよ。お母さんからなんにも聞いていない」

「あんたにとって商売は商売、あの金色のクルターの男は別の話なのね」

ライラーがそう言うと、私たちは大笑いした。

不機嫌なカイスラ

私たちの大声で、カイスラが不機嫌そうに部屋に入って来た。おそらく朝早い時間だったからだろう。

「何をそんなにばか笑いしているんだい。マナーってものはないのかい。カンジャルの女がここまで落ちたのを見るまで長生きしたとは、考えもんだ」

笑い声が一斉に止んだ。放り投げられたカバンと寝転がっている娘たちを見て、カイスラはさらに言った。

「これをご覧よ。だらしないったらありゃしない。チャンダー、パンミー、いつまでここにいるんだい。家に帰って休めばどうだい。さあ、動いた、動いた。さっさとお帰り。母さんたちが待ってるよ」

三人の娘たちは、顔を見合わせてクスクスと笑った。ライラーは赤ん坊のように甘えて言った。

「母さん、ちょっとお茶に誘っただけなのよ。お茶がすんだら帰るから。母さんこそ、ちょっとあっちに行ってちょうだいよ」

カイスラが私のほうを向いて言う。

「見ただろ、フォージア。年上の者を尊敬もしない。この低俗な娼婦たちは、笑ったり、食べたり、眠ったりできるけど、礼儀作法も仕事のやり方も知らないんだよ」

ライラーはソファから起き上がって、母親に向かって叫んだ。

「パットーンキーで一晩中何をしてきたか知ってるでしょ。踊りすぎて足が痛いのよ。楽師たちは交代で演奏できるし、コメディアンは休憩が取れる。けど、あたしたちは舞台で踊りづめだったのよ」

「講釈が長すぎるよ。兄さんが帰ってきたら、しかってもらうよ」

カイスラは、怒鳴り返して部屋を出て行った。

「ブーバー、お茶は来るの。あたしは疲れているのよ。お茶を一杯飲んで眠りたいのよ」

ライラーは使用人に叫んだ後、泣き出した。ブーバーがバザールへ行くために階段を駆け下りる。ライラーは不満を言い続け、あとの二人は同情したまなざしで見ていた。

「どうしたらいいのかわからないわ。あたしはできるかぎりのことをしているのに。母さんは、あたしが笑うのすら気に入らないのよ」

話を聞きつけたカイスラが戻ってきた。いまにもぶつのではないかというほどライラーを見つめていたが、私の隣に座って言った。

「あんたみたいな娘をもって、私は不幸者だよ」

ライラーは子どものように大声で泣き始めた。

「ちっとも成長しないんだから。楽しければ、それでいいんだろ。あんたは楽しみに行ったんじゃなくて、仕事をしに行ったんだよ。それで家族が食べているんだよ。弟や妹たちのことを考えるべきなのに、そうしやしない。自分が楽しんだり人のことを笑うのに夢中で、自分の生活は忘れているだろ。それがおまえの悪いところだよ」

カイスラも泣き始めた。なぜ彼女が不満を述べていたのか、私はようやくわかった。私たちが騒いで、朝早く起こしてしまったからではない。ライラーの帰りをずっと待っていたのだ。家に着く前に、前夜いくら稼いだのか、すでに知っていた。それがカイスラにとってもっとも重要なのだ。ライラーは師匠がショーの前に約束した額のお金だけもらい、それ以上稼げなかった。つまり、巧みに客にチップのお札を投げさせられなかったのである。だから、師匠は気前よく追加のボーナスをくれなかったし、客から次の招待の約束もとりつけてこなかった。

ブーバーが紅茶を持って戻ってきた。私には何も持ってこなかったので、カイスラがしかった。私はおずおずと断ろうとしたが、そう言えるタイミングではなかった。ブーバーは急いでミルクを買いに行く。沈黙が深まった。聞こえるのはライラーのすすり泣きだけだ。ライラーは紅茶をぐいっと飲み、立ち上がると、目をこすりながら家の奥へ向かい、「とても眠いから寝るわ」とつぶやいた。

カイスラは、まだ紅茶を飲んでいるチャンダーとパンミーに言った。

「いいんだよ。飲んでから、お帰り。あんたたちの母さんも待っているだろう。ブーバーにカバンを持たせてやるから。チャンダー、あんたは頭がいいから、ライラーにもちょっと知恵をつけてやってくれないかい」

「そんなこと、おっしゃらないでください。あたしも十分に痛い目に遭っているんですから。どれだけやっても、満足するなんてことはないんだと思いますよ」

チャンダーの目には、嫌悪感が浮かんでいた。熱心に商売を行っているとは言ってはいたものの、彼女自身も同じように家族の経営にとらわれていると感じているようだ。

チャンダーとパンミーは紅茶を飲み終わり、ブーバーとそれぞれの家に帰っていく。私も立ち上がって、失礼しようとした。カイスラは何も言わずに私の手を取って、しっかりと握りしめた。その意味がよくわからず、出ていこうとすると、カイスラは私を引き戻し、目で待つように合図する。二人が帰るとカイスラが言った。

「もうちょっと、いてくれないかい」

ライラーの結婚を急ぐカイスラ

私とカイスラは、居間のソファの上に足を組んで座った。彼女は落胆しており、話相手がほしかったのだ。私ほど、うってつけの相手は他にいない。話を聞いてもらえる信頼できる友人に、私はすでになっていた。

「あの娘のことは、どうしていいかわからない。私にとって、経済的な負担であるうえに、世間でも恥ずかしい思いをさせられているんだよ」

「いったいどうされたんですか」

「ライラーは一日中インド映画を見ているのさ。遅く起きて、稽古にほとんど行かない。当然、客の前でひどい踊りしか見せられない。私たちの稼ぎは神様の思し召しだとわかってはいるものの、私たちにも責任がある。一生懸命働かなくちゃいけないんだ。ライラーは華やかなことが好きで、かまってもらうことばかり考えているんだ」

「どういうことですか」

「早く結婚させるべきなんだけど、いい相手が見つからないんだよ。息子と私は一生懸命探しているんだけど。いつまでも待てないしね」

売春婦として公然と働き始める前に最初の客を正式に取り決めなければならない、というシステムを私は知っていた。ライラーは自分の家のコーターで夜に踊っており、踊り子たちが一部の客からの申し出を受けることは知られている。だが、ライラーは正式には売春業に就いていないため、あからさまには受けられない。ライラーの最初の客との結婚、つまりナト・ウタルワーイーの儀式を、カイスラが行わなければならない。処女性を高い値で売ってから、他の客への性的サービスの提供が可能になるのだ。カイスラにかかっているプレッシャーが感じ取れた。

「ライラーは何の助けにもならないよ。ショーに出かけても、面白いことを見つけては笑ってるばかりだからね」

カイスラはイライラしながら言い、壁に掛かっている大きな白黒のポートレート写真を指した。

「姉のことでは、ずいぶん苦労したよ。これ以上はごめんだね」

「この写真はお姉さんなんですか」

私は驚きで目を丸くした。急に、その写真に写っているもう一人の女性がカイスラのように見えた。

「それでは、これはカイスラさんですね。まあ、どうしていままで気がつかなかったのかしら」

以前に何度か壁の写真について尋ねていたが、いつもあいまいな答えしか返ってこなかった。

「そうさ。あのころは、いまとは違っていたよ。ずいぶんね。私たちは一生懸命働いた。年上の人たちの言うことは、どんなにうっとうしいと思ってもちゃんと聞いたもんだよ」

「お姉さんは、どうされているんですか」

カイスラの目に涙があふれ、しばらく話ができなかった。ようやくドゥパッターで涙をぬぐいながら言った。

「姉はロンドンに住んでいる。その話は、いつかするよ。それより、いますぐライラーに言ってくれないかい。私の言うことを聞いておいたほうがいいって。そうしないと将来はないと。実はもう遅いくらいなんだけど」

「私が?!」

驚きで、飛び上がりそうだった。私を信用し、家族の問題にまでかかわってもらいたがっているのは、うれしく思った。でも、「お母さんの言うことを聞いて、売春婦という職業に真剣に取り組むのよ」などとライラーを説得する自分は想像できない。私は黙っていた。

「あんたはライラーの姉さんのようだもの。妹にいい結婚相手が見つからないんだから、家族が助けないとね。イスラマバードで誰かいい人を探してくれないかい」

頭にガーンと大きな石を投げつけられたようだった。にわかに、いま起こっていることがわかり始めてきた。微笑もうか、真剣な顔のままいようか、立ち去ろうか。とにかく、終わりまで話を聞いて、どうするか決めよう。

「イスラマバードは、金持ちの役人やビジネスマンであふれているだろ。あんたなら、ライラーのことを気に入ってくれる人をきっと見つけられるだろうよ。私たちは欲深くはないけど、ビラーダリーや世間の評判についても考えなくては。家族の社会的地位を守るために必要なだけは、求めなくちゃならないのさ」

「だいたい、おいくらくらいなんですか」

「考えてみるさ」

カイスラは、簡単に金額を述べるほど単純ではない。彼女の手を握り、目をまっすぐに見つめて言った。

「正直に言わせていただきます。ライラーもカイスラさんも大好きですし、お悩みについてもよく理解できます。うちの家族や親戚にも同じような状況があるからです。『娘にいい縁談がこなくて、婚期を逃してしまう』と、親たちが心配しています。でも、この件については、私ができることはありません。守れない約束はできないので、お役に立てないと思っていただけますか」

カイスラは話をじっと聞きながら、私の目を見つめていた。

「お気持ちはよくわかります。ライラーの将来を考えておられるんですもの。路上に出て、ぎりぎりの生活のためのお金を得るにも苦労することがないようにと。だけど、この件だけについては、お役に立てないんです」

彼女はうなだれ、そして私を抱きしめて言った。

「それなら、私のために祈っておくれ。心の平安がほしいよ」

パンミーの家族

母と子どもたち

高い建物の一階にある小さなアパートに、パンミー一家は住んでいる。市の中心部の住宅街でよく見られるように、中央に中庭がある。そこは一階に住む三家族の生活の中心だ。パンミーの家族は、二部屋を住居に、一部屋を商売のために借りていた。三部屋とも中庭側に通じている。他の二家族は、それぞれ二部屋ずつ借りていて、やはりすべての部屋は中庭に面している。トイレは一つだけで、中庭の角にある。料理、皿洗い、洗濯、子どもの水浴びなどは、すべて中庭で行われ、世間話などをする社交の場でもある。

パンミーの母は、一番大きな部屋のドアのそばに座るのが好きだった。中庭に出入りしている人を見られるからだ。夕方になると、チャールパーイーを庭に出して家事をする。疲れると、その上でひと眠りする。彼女は色黒で丸顔、大づくりの顔だち、そして大きな手をしていた。黒く染めた髪をきつく三つ編みにし、ふだんはプリント柄の木綿のシャルワール・カミーズに、オフホワイトのモスリンのドゥパッターという服装だ。服はたいてい汚れていて、しわがよっている。

当時五人の娘と二人の息子がいたが、出産時に二人、三カ月のときに一人、合計三人の息子を失くしている。長女の名前がパンミーなので、カンジャルの慣習に従って「パンミーの母」と呼ばれていた。パンミーより二歳年上の長男がいるが、カンジャル社会では娘のほうが重要なため、娘の名前を指して呼ばれるのが一般的である。

長男は一四歳で家を出た。自分の生活について納得しがたかったようだ。家と近くの店との間を一日中行ったり来たりするなど、日常の家事をしながら育った。客のために朝食、お茶、煙草、マッチを買いに行ったり、両替に行ったり、母のためにはパーンを買いに行く。さらに、物を修理し、妹たちのために音楽テープを買いに行き、それが気に入らなければ取り替えに行く、母親の伝言をあちこちの音楽家たちに届けにも行く。将来も続けてやりたい仕事ではなかったかもしれないが、退屈な生活ではなかっただろう。

「悪い霊に取りつかれて家を出てしまったんだ」と、パンミーの母は語っていた。めったに長男の話をしないが、「シャーノーの息子のパップーといっしょに、自分と家族のために、いくらか稼げただろうに」とだけ言っていた。パップーはそこそこの客引きで、妹たちや近所の人の客を斡旋している。

パンミーはこの質素な家庭のお姫さまだ。長女であり、一家の稼ぎ手だから、甘やかされていた。母に似て太りやすい体質で、一九歳にしては、かなり体重が増えている。この年齢では、シャーヒー地区の売春婦としてはキャリアの後半である。おそらくあと三年は働けるだろうが、将来のために計画を立てなければならない。一七歳と一四歳の妹たちは、いまが一番いい時だ。もっとも、この質素な家族を見ていると、五人も娘がいるとは思えない。

パンミーの母は「運が悪い」と嘆いていた。

気さくなパンミーの母

今回の調査は、一〇日間を予定していた。初日の午後、パンミーと同じ建物に住んでいるガーマン師匠に会いに行くと、家に鍵がかかっている。シャーヒー地区で人を訪ねて、こんなことは初めてだ。すると、「師匠は外出していますが、すぐに戻って来ます」と、弟子が教えてくれた。師匠からの情報によって動こうと思っていたため、待つことにする。その間、近所の人たちと知り合いになっておこうと思った。パンミーとは他の人たちのコーターでも何回か会っていたが、彼女の家族には会ったことがない。

パンミーが住む部屋に近づいて行くと、母親が見えた。太っているせいで、よけいに暑く感じるのか、汗をたくさんかいており、脇の下あたりが濡れている。大きな盆を床に置き、ほうれん草の山を手に抱えてチャールパーイーに座っていた。ほうれん草を切ると、盆に落ちていく仕組みになっている。調理用の灯油ストーブの前に置いた小さな椅子に座るのが困難なほど太ってからは、こうしていた。母親は私に気付いて視線を上げたものの、表情はまったく変わらない。中庭にいる人たちにあいさつしながら、歩いて行き、「アッサラーム・アライクム」と私が言ったので、顔を上げて「ワーライクム・アッサラーム」と返事せざるをえなかった。(8)

「ご近所の人に会いに来たのですが、お留守なので待っているところなんです」

パンミーの母は、チャールパーイーの上にほうれん草を広げていた大きなナイフで私に座るように促したので、私はすぐ隣に座った。中庭はとても暑く、かなり騒々しい。男の子と女の子が遊んでいて、洗濯をしている女の子もいた。そこで、パンミーの母は、チャールパーイーを自分が借りている部屋のドアのすぐそばに引っ張って行った。パンミーについて尋ねると、「仕事に出かけているよ」という返事だ。私がここで何をしているのか、怪しまれないために簡単な自己紹介を始めると、母親は大きなナイフを持ち上げて私を止めた。

「私があんたについて知らないとでも思っているのかい。もちろん知っているよ。ここの人たちは、みんなあんたのことを知っているよ」

私は少々当惑しながら答えた。

「そうですか。私はお母さんのことを存じていましたが、私をご存知かどうかわからなかったものですから」

目の前でナイフを振りまわしながら尋ねてきた。

「イスラマバードからうちに電話をかけてこなかったかい」

険しい表情のなかに微笑みが見えたような気がした。

「ええ、お子さんたちが伝言を伝えてくれて助かりました」

「そう、そう。私にはたくさん子どもがいるからね。それぞれ何か役に立つことでもないと」

「娘さんが五人いらっしゃいますよね。幸せだと思われませんか。ここの人たちは、女の子が生まれるように聖者廟で願かけ(9)をしますものね」

「そうだね。でも、運も大事だよ。娘がいるだけでは十分じゃないのさ」

ほうれん草を一束切り終えて、娘の一人を大声で呼んだ。のどにスピーカーがついているのかと思われるほど、大きな声だった。シャーヒー地区の女性たちはマイクを使わないで歌うため、大きな声で話す人が多い。パンミーの母は舞台俳優のような声だった。娘に「野菜とナイフを片付けておくれ」と頼んだ。ナイフが目の前から消えると、私はほっとした。

娘は野菜を灯油ストーブのほうへ持って行った。そこは中庭の一部で、女の子が洗濯をしている場所に近い。チャールパーイーに座っていた二人の女の子も、灯油ストーブの前に集まった。ロージーとソーニーという名前で、とても親しいようだ。パンミーの母はまた大きな声で何か言った。私は半分くらいしか理解できなかったけれど、子どもたちに静かにするように言ったのだろう。だが、いっこうに静かにならなかった。娘の一人が「お茶はいかがですか」と聞きに来た。いつものように辞退すると、「ミルクはどうですか」と言う。心底パンジャービー人になってきた私としては、断れなかった。そして、質問を始めた。

「パンミーたちは、どこで歌や踊りを披露しているのですか」

一家は、建物の裏側の小さな通りに面して入り口がある部屋に住んでいた。芸を見せられるような部屋はなかったし、借りている三つの部屋はすべて開け放されていて、プライバシーなどない。

「誰のコーターでも踊るさ。ときどき変わるんだ。最近は、デーレーダールが踊り子たちに十分な分け前を出さないんでね。あるコーターにうんざりすると、別のコーターにするのさ」

コーターでの稼ぎの分配方法について聞くと、パンミーの母はにやりとして私を見た。たぶん、あまりにも直接的な質問だったからだろう。今回が初めての正式なインタビューではあったが、パンミーの母はとても率直に話してくれていた。そこで、私も微笑みながら返した。

「どのように分けるのか、ぜひ知りたいのですが」

「そのうち教えてあげるよ」

「いつごろですか」

「ミルクを飲んでしまってからだね」

パンミーの母が肩越しに私の後方を見た。振り返ると、娘が冷たいミルクが入ったグラスを二つ持って立っている。まったく気付いていなかった私を、みんなで笑った。まず私に一つ、次に母親にもう一つ手渡されると、彼女は一息でほとんど飲んでしまった。私は一口飲んでから尋ねた。

「もうお聞きしてもいいかしら」

パンミーの母は笑った。

「ずいぶん高い教育を受けた人だと聞いていたけど、あんたが私に教えてくれというのは面白いね」

「ぜひ教えてください」

コーターでの稼ぎの別け方

パンミーの母は、チャールパーイーの上に足を乗せて楽な姿勢に座り直し、私にもそう勧めてから話し始めた。

「営業時間が終わると、全員が集まってその夜の稼ぎを全部集めるのさ」

「全員って」

私は待ちきれずに聞いた。

「まあ、待ちなさい。まず、私が説明するから」

「わかりました。黙っています」

「最初に、ニヤーズの分、だいたいその晩の稼ぎの四分の一くらいを差し引く。この割合は、たいていそのとき集まっている人が決めるのさ。それから残りを二等分する。半分が踊り子たち、もう半分が師匠たち。デーレーダールは、双方からいくらかもらう。デーレーダールにはその権利があるからね。わかるだろ」

「ええ。だいたい。デーレーダールとは、コーターをもっている女主人のことですね」

「そうだよ」

パンミーの母は、両手[10]でお椀のような形を作って説明を始めた。

「ここに一六アーナーあるとするだろ。たとえば、二アーナーをニヤーズの分だと決める。残りの一四アーナーを二つに分けるんだよ。（両手を離して）こっちは師匠たちに、そしてこっちは踊り子たちにいくんだ。デーレーダールは、両方から一アーナーずつもらう」

「デーレーダールへいくら渡すかは、どのようにして決めるのですか。たとえば、師匠たちに一〇〇ルピー、踊り子たちに一〇〇ルピーだとしたら、取り分はいくらになるのですか」

「踊り子が三人いるとしたら、一〇〇ルピーを四つに分けるのさ。踊り子に一つずつ、そしてデーレーダールに一つ。同じようにして、楽師が四人いれば、四足す一で五。一〇〇ルピーを五つに分けるんだよ。楽師たちに四つ、デーレーダールに一つとなるのさ」

「なるほど、そういうことですか。稼いだお金は、踊り子、楽師、そして場所を提供する人の間で分けるのですね。でも、場所を貸す人はいつも踊り子側じゃないですか。音楽家でコーターをもっている人に会ったことがないのですが」

「踊り子たちは、外から来たときだけ分け前をもらうんだよ。コーターの女主人が自分の娘である踊り子にお金を渡すと思うかい。デーレーダールが取るんだよ。ニヤーズの分も。そこからは、デーレーダールの良心しだいさ。神様が一番よく知っている。私はとやかく言う立場じゃないからね。でも、このところうまいことだまして、稼ぎのほとんどを取ってしまうデーレーダールもいるんだ。これで満足かい」

微笑みながら説明を終えた。パンミーの母はあまり愛想がよくないという評判だったが、私は好きになった。すると、子どもたちに向かってまた怒鳴った。私が理解できたのは、悪態と娘のロージーにパコーラー(11)を作るように言ったことだけだった。

チャールパーイーの上でずっと同じ姿勢で座っていたため、私は足がしびれてしまった。姿勢を変えながら、住居として使用していない第三の部屋を指差して尋ねた。そこには、古くから使われている形のかんぬきと大きな錠前がかかっている。

「あの部屋は何ですか」

「私がこの部屋のデーレーダールさ。建物の正面側のいい部屋を借りられるほどお金はないんだけど、夜に下級娼婦に貸す小さな部屋くらいはもてるんだ。お客を連れて行く場所がないから、この部屋を借りるんだよ。ほら、正面に玄関がないだろう。音楽じゃない、セックスのためだけさ」

「見せてもらってもいいかしら」

「今度な」

「いくらくらいで貸すのですか」

興味津々で私は聞いた。パンミーの母は大声で笑い、子どもたちが一斉に振り返った。母親がこんなに大笑いしているのを長い間、見たことがなかったのだろう。

「あんたは本当に子どもみたいに好奇心いっぱいで、山ほど質問があるね」

私は微笑んで、答えを待った。

「一ルピーにつき一〇パイサー[12]だよ」

「一割ですね。それで、売春婦はどれくらい部屋を使えるのですか」

ちょうどそのとき、ルーバーの太くてよく響く声が聞こえた。ガーマン師匠が帰って来たという知らせだった。最悪のタイミングだ。私はルーバーに言った。

「もういいの。いま、お母さんととても楽しい話をしているの。今日はいいわ」

パンミーの母は、私が話を途中で止めて行ってしまわなかったのが、うれしかったのだろう。「今日は、うちでごはんを食べていくだろ」と言われ、その日の午後は、パンミーの母や娘たちと過ごした。さまざまなことを教えてもらいながら。

稽古場にて

まじめな作曲家アリー兄弟

私は作曲家の兄弟に稽古場でインタビューしていた。シャーヒー地区で数少なくなってきた、真剣に弟子たちを教える師匠と聞いていた。本人が音楽を真剣に学ぼうとしていて、家族も稽古を真剣に考えている弟子しか取らないそうだ。ムジュラーで何とか歌が歌え、インド映画の歌だけですませようという踊り子たちのために無駄な時間を費やすまいと、固く決めている。兄のアシュラフ・アリー師匠が言った。

「私たちは、教え子たちに活躍してほしいと思っています。これまで、私たちは神のご加護を受けてきました。弟子たちはよくやっています」

弟のウスマーン・アリー師匠が続ける。

「師匠の仕事は、音楽を教えるだけではありません。弟子を一人立ちさせるときがくれば、ふさわしい人たちに紹介しなければならないし、得意の持ち歌を習得させ、どこで何を歌うかについても指導しなければなりません」

「これをプロの音楽界への手ほどきと言っています」

アシュラフ師匠が付け加えた。

「コーターでさまざまなお客さんのために歌うことを意味しているのですか」

私が確認すると、アシュラフ師匠が答える。

「いや、舞台、ラジオ、テレビ、映画の世界でのプロのことです」

「時代は変わっても、シャーヒー地区で見せている歌や踊りは無視できません。パキスタンで一流の歌手、女優、音楽家、作曲家のほとんどが、長年にわたって、この地区から出ています。ここの芸能は職業としての売買春と融合して、他に類をみない独自の伝統と社会的意義をもっています。ほとんどの偉大な音楽家や古典音楽の歌い手は、なんらかの形でシャーヒー地区と関係があります。彼らの家族はそれぞれ独自の音楽の伝統を守りつつ、この地区の活動と密接に結びつくことによって、成長してきました。また、歌や踊りの質の維持にも長い間貢献してきましたが、いまや高い質を保っているコーターの数は急速に減っている状況です」

ウスマーン師匠がため息をつきながら言い、アシュラフ師匠が続けた。

「私たちのような音楽の師匠は、カンジャル一族ではないので、売買春と直接かかわっていないということを覚えておいてください。音楽面のみにかかわっているのです。古典音楽を取り巻く環境がすっかり変わってしまったため、シャーヒー地区についてまわる汚名は、地区に住む人びと全体の問題となっています。まともな人が住む場所として認められていないと多くの子どもたちが感じるようになり、ここからさほど離れていないタクサーリー門の外にあるカリーム公園のほうに引っ越してほしいと、父親にせがんでいるくらいです」

有名な古典音楽の師である故アマーナト・アリー・ハーン師匠とその弟のファテ・アリー・ハーン師匠をカリーム公園にある家に訪れたことがあると、私は伝えた。

「ファテ師匠は、ときどき弟子たちを訪ねてシャーヒー地区にいらっしゃると聞いていますが」

「もちろんですよ。パティアーラー派[13]に属した方で、古典音楽の伝統を守っています。でも、シャーヒー地区から引っ越しました。ハーン師匠兄弟の弟のハーミド・アリーとアマーナト師匠の息子のサド・アマーナト・アリーは師匠たちの教えによく応え、素晴らしい古典音楽家となり、次の世代の人たちに教えています」

ウスマーン師匠がそう説明し、グラーム・アリー・ハーン大師匠はサパルダーリーでもあると付け加えた。サパルダーリーとは、昔タワーイフのために演奏した音楽家のことである。

「グラーム師匠はシャーヒー地区にたくさんのお弟子さんをもっています。師匠にとって名前を継ぐ弟子がいるのは、ありがたいことです。私は弟子や音楽を理解している人たちに囲まれて、ここに暮らすのが好きなのです」

「そのとおりですわ。イナーヤト・フセイン師匠を訪ねてお話をしたときにも、そう思いました。師匠はご自分の業績に満足されていて、シャーヒー地区に住むことに何の問題もないと考えておられました。ティッピー警察署近くのセーティアーン小路にお住まいです。お仕事上都合がいいので引っ越して来たとおっしゃっていました」

イナーヤト師匠の名前を聞くと、ウスマーン師匠の顔に大きな笑みがこぼれた。

「イナーヤト師匠は、パキスタン映画界で比類のない偉大な作曲家です。『殺人者』(*Qatil*)や『君を支えるもの』(*Ek Tera Sahara*)などの映画に、素晴らしい曲を作られました」

そして、歌の一節を口ずさんだ。アシュラフ師匠も映画『アズラー』(14)(*Azra*)や『ボクのハートで鼓動するキミ』(*Dil Mera Dharkan Teri*)の一節を歌い、「何て素晴らしい作曲家なんだ」と感嘆した。私たちはしばし、イナーヤト師匠が作った曲に酔いしれた。やがてウスマーン師匠が話を再開し、アシュラフ師匠が決意を述べた。

「ここに住んでいる師匠はとても少なくなりました。子どもたちが嫌がるからです」

「でも、私たちは引っ越す気はありません。音楽や芸能にあふれたシャーヒー地区に住むのを誇りに思っています。ここは、パキスタン最高の芸能人生誕の地なのです。私自身、映画界でトップの歌手を三人育てました。よくやっていると思いませんか」

二人の音楽家ルーバーとジャージー

私たちのまわりを二人の若い男性がうろうろしていた。弟子なのか、音楽家なのか、それとも使用人なのか、わからない。すると、アシュラフ師匠が一人に「ハルモニウムを持って来てくれ」と言いつけた。

「女の子だけ教えていらっしゃるのですか」

「いやあ、そんな決まりはありません。ただ、ここがどこかご存知ですよね。弟子はすべて女の子です。私自身は作曲家ですが、歌を教えていて、楽器を習いたい弟子は取っていません。楽器を教えていたら、男の子もいるでしょうが」

「ウスマーン師匠はどうですか」

「とても小さい男の子の弟子が二人います。でも、ほとんどが女の子です」

ハルモニウムが運ばれてきて、アシュラフ師匠の前に置かれた。ちょうどそのとき、私がよく知っている二人の音楽家が稽古場に入って来たので、軽くあいさつを交わした。仕事を探すためにスタジオへ連れて行ってもらえないか、アシュラフ師匠に頼みに来たのだ。一人はルーバーで、タブラ、ボンゴ[15]、ナールを演奏する。もう一人はジャージーで、ほとんどの弦楽器が弾け、シタール[16]が一番得意だ。

アシュラフ師匠が演奏し始めようとしたとき、ルーバーが私に近づいて、聞いてきた。

「『ポケットサイズ』の歌手に、まだ会っていませんか」

すでにアシュラフ師匠が歌っていたので、話して歌を中断させたくない。とはいえ、興味がある話だったので、「知らない」という意味をこめて頭を横に振った。すると、ルーバーが大声で言ってしまった。

「師匠、博士に一番若いお弟子さんをまだ紹介していないのですか」

「後で、後でだ」と、歌を中断されていら立ちながらアシュラフ師匠が答える。そして、ハミングの小節へと入っていき、「このガザルは私が作曲したんですよ」と説明する。私はよくできた曲だと思った。ルーバーとジャージーは、あまりにも大げさにほめていたので、きっとからかっていたにちがいない。

ガザルを演奏し終えたところで、アリー師匠兄弟が尋ねた。

「別の日に、私たちの弟子の家でまた会えませんか」

その弟子はこの地区トップの踊り子で、妹のアンディーラーも弟子である。シャーヒー地区に古くから住む家族のこの姉妹に、師匠たちは大きな期待をかけている。突然、アシュラフ師匠が言った。

「しまった。もうスタジオにいる時間だ。ワジャーハト・アトレー師匠(17)(有名な作曲家)がお待ちになっているはずだ。いっしょに仕事をしているんですよ。それから、マダムの家に行くことになっていたんだ。具合がよくないらしいので」

マダムとはパキスタンの「歌の女王」ヌール・ジャハーンのことで、当時は存命だった。音楽界でマダムといえば、彼女だと誰もがすぐにわかる、パキスタン屈指の人気歌手である。

アリー師匠兄弟が出かけた後、ルーバーとジャージーがそれぞれ笑いながら言った。

「フォージア博士、私も失礼しなくちゃなりません。ジャーヴェード・シェーフ(有名な俳優)と会うことになっていますので。会いたいと頼まれて、もう一カ月にもなるんです。今日、『その光栄にあずからせてやろう』と言っておいたんですよ」

「おれは首相に『会ってやる』って約束をしたけど、おまえのためにキャンセルするよ。首相には、もう一日待ってもらえばいいんだからさ」

みんなで大笑いしたが、稽古場をうろついていた二人の若い男性が誰なのか、私はまだ気になっていた。ルーバーが気付いて、その一人を呼んだ。

「博士、この地区唯一の熟れたカボチャ(18)をご紹介しましょう」

その男性は当惑していたが、話題にのぼって喜んでいた。色黒で、とても太っている。

「写真を撮っても写らないですよ。試してみてください。ついでに、おれたちの写真も一枚撮ってください」

「やめてちょうだいよ」

私は困って叫んだが、からかいは止まらなかった。

「この男を見ることができる唯一の方法は、笑っているときですよ。とくに夜はですね、笑うと歯が見えますから。そうすると、『ここにカボチャがいる』って、おれたちは言うんです」

ジャージーが大声で笑った。

「でも、ちゃんと歯を磨いていたら、だよ」

本当の名前はわからなかったが、「カボチャ」と呼ばれている使用人を二人はからかい続けた。

ルーバーの踊り子ラジアへの想い

私はカバンに持ち物を詰め込みながら、ルーバーに聞いた。

「ライラーのナト・ウタルワーイーには、いくらくらいの値がつけられると思う」

「それは処女の女の子たちの話で、ライラーは違いますよ」

「だけど、まだ結婚していないと家族は言っているわ」

「そのとおりです。まだ結婚はしていません。でも、年中コーターで歌っているのは、単にお客の目と耳を楽しませるだけだと思いますか。それほど歌はうまくないですよ。それに、お客はそれほど上品じゃない」

ルーバーもジャージーも笑った。ジャージーはルーバーをパンと叩いて言った。

「上品だって。もし上品だったら、コーターなんかに出入りしないよな」

「あんたたちはいつもお客さんをばかにしているわね。でも、ライラーの家族は真剣に探しているのよ」

「そうでしょうよ。ビラーダリーのなかで恥をかくわけにはいかないですから。『結婚はまだです』とは言えませんよ。でも、お金が必要だから働き始めたんですよ。体面を保つ必要がありますので、ライラーが処女じゃないと気付かないような本当のおばかさんを、何とか見つけ出さなければならないってことですよ」

ルーバーがこう言うと、二人は大笑いした。

「おれはとやかく言える立場じゃありませんけど。最近では、ミョウバンで洗ってしまえば新品同様。誰でもだませる」

ルーバーはこう言い、一呼吸して聞いてきた。

「パンミーの父親もおばかさん、つまり男を探しているって、ご存知ですか」

「パンミーに?」

私は知らないふりをして答えた。

「いえ、いえ、違いますよ。よく考えてください。妹のラジアですよ。父親と言われている男は、悪いやつでしてね。どうして母親が追い出さないのか、わかりませんよ」

「お母さんは、強そうに見えるけど」

「おれは、ただあの親父さんが嫌いなんです」

ルーバーが会話に入ってきた。

「フォージア博士、ルーバーがあの男を嫌いな理由を教えてあげましょうか」

ルーバーはジャージーに枕を投げつけて、言った。

「ジャージーの言うことは、でたらめですよ」

「どうして。ルーバー、何か私に秘密にしていることでもあるの」

「ルーバーは、パンミーの妹が好きなんですよ。誰かわかりますでしょ」

「どの妹？　たくさん妹がいるわ」

ルーバーが即座に言った。

「もっとも可愛い娘です」

「二番目か三番目の娘ね。どっち、わからないわ」

「三番目のラジアですよ。最近、親父がいい相手を探しているんです。おれたちはルーバーに言っているんですよ。『みんなで少しずつ寄付するから申し込め。長期契約の客になって、ラジアのところでいっしょに住めるぞ。あんなにいい義理の父親がいたら、何も心配することはない』ってね」

ジャージーが言うと、「だまれ」とルーバーが怒った。

「あら、これは大変。ラジアのお父さんと話をする機会はないの」

ルーバーは枕を後ろに放り投げ、髪の毛をかきむしった。

「絶対に、絶対にないです。もしおれの本心を知ったら、ラジアに近づくことさえ許さないですよ。おれはミーラーシーで、カンジャルとは水と油の関係ですから」

「だけど、パンミーたちだって純粋なカンジャルとは言えないぞ。母親はドームニーだからな」

売春業の世界では、カンジャルが生まれながらにして商売を行う権利をもっており、他の民族集団は劣位に置かれている。パンミーの家族は純粋なカンジャルではなかったが、いつもそのように振る舞い、母親はドームニーと言われるのを嫌がっていた。ドームニーとは、路上で歌ったりガドヴィー[19]を演奏して生計を立てる女性が属する、少数の職業カーストである。小さな集団で、結婚式や操り人形師のような大衆芸能の芸人といっしょに活動する。なかには、売春をするようになる女性もいる。ルーバーが本当にラジアと結婚したいと思っているのか、それとも単にのぼせ上がっているだけなのか、知りたくて聞いた。

「本当はどうしたいの。いろんな制約がないとして、好きなようにできるとすれば、どうしたい？」

ルーバーは周囲を見まわした。使用人の一人が少し離れたところで、まだうろうろしている。ルーバーは歩いて行き、背中をポンと叩いて「あっちへ行ってくれないか」と言い、戻ってきて座った。

「おれは、ラジアを強欲な一家から遠く離れたところへ連れて行くつもりです。やつらは、ラジアの血を吸い取ることしか考えていません。こんなところにいるのはもったいない娘です」

「こいつは、インド映画の見すぎですよ」

「だまれ、くそったれが。おまえみたいなダチなんて、いないほうがどんなにましか」

ルーバーが本当に怒っているようだったので、ジャージーは急に真顔になった。

「お金がほしいだけじゃないの。お金を出せば、受け入れてもらえるかもしれないわ」

「受け入れるって、おれをどういう立場で？　ラジアの初夜を売ろうとしているんですよ」

「でも、月々いくらとか、お金を払うという長期的な関係の申し込みをすれば、そっちを選ぶでしょう」

ジャージーが説明した。

「まず第一に、自分の娘とミーラーシーの男が関係をもつなんてことになったら、家族は死を選びますよ。次に、長期や短期の関係をもつお客がいても、定期的な収入を得るために売春をさせますよ。それにルーバーが耐えられると思いますか。こいつに勝ち目はなし。申し込むなんて、ありえませんよ」

「ラジアのほうはどうなの。ルーバーのことが好きなの。それともルーバーの片想い？　とてもおとなしい娘のようだけど」

ジャージーは、またからかうチャンスがきたと、ルーバーのまねをした。

「ラジアは何も知らないんです。本当なんです。もしおれの気持ちを知ったら、誰のところへも行きません。知らないから、ラジアは母親の言うとおりにするでしょうよ」

「おれのことに口出しするなよ。ラジアは知っているよ。おれの心のなかで、そうだとわかるんだ。おれの気持ちを知っていると、おれにはわかっているんだ」

「こいつは、師匠から何度もぶたれているんですよ。でも、ラジアのことを話すのを止めない。ガーマン師匠が言ってただろう。水と油は交わらないって。行こう、ルーバー。師匠がおれたちを待っているよ。途中でおまえの義理の両親のところに立ち寄ってもいいぞ」

ジャージーは立ち上がり、さっさとスリッパを持って駆け出して行った。ルーバーは後を追いかけて、背中を叩こうとしたが、間に合わず、うなだれて、浮かぬ顔で戻って来た。私はどう言葉をかけていいのか、わからなかった。ただ、一つ聞いておきたかった。

「ラジアに気持ちを打ち明けるつもり」

「いつか……。行きましょう。車までお送りします」

「いいわよ、まだ帰らないから。その代わり、ガーマン師匠のお稽古場までいっしょに行ってくれるかしら。師匠と会うことになっているの」

私たちは、別の話をしながらバザールを通り抜けた。しかし、ルーバーはまだラジアのことを考えているのだと、私にはわかっていた。

芸能修行

芸能の世界でのジェンダー役割

ガーマン師匠の稽古場にいたある日、チャンダーが入って来た。彼女はサーディク師匠の弟子だったが、ときおりガーマン師匠とショーに出かけ、自分の師匠のように尊敬している。ライトブルーのシフォンのシャルワール・カミーズに大きなイアリングを揺らし、聞いてきた。

「ガーマン師匠はいつごろ帰って来られるの」

「間もなく戻って来られるらしいわよ」

こう答えると、「いっしょに待つわ」と言う。チャンダーは上機嫌のようで、次から次に小声で歌を口ずさんでいた。そして、ドゥパッターをいろんな形に掛けてみては、どう見えるか試していた。片腕に掛けてみると、ブレスレットにからまってしまった。すると、腕からはずして、肩に掛けてみる。背中にかかる長い黒髪が、とても美しい。私は調査ノートをぱらぱらとめくりながら、何気なく話しかけた。

「ガーマン師匠は一週間ほどご自宅に行かれるので、今日お会いしたいと思っているのよ」

「あら、師匠は自宅にお帰りになるの。フォージアさんは、師匠のおうちに行ったことはある?」

自宅に招いてもらうことはまずないだろうと思いながら、「いいえ」と答えた。

「師匠たちは、自宅に人を近づけないようにしているの。誰も呼ばないのよ。ガーマン師匠は、ときどき一〇歳の息子さんを二〜三日ここへ連れて来るけど、それくらいね。でも、あたしは一度だけ家に行ったことがあるわ」

「まあ、どんなだった」

「師匠の家からそれほど遠くないところでショーをして、終わったのは朝の三時半だったわ。早すぎてレストランは開いてないけど、お茶も飲まずに帰るにはみんな疲れすぎていたの。それで、師匠が家に呼んでくださったのよ。お家に着いて、外の道で待っていると、息子さんたちが車の横に椅子を持ってきてくれて、奥さんがお茶を出してくださった。あたしはお家の中に入ったの。女の特権。それに、せっかくのチャンスを逃したくなかったし。お家はとても小さくて暗かったわ。たくさんお子さんがいて、何人いたか覚えていないくらい。あたしくらいか、もう少し若い娘さんと、一二歳くらいの娘さんには会ったわ」

「もうすぐ結婚するのは、年上のほうの娘さんね」

「それで、師匠はお家に帰られるのね。その娘さんは音楽を勉強していて、とっても歌手になりたかったのよ。お父さんが兄弟たちに教えているのを見聞きして、覚えたんですって。それに彼女、『いい声だと思っている』って言ってたわ。本当はとても歌いたかったのに、その道に進むことは許されなかったんですって」

「どうしてなの」

「ここの師匠たちは、自分の娘には音楽を教えないのよ。娘さんと会ったとき、あたしのことが羨ましそうだったわ。明らかに、あたしたちを『悪い』女と思っていたものの、お父さんから音楽を習えて、歌手を仕事にできる自由と機会をもっているのを、とても羨んでいたわ。ほんの短い時間しかお邪魔しなかったけれど、あたしに歌わせたのよ。ハルモニウムを取り出して、『ちょっと歌ってください』って。お父さんが怖いから、ずっとささやくように話していたわ。『歌手になることをずっと夢見ていました。でも、家族の集まりでさえ歌わせてもらえないんです』って。だから、あたしは小さな声で歌ってあげたの。いまでも娘さんのうれしそうな顔を覚えてるわ」

「これまで調査をしてきて、芸能の世界には、とても偏ったジェンダー観があることがわかったわ。楽器を演奏するミーラーシーでも、他の家族でも、男性だけがシャーヒー地区の文化で役割をもっているの。音楽家の家族の女性は、演奏しない。だいたい、音楽家たちは家族を芸事から遠ざけて、自分たちと音楽家仲間のためだけに、ここに稽古場をもっているでしょ。音楽を教えるのは息子だけ」

「そのとおりね。師匠たちは娘に音楽をめったに教えないわ。もし教えたとしても、人前で演奏するためじゃない。ミーラーシーの女の子たちは、他のほとんどの女の子と同じように、一家の経済的なお荷物と考えられていて、なるべく早く結婚させられるのよ。家族の音楽の伝統を受け継いだり稼いだりする役割はなし。たまに頭がよくて音楽もよくできる女の子がいると、兄弟の作曲活動や歌の稽古の手助けをするかもしれないけど。歌手や音楽家と結婚すれば、そんなふうに夫を助けられるかもね。でも、本人が舞台に出るなんて、ありえないわ」

「そうよ。現役の偉大な音楽家のなかでは、シャーム・チョーラーシー一家のサラーマト・アリー師匠だけよ。コンサートで娘さんにタンプーラ[20]を演奏させたことがあるのは。男性たちが古典音楽を歌っている後ろで演奏したのよ。このリベラルな姿勢は、サラーマト師匠がエリート社会の人たちや、とくに外国人と接しているからでしょうね。でも、師匠は例外ね」

「ガーマン師匠が帰って来られたら、どうしてあの娘さんに歌を教えないのか聞いてくれないかしら」

「わかったわ。二人で師匠を尋問しましょう。ところで、あなたたちは、みんな歌を歌うのはとても好きだけど、楽器の演奏に興味がないのはどうして。誰もタブラやナールをたたいたりしないわよね。私が見たかぎりでは、ハルモニウムを弾くくらいよね。それも、自分の歌の伴奏のときだけ」

チャンダーはしばらく眉をひそめながら、じっとしていた。それから、深刻なまなざしで言った。

「わからないわ。そんなこと、考えたこともなかったから」

一息つくと、何かいい考えが浮かんだらしい。

「それも師匠に聞きましょう。あたしが知っているのは、踊り子たちは演奏しないっていうことだけだから」

チャンダーの夢

私がチャンダーに将来の抱負について聞くと、夢見るような目で、こう語った。

「有名な芸能人になりたいわ。シャーヒー地区から素晴らしい歌手がたくさん出ているでしょ」

「私はシャーヒー地区や他の市の赤線地帯の歌への貢献について調べているの。民族音楽以外では、トップ歌手のほとんどがこの地区と関係があるのよ」

「ええ、そうよ。トップ歌手の名前をあげてごらんなさい。みんなここの出身よ。いま、フォージアさんが言ったように、シャーヒー地区は大きな貢献をしているわ。あたしもそのトップの一人になりたいの」

チャンダーの目は、そう決心した気持ちで、輝いていた。

「家族の誰かが歌手として人気が出ると、全員が売春を止め、その人気にあやかって生活しようとするのよ。他の娘たちには歌だけさせて、上流階級に嫁がせる。有名になると、すぐに郊外に引っ越したがるわ」

「自分の家族の将来の計画を話しているの?」

不意に本心をつかれたようで、チャンダーは恥ずかしそうにクスっと笑った。

「そうじゃないわ。あたしはいまの仕事が好きだもの。この地区の多くの人が映画界で歌っている。あたしが何人かいい作曲家から依頼されて歌ったのを知っているでしょ。そのうち、チャンスをつかめるかもしれないわ」

「見習える人がたくさんいるわね。私はシャーヒー地区を芸能学校だと考えているのよ。素晴らしい音楽家、俳優、ダンサーを生み出しているんだもの」

「それから、歌手もね。人気のある歌手のほとんどが、この地区や他の街のこうした場所の出身よ。とりわけ女性歌手はね。マダムが最高よ。新人歌手なら誰でもマダムのことを崇拝しているわ。間違いなく一番の人気者よ」

「ヌール・ジャハーンは、この時代最高の伝説的な歌手だものね。聴衆だけでなく、同僚の音楽家たちの心も虜にしてしまう。五〇年以上も歌い続けているのよ。ヌールの家族がパンジャーブ州のカスールという小さな市の赤線地帯にいたのは、みんな知っているでしょ。小さいときにカスールから連れて来られて、伝統的な商売には絶対、就かされなかった。最高の師匠たちに育てられ、映画界きっての逸材と考えられていたの。パキスタン独立以前は歌手であり、女優でもあったんだけど、独立後は歌だけにしたのよ」

私たちはしばらくの間、シャーヒー地区と関係があった多くの有名な歌手について語り合った。チャンダーはこの地区出身の女性たちの出世物語を聞いて、興奮している様子だ。そこで、聞いてみた。

「もし、この地区出身で成功した芸能人のリストをつくったら、どれくらいの長さになると思う」

「とっても長いリストになるわ。でも、この地区が注目に値すると政府を説得できるほど長くはないわ。状況は悪くなっているもの。この調子だと、シャーヒー地区からつまらない芸能人しか出ないわ。あたしたちは、音楽の質にこだわっている数少ない家族の一つなのよ。母さんは、あたしのために二人の師匠にお金を払っているの。サーディク師匠が舞台でのキャリアをみてくれて、踊りの師匠にもついている。ときどきアシュラフ・アリー師匠にも、歌を聴いてもらいに行くわ。だけど、ベールヴィーンとベーローン(21)の違いがわからない友達もいるのよ」

「そうね。音楽や踊りの稽古をして、映画界のスターになり、ラジオやテレビや劇場で活躍する。楽器だって、ほとんどここで作られているっていうのにね。ねえ、チャンダー、この国はシャーヒー地区がなくなってしまえばいいと思っているのかもしれない。しかも、素晴らしい芸能人を養成していく別の方法を考えてもいない。ほとんどの人は、パキスタンの芸術の質には関心がないのよ。カセットテープやＣＤで聴けるインド映画の歌で、十分満足なんだわ。パキスタン文化を守っている主要な機関や人たちは、しっかり考えることが本当に必要ね。こんなに大切な地区、文化を創造している場所を何の考えもなく壊そうとしないで、別の案を考えるべきだわ」

ちょうどそのとき、少年が慌てた様子で稽古場に入って来た。ガーマン師匠の持ち物のなかからタバコの箱を探して、出て行った。「師匠はどこ」とチャンダーが叫んだ。

「すぐに帰って来られますよ。タバコを取ってくるように言われたので、急がないと」

チャンダーが私に聞いた。

「師匠の娘さんは、来週結婚するのね」

「結婚のお祝いを考えないとね」

「ここでは、服か現金よ。師匠の主なお弟子さんのお母さんたちは、みんなそうすると思うわ。あたしは何か違うものにしたいと思っているの。師匠があたしから現金を受け取るとは思えないから」

性別役割分業――カンジャルとミーラーシーの男性と女性

私たちがお祝いについて話していると、ガーマン師匠と少年が帰って来た。師匠は疲れた様子で、少年にお茶を持ってくるように頼んだ。チャンダーがひとしきり話し終えると、ガーマン師匠は壁に背中をもたせかけ、楽な姿勢に座り直した。チャンダーは、私たちが師匠に聞こうと考えていた質問を、私にしてほしくてたまらない。何度も私を突ついて、話させようとした。とうとう私は、音楽界でのジェンダー差別について尋ねた。ガーマン師匠は驚いて私を見て、「ジェンダー差別ですか」と繰り返した。

「女性は歌を歌いますが、楽器を演奏しないのは、なぜですか。ミーラーシーの男性は楽器を演奏し、歌も歌います。でも、家族の女性たちにそうさせないのは、なぜですか」

師匠は、しばらく考えてから説明してくれた。

「芸能にかかわっている女性は、カンジャルか売春婦です。歌や踊りで客を惹きつけられると考えているからでしょう。楽器の演奏自体で客の心をつかめるとは、考えられていません。歌の詞や踊りの動きによって心が動かされます。だから、女性はめったに演奏したり、作曲しません。唯一の例外はタンプーラとハルモニウムで、女性は歌いながら演奏できます。シタールもたまに弾きますが、プロとしてはやりません。つまり、楽器を演奏しても、自分の歌の伴奏のためで、他の歌手のためではないのです。

この役割分担は、カンジャルとミーラーシーの伝統的な規範を反映しているのです。カンジャルは長い間、売春を行ってきました。女性が重要な役割を果たし、男性はパートナーというより居候のような存在です。一方で、音楽を提供するミーラーシーの間では、男性だけが売春婦の踊りや歌を支える役割を果たします。ミーラーシーの男性は、カンジャルの女性と自分の家族の女性とをはっきりと分けたがります。だから、家族の女性を音楽にかかわらせません。この区分は、カンジャルとミーラーシー以外の人たちの間でも守られています。パキスタンの女性が楽器を演奏するのはまれで、歌うのを好むでしょ」

この説明をガーマン師匠は懸命に考えながらしたようだ。話し終えると、しばらく黙っていた。それから「昼寝がしたいな」と言った。横になる前に、チャンダーがすばやく聞いた。

「師匠、シャーヒー地区から素晴らしい芸能人がたくさん出ているのに、政府の人たちがかまってくれないのはなぜなのか、教えてください」

「政府だって。気は確かかい。もし政府がかかわるようなことになれば、ヒンドゥー教徒からの悪影響だと言って、パキスタンからすべての芸術をなくしてしまうだろうよ」

師匠は大声で笑いながら、よく使われる言い回しを使って説明した。

「『ムッラー（宗教リーダー）が走って行くのは、モスクだけ(22)』。つまり、政府はヒンドゥー教対イスラーム教という議論しかできないのさ。われわれイスラーム教徒こそ、この世で一番の創造性の持ち主だと言うだろうよ。政府のことなんて忘れてしまうんだな。国中の人たちが私たちをこの国の汚点だと考えているのは残念なことだ。誰もが娯楽を必要としているのに、ここの芸能は無防備のまま批判にさらされ、亡骸となってしまった状況には目を向けようともしない」

そう言って、置いてあった服の山に顔をうずめて横になった。

ガーマン師匠の娘さんへのお祝い

チャンダーと私は重い気持ちのまま立ち上がった。

「ガーマン師匠の娘さんにいいお祝いを思いついたわ」

別れ際に私が明るく話しかけたので、チャンダーは元気が出たようだ。うれしそうに聞いてきた。

「何にするの」

「ドーラクよ。女性でも問題なく演奏できる唯一の楽器だもの。結婚式では、女の子たちがドーラクを囲んで歌うわ。そのことを師匠は思いつかなかったみたいだけど。たぶん民族楽器の部類だからだわね。プロとしての演奏となると男性がするけれど、パキスタンのあらゆる階層の女性がなんらかの機会で演奏することがあるでしょ。私もドーラクを打つのが好きよ」

「あたしも好き。そうよ、ドーラクは女性のものだわ」

チャンダーも、いいお祝いだと言うので、私たちは近くの市場へ行って、ドーラクを注文することにした。ガーマン師匠の娘さんへのお祝いだから、そのあたりの店に置いている物を買うわけにはいかない。師匠たちは、特別に注文して作らせた楽器を常に使っている。その習慣にならって、ドーラクの制作所を見つけるために市場へ行くべきだと考えた。

楽器を売っている店は、メインバザールの交差点からランガー・マンディーにかけて長く伸びる通りにある市場に集中している。そこを歩けば、両側の店先に下げられているドーラクやダフリー（*dafli*＝タンバリン）を見逃すことはない。プロの音楽家のほとんどがシャーヒー地区に住んでいるか、かかわりをもっているので、楽器を買いにこの市場へやって来る。また、楽器を習いたい人たちも集まってくる。どんな種類の楽器でも手に入るラホール唯一の場所で、タブラ、ナール、シタール、ハルモニウム、コンガ[23]、グングルー、その他さまざまな楽器が作られている。とりわけ打楽器が有名だ。楽器作りは他の場所にも広がったが、同族の家族が行っており、この地区の人びとや商売との関係は密接だ。たとえば、グジュラーンワーラー市はハルモニウム、シアールコート市はクラリネット、サクソフォン、バグパイプの制作でよく知られている。

ドーラクを作っている職人

チャンダーと私はドーラクを注文しようと、わくわくしながら、まず木製の枠を作っている工房へ向かった。木枠は、皮を張る職人とは別の職人が作る。マーリープーラ地区のアッラー・ラッカー、カースープーラ地区のヒーロー、ラホール市外の工房などをたくさん教えてもらい、一番近い、タクサーリー門にあるバーバー・ファリード工房に決めた。

女性二人がドーラクを注文するために工房に現れたのが珍しかったのだろう。バーバー・ファリード氏自身が、打楽器の枠を作る全工程を見せながら、熱心に説明してくれた。この工房は、一九六〇年代初めにファリード氏の父がひらき、ゲーム盤、大皿、ベッドの足などを注文に応じて作っていたそうだ。近所に楽器を作る職人が多く、楽器制作に必要な工業用のこぎりや旋盤の設備をもつ一家も楽器作りを始めた。いまでは、ファリード氏の息子のムハンマド・イクバール氏が仕事を継いでいる。

ファリード氏は、おおまかに四角型に切った木材を置いている場所に私たちを連れて行き、こう言った。

「ターリー(24)、紫檀《したん》、マンゴーの木を打楽器に使います。ドーラクには大きな木からくり抜いた中心部分が一番適していますよ。好きな木片を一つ選んでください」

私たちは最高の品を贈りたいと思っていたので、任せた。ファリード氏は、とても暗い色の小さい木片を取り上げ、息子に表面を削るように言った。三〇分ほどで、電動旋盤で枠がくり抜かれ、滑らかな丸い形が出来上がる。手動旋盤を使っていたころは、この作業に八日もかかっていたそうだ。それから、工具をいくつか使って、枠がきれいに仕上げられた。チャンダーと私は、まるで自分たちが木枠を作ったかのように、出来上がりを自慢に思った。続いて、ファリード氏が息子に色をつけるように言う。息子は、もう一度旋盤に木枠をはめて、明るい色のラッカーで縞模様に色を塗った。完成したドーラクの枠を見て、私たちは大喜びし、私はすぐさま自分用にもう一つ注文した。枠に皮を張ってもらうのは、むずかしくなかった。皮張り専門の有名な打楽器作りの職人に枠を渡し、翌日取りに行くだけだった。音色を変えたいときは、暖めるか、練った小麦粉を使えばいいと聞いた。

後日チャンダーと私がガーマン師匠に娘さんへのお祝いを渡すと、師匠はとても驚いていた。どう反応していいのかわからないようで、しばらくためらっていたが、感謝の言葉を述べた。二人とも、うれしい気持ちでいっぱいになり、師匠の家を出た。帰りがけに、チャンダーにこう言った。

「どの女性が音楽にかかわれるか、かかわれないかという議論は、これからも続くでしょうね。当分の間ドーラクは、パキスタン女性が音楽で自分自身を表現できる数少ない手段の一つ。私たちに許されているのは、ドーラクを打ったり、結婚式で歌ったり踊ったりすることだけだものね」

映画スタジオ

パキスタンの映画界

パキスタンでは、歌手、舞踏家、映画界のほとんどの女優と一部の男優は、シャーヒー地区や伝統的な買春街の出身である。かつて新進女優は自分たちを出身地から切り離すことに懸命で、成功する前にシャーヒー地区から去って行った。有名になった後は、メディアからインタビューを受けると、自分たちの過去について話を作り上げ、この地区との関連を完全に否定しようとする。多くのスターは、寄宿舎で過ごした、あるいは郊外の住宅街で育ったことになっている。シャーヒー地区で生まれた女優だからといって、みんなが映画界に入る前に売春婦だったわけではない。なかには、家族の反対に抵抗して娘たちを売春業にかかわらせないように、たいへんな苦労をしている母親もいる。

映画出演は、シャーヒー地区から主流社会への移行、つまり富と名声によって尊敬を得るための有効な手段だと考えられてきた。しかし、映画界も赤線地帯と同様のタブーをかかえている。多くの芸能人が赤線地帯の出身だという理由から、ほとんどのパキスタン社会の「高潔な」人たちは、映画界に入るのを望んでいないと言われている。

実際には、ほぼすべての有名女優の家族は、さまざまな場所の赤線地帯と関係している。シャブナム、ナイヤル・スルターナ、ムサッラト・ナジール、サミーナ・ピールザーダなどは数少ない例外で、赤線地帯と関係がない。演技がしたいという理由だけから映画界に入った。また、サビーハ・ハーヌムは舞台俳優一家の出身だ。一九六〇年代に、都会のエリート層から数人の女優が映画界に入った。それは、西欧の音楽や踊りを取り入れているナイトクラブのカルチャーをまねたモダンな行動であると考えられていた。上流階級では、映画などで女性が男性と演じるのを許していたが、世間ではまだ顰蹙《ひんしゅく》をかうことだったのだ。このサブカルチャー出身者は数少ないものの、フスナーやニーローのような女優が生まれ、映画界で人気のダンサーになった。

出演する俳優たちが描かれた映画館正面の看板

有名な女優や歌手のなかには、タワーイフと呼ばれるトップクラスの高級娼婦出身者もいる。植民地以前のラージャーやマハーラージャーの時代[25]には、タワーイフはしっかりと稽古を積んだ芸能人で、一人の客としか関係をもたなかった。成功者として社会的に高い地位に置かれ、売春婦といっしょにされることはなかった。なかには、若いときに裕福な男性と結婚しても、歌や芝居を続けることを許されていた女性もいたし、パキスタンでもっとも洗練された歌手や俳優となった女性もいた。

興味深いことに、かつての女優たちとは異なり、最近の多くの映画スターは出身地との関係を絶つ必要がないと思っているようだ。自分の出自を隠さず、ムジュラーの仕事も続けている。モダンな郊外での生活を好むため、シャーヒー地区には住まないが、生活や友人はシャーヒー地区にいるときと変わらない。妹や弟たちを映画スタジオに連れて行き、映画界で俳優以外の仕事を見つけて就かせる女優も多い。

パキスタンの映画界では、可愛らしい顔をしていて、売り込む度量のあるプロデューサーに目をかけてもらえさえすれば、スターになれる。厳しい稽古を必要とする音楽や歌とは違い、芝居は人を魅了する資質が重要である。アラーウッディーンやターリシュなどの俳優たちは、稽古を積み、多様な役をこなしたから有名になった。だが、多くの成功した俳優たちを見れば、彼らをトップにのし上げたのが高い演技力だけとは言いがたい。現在の映画界では、とくに女性の場合、美貌やダンスの上手さが演技力より重視されている。パキスタンでは、芝居は正式に訓練を受けて学ぶ芸ではなく、有能な監督が教え役となり、仕事をしながら簡単に学べると考えられている。

俳優にとって一番仕事が多いのは、映画界である。テレビに出演する機会もあるが、映画プロデューサーの目にとまるためか、芸のうえで興味があるためだと考えられている。テレビ出演は経済的に成り立たない。舞台のほうがいい収入となり、人気を得るための確実な方法だ。

私は映画スタジオを何度か訪れたことがある。そこで垣間見た世界は、何千人もの希望に燃えた俳優たちが惹きつけられるが、ほんの一握りの幸運な人たちだけが名声の極みにたどり着くことができるという印象だった。その他大勢は、きらめくろうそくの炎だと理解せずに近づきすぎ、羽を燃やしてしまった蛾のように挫折する。そして、再び飛べる機会があるかもしれないと、ろうそくの周囲を這いずりまわりながら、残りの人生を過ごす。

私が興味をもっていたのはスーパースターの生活ではなく、映画スタジオで働くさまざまな芸能人や技術者たちによってつくられている文化であった。母親役を三〇年以上も演じている個性的な女優、舞台装置やセットの制作スタッフ、スタントマン、作曲家、音楽家、コーラス歌手、そして、もちろん、人をうまく操る術を身につけた数多くのベテランのエージェントをとおして、映画界に入り込もうと監督のまわりをうろついている前途有望な若者たちも。

低迷する映画業界と脚本家

私は、シャーヌール・スタジオで撮影されている新しい映画のダンス・シーンを見られるように手配した。何重にもなった警備員の間をくぐり抜け、ようやく撮影現場にたどり着いた。そこはスタジオ内にいくつもある中庭の一つで、公園の設定になっていた。長い金髪のかつらと青色のコンタクトレンズ以外ほとんど身につけていない若くて美しい踊り子が、そのセットの主役だ。大きな噴水が一方に、木製のアーチのある公園がもう一方につくられていた。

映画の撮影というと面白そうだが、実際に撮影を見ているのは恐ろしく退屈である。何時間もいて、運がよければ二シーンほど見られるだけ。一つのシーンが何度も何度も撮影される。それが、完成した映画では数秒の場合もある。一方、ダンス担当の監督は面白かった。筋骨隆々のたくましい男性であるにもかかわらず、スター女優よりも優美に踊ってみせたのだ。

俳優でもある映画監督は、まるで自分が神であるかのように、椅子に腰掛けていた。以前、周囲の人に恐怖感を与えるような年配の監督たちを見たことがある。だが、この監督はそのようなオーラを出すには若すぎると思われたので、彼の態度には驚いた。私は批評をする立場にはないが、言わせてもらおう。その監督はまだ一本目の映画も撮影し終えていない。母親が有名な女優で、父親が名の知れた映画監督なので、簡単に映画界に入れたのだ。その日は、黒い服に赤いヘアバンドという奇妙ないでたちだった。監督について何人か音楽家に聞いてみた。

「フォージアさん、最近では、おれたちに仕事をくれる人は誰でも良い人なんですよ。いいチームワークで働けるとか、敬意を払ってもらおうなんて、もう期待していません。なかには、おれたちが何十年も映画制作にかかわっていると知っていて、家族のように大切に接してくれる監督もいます。でも、このごろの若い監督と言えば、自分たちは天から舞い降りて来た人間で、他の人間はみんなばかだと思っていますよ」

それから、プロデューサーに会うために撮影現場を訪ねてきた脚本家に会った。その友人が彼のかかわった映画の題名をあげながら、詳しく紹介してくれた。

「お書きになった映画がすべてとても似ているのは、どうしてなのでしょうか」

「フォージアさんのような人には、パキスタン映画はみんな同じに見えるでしょうね」

「映画業界を批判するつもりではありませんが、どうしていつもお決まりのパターンなのかしら」

「確実に成功したいからですよ。もしある売れた映画にセクシーなダンス、ロマンス、アクション、レイプシーンが一つか二つ、コメディー、華やかな歌が数曲、ダンス、たくさんのけんかシーンがあれば、すべての映画が同じことをします。当たるための要素を一つでも欠くという間違いを犯したくないですからね。損をしたい人なんているでしょうか。ようやく最近、また映画が儲かるようになってきたところです。大変な時代なんですよ。ビデオ業界が映画業界に食い込んできていますからね。立ち直れるとは、とても思えません」

「お決まりのパターンの映画ばかり作っていたから、パキスタン映画の衰退を招いたのだと思いませんか」

「それは違いますよ。ビデオが私たちの商売を乗っ取ってしまったんです。インド映画の海賊版を一〇ルピーで買って、家で都合のいい時間に見られる。家から一歩も出ずに、家族で三〜四本の映画を見て楽しめるんですよ」

今度は、新人俳優をシャーヒー地区からスカウトする方法の変化について聞いた。脚本家はしばらく黙っていた後、「監督に聞いてください」と言う。

「でも、あなたからお聞きしたいんですが」

重ねて聞くと、しぶしぶ答えた。

「最近ここに働きにくる女の子たちは、自分の才能や美貌をすごく意識していて、何でも知っていると思っています。以前は、監督やプロデューサーがシャーヒー地区から若い女の子をスカウトして来て、映画女優向けに育てていました。年配の女優たちは奥ゆかしくて品があるでしょう。演技について学び、先輩に敬意を払っていました。いろいろと学ばなければならないと思って、監督の話を聞いていました。芸術よりお金のほうが大事になったいまより、演技の質は一〇〇倍良かったですよ。

以前は、シャーヒー地区でもっとも美しい女性、最高の歌手や女優を、映画界に引き抜いていたものです。いまも、シャーヒー地区一番の女性を採ってはいるのですが、一番と言っても質が高いとは言えません。まったくもってレベルが低い。こんなことを言って、気を悪くしないでください。でも、それが実際に人びとがお金を払って見ているものなんです。監督やプロデューサーだけを非難しているのではありませんよ。シャーヒー地区の出身ではないですが、美しくて才能があるサミーナ・ピールザーダのように、低俗化の波にのまれず、高い質の演技を保っている女優は、非常に数が少ないのです」

アブドゥッラー師匠が嘆く映画音楽の質の低下

撮影現場のセットの後ろから、明らかにインド映画のコピーと思われる歌が聞こえてきた。メロディーはまったく同じで、歌詞もほとんど変わらない。私は聞くに耐えられなかった。盗作された歌について、ひどく気になるのだ。インド映画の歌自体が古いアメリカの歌から着想を得ていることは知っていたが、それでも気分がよくない。つまらない曲を聴きながら、アブドゥッラー師匠を思い出した。師匠はパンジャーブの映画音楽界でもっとも独創的な作曲家の一人で、私のお気に入りだ。こうした「着想」を得て作られた音楽がどんなに嫌いかという話をしていた。偉大な作曲家に仕事がないのはそのせいだとも言い、理由を説明してくれた。

「まず、私たちのようにオリジナル曲を作る作曲家は、時間がかかるし、高くつきます。コピーする曲を選ぶだけの作曲家は、一週間で映画二本分の曲だって作れますよ。低い料金しかとらないので、低コストの映画作りに向いている。次に、私たちの曲はオリジナルなので、歌手は歌を覚えなければならないし、私たちはリハーサルを要求します。歌手、伴奏者、監督が多くの時間を費やさねばならない。こういうやり方は好まれません。歌手はコピーされた曲ならテープを聞いて何回か練習すれば一日で数曲歌えるので、いい稼ぎになります。一曲についていくら、と支払われるんですから。一方、私の作った曲だとレコーディングに三日は必要でしょう。歌手は嫌がるし、プロデューサーもお金がかかるので嫌います。それに、皮肉なことに、何度もいろんなパターンで繰り返し作曲されたなじみのある曲が好まれるという傾向もあるのです」

アブドゥッラー師匠は、もう一つ興味深い点についても指摘していた。

「映画の質を下げた一番の原因は、低予算です。私たちは、ピース・ミュージックという手法で曲作りをしたものです。いろいろな楽器の組み合わせによる短い演奏をつなぎ合わせます。何でも好きな楽器を使えました。いまは、プロデューサーが、リズム楽器二つとハルモニウムだけでどんな曲でもやれと言います。そんなこと不可能ですよ。私たちの古い作品を聴いてみてください。ほんの数秒の演奏に、ピアノを借り、ピアノ奏者を雇いました。ハープ、タンプーラ、フルートと、音楽に広がりをもたせるために何でも使いました。でも、いまは、くそシンセサイザーですよ、耳障りな。プロデューサーの要求は、すべての曲をタブラ、ナール、ハルモニウムでやるか、それともコピーした曲をそのまま再生するためにシンセサイザーを使うか、どっちかなんですよ。

つまらないベテランの俳優や監督を見てください。コピーした曲を使うのを恥ずかしいと思っているやつなんていやしません。そんなふうで、平気なんでしょうかね。泥棒と同じです。ある日、まじめにやっていて食べていけない自分にあんまり腹が立ったので、これまでにもらった賞[26]や写真を全部燃やしてしまいました。もう一枚も自分の写真を持っていません。私の子どもたちに乾いたローティーも食べさせてやれないというのに、音楽に対する誠実さや創造性がいったい何の役に立つというんでしょうか」

パキスタンで有名な映画制作者ムシュターク・ガズダルは、著書『パキスタンの映画』(27)で、映画業界の盛衰について分析し、過去五〇年間、リスクを冒して新しいもの生み出す冒険心や独創性がほとんど見られなかった悲惨な状況だと述べている。たとえば、一九七七年にジアーウル・ハク将軍(28)が軍事政権を樹立したとき、それまでに制作されたパキスタン映画への許可書をすべて無効にした。パキスタンでは、映画を上映する前に政府の検閲庁から許可書を得なければならない。ハク将軍のこの行為は映画産業への死刑宣告だったと、ガズダルは考えている。

独立以来、三〇年間に作られたすべての映画が上映禁止になり、空白が生まれた。しかし、それは、簡単に利益が得られる低コストの映画によってまたたく間に埋められた。さらに、たやすく金を稼ごうとする投資家たちが映画業界に参入するようになったのである。

(1)　山羊の足を煮込んだカレーで、パンジャーブ地方では朝食の定番である。

(2)　(*pishwaz*)ムガル帝国時代に流行った伝統的な長い丈のドレス。現在は、踊り子が舞台など正式な場で着用する。

(3)　ラーガの序奏部分。ラーガの音階型や表情を紹介しながら、歌い手と奏者が演奏のトーンを決定していく過程でもある。

(4)　八八ページ注(34)を参照。

(5)　八七ページ注(27)を参照。

(6)　七三ページに登場する通称サッルー。シャーヒー地区に多くの不動産を所有する政治家。彼のハヴェーリーは有名で、地区の目印の一つになっている。

(7)　正確には、ヴァリーマー(*valima*)。パキスタンのイスラーム教徒には、結婚式に六つの主な儀式があり、そのうちの一つ。花婿が花嫁を迎えに行き、花婿の家に連れて来てから、花婿側の家族によって催されるレセプションである。

(8)　イスラーム圏での日常的なあいさつ。「*Assalaam alaikum*」(あなたに平安がありますように)と言われたら、*Waalaikum assalaam*(あなたにも平安がありますように)と返答する。

(9)(*manat* = マンナト)神になんらかの願いをし、その成就を請う代わりに、貧しい人びとに金品を与えること。
(10)(*anna*)通貨の古い単位で、一六アーナーが一ルピーにあたる。現在貨幣はないが、単位としては使われている。
(11)ひよこ豆の粉を水でとき、スパイスを加え、主に野菜に衣をつけてかき揚げの要領で揚げた、天ぷらのようなもの。南アジアでもっとも人気があるスナックの一つである。
(12)一〇〇パイサーが一ルピー。
(13)(Patiala *gharana*)インドのパンジャーブ州で始まった古典音楽の歌の一派で、家族で継承されている。早く複雑な節回しを特徴とする。
(14)女性の名前。
(15)(bongo)もともとキューバの民族楽器で、ラテン音楽に用いられていた。木をくり抜いた枠に動物の皮が片側に張られている、高さが同じで口径が異なる二つの太鼓をつなぎ合わせたもの。親指を中心として指で演奏する。
(16)(*sitar*)インドの古典音楽でもっともよく用いられる撥弦楽器で、ポピュラー音楽や映画音楽にも使われる。胴は半分に切ったひょうたんでできており、六〜七本の鉄と銅の演奏弦と一一〜一二本の共鳴弦が張られ、金属製のピックで弾く。
(17)パキスタンでは、年上や目上の女性を尊敬をこめて呼ぶ場合、「マダム」と言う。
(18)パンジャービー語では、人を形容するのに野菜をよく使う。カボチャは、太めであまり頭が良くない人を指す。
(19)(*gadvi*)小さな水差しのような形をした素焼きや金属製の打楽器で、手やスティックで演奏する。
(20)(*tanpura*)インドの弦楽器。木製またはひょうたん製の胴に四弦の長い棹がついていて、指で弾く。歌手の伴奏や他の楽器とともに演奏される。
(21)どちらもラーガの旋律。ラーガ・ラーギニー(男性・女性)という分類法において、ベールヴィーン(*bhairvin*)は六つの主旋律のラーガのうちの一つ。コンサートの最後(朝)に演奏される、優しくロマンチックな曲で、ガザルなど軽い古典音楽で使われる。ベーローン(*bhairon*)はベールヴィーンのラーギニーの一つで、冬の夜明け前後に演奏される、ビブラートがきいたゆっくりとした曲である。
(22)「ムッラーがどこかへ行くとすれば、モスクしかない」という意味で、あまりにも当たり前すぎることを指すのに使われる表現。師匠は、「政府が何かを禁止したいときには、パキスタンの敵だと考えるインドの主な宗教であるヒンドゥー教を必ずその理由にもち出す」と言っている。

(23)　(congo)コンガ(conga)のこと。アフリカに起源をもつキューバの代表的な打楽器。細長い樽型の胴をした太鼓で、上面のみに皮が張られている。高低がある二台で一対をなしており、指と手のひらを使って演奏する。

(24)　(*tali*)シッソノキ、学名はDalbergia sissoo。インディアン・ローズウッドともいわれるマメ科ツルサイカチ属のインド原産の高木で、八メートルくらいになる。枝は柳のように垂れ下がり、さやに入った種をつける。

(25)　ラージャー(*raja*)は王、マハーラージャー(*maharaja*)は大王という意味。ヴェーダ時代(三五三ページ注(6)を参照)には、部族の首長、国王であった。また、イギリス植民地時代のヒンドゥー教徒およびシク教徒の藩王たちはマハーラージャーと称した。

(26)　広義には南アジアで食べられているパンの総称で、ナーンやチャパーティーなどが含まれる。ローティーは、ひよこ豆の粉で作った円形のパンで、チャパティに似ている。時間が経つと乾いて固くなり、ふつうは食べない。ここでは、そんな粗末な食べ物も手に入らない、つまり、収入が少ないことを意味している。

(27)　Mushtaq Gazdar (1997) *Pakistan Cinema 1947–1997*. karachi: Oxford University Press.

(28)　八八ページ注(35)を参照。

第4章　売春という仕事

カンジャルの一家（料理をする男性）

もつれた関係

売春婦らしくなってきたライラー

ライラーは私に対してかなりいら立っていた。一〇日も訪ねていなかったので、私がシャーヒー地区の他の家族と親しくなりすぎていると感じていたのだ。イスラマバードの親しい友人として私を客に紹介するのがとても楽しみだったのに、私が十分に気を配っていなかったために、私を独占していると思っていた自信を失いかけていた。私はライラーに説明した。

「他の人たちと知り合いになったからといって、友人じゃなくなるわけではないでしょ」

ライラーは子どもっぽいところがあるので、機嫌を直してもらうのは、それほどむずかしくない。自分のほしいものが手に入ったときや手に入らなかったときに、子どもみたいな態度が一番よく表れる。「アイスクリームを買いに車で出かけるわよ」と言えば、有頂天になり、気持ちがおさまる。そして、母親に外出許可をもらって準備するより先に、外出を自慢する電話を少なくとも一時間は何人もの客にかけまわる。それを待つのは、私は気にならない。電話での会話は、いつもとても興味深かったからだ。

その日ライラーが最初に電話をしたのは、ジャーヴェードさんと呼んでいる男性だった。市場の話をずっとしていたので、彼の店にかけたのだろう。パンジャービー語で相手を表す丁寧語の「トゥシーン」(*tusi*＝あなた)という言葉を使って、話していた。ライラーの声は、しばしば甘やかしてほしい子どものようになる。まず、ジャーヴェードが何をしているのか聞き、同じ質問を返されると、私たちの外出の計画について長々と説明した。

「あたしには、ほら、お友達がいるでしょ、とっても親しい。あたしに会いにラホールに来るの。自分の車を持っているの、トヨタカローラよ。とても素敵な車なんだから。カセットデッキも付いているの。それに、ドライブにも連れて行ってくれるのよ。とっても楽しいんだから。いまからね、マール地区にアイスクリームを食べに連れて行ってくれるんですって」

電話のコードが長いので、ライラーは電話を抱えて部屋を動きまわりながら話す。まずソファに横になり、それから立ち上がってどっかりと椅子に座り、最後は床に寝転がった。ジャーヴェードが電話を通して彼女を見られるとでも思っているようだ。まるで映画のワンシーンで、カメラが回っているかのように振る舞っていた。

「あたしのお友達はね、本当のお友達なのよ。ジャーヴェードさんとは違ってね。ジャーヴェードさんは、どこかに連れて行ってくれたことがあったかしら。ないわよね。お友達って、そんなものじゃないでしょう。えっ、何ですって、許しがいるですって。度胸があれば、母さんの許しくらいもらえるでしょ。あたしは出かけるのが大好きなのよ」

そう言って、ライラー自身、誘惑的だと思っている微笑みを浮かべて、ソファに横になった。あいにく、ご自慢の笑顔は、カメラの前でむりやり微笑まされている子どものようなのだが。

「もしジャーヴェードさんといっしょに出かけたら、何を買ってくださる？　あたしが頼んだものは何でも買ってくださる？　約束する？　後で知らないって言っても、だめよ。いーい、約束は破らないほうがいいわよ」

ライラーはハスキーな声でこう言って電話を切り、私に言った。

「母さんはね、『もっと電話をかけなさい』って、こんなばかなやつらと連絡をとるように言うのよ。次に電話する男はとてもおかしいのよ。聞いていてちょうだい」

抵抗を試みてはいるものの、ライラーが徐々に売春婦になりつつあると見てとれた。母親や兄からの要求に対して以前より腹を立てなくなり、客を誘うために必要な術を使うのに慣れてきたようだ。屈服を覚悟し、ある程度自分の役割を楽しみかけていた。

「一日中、お店で何をしてらっしゃるの」

近くに来るよう私に手招きし、私の耳を受話器にあてたので、相手の声が少し聞き取れた。

「店でものを売っているんだよ。他に何をするって言うんだい」

「一日中?」

子どものような声で尋ねた。

「そうさ、それがおれの仕事だからな」

今度は一番魅力的だと思う声を出した。

「じゃあ、いつあたしのことを考えてくれるの」

男はこの言葉が気に入り、まるでライラーが詩を朗読したかのようにほめた。

「そんなこと言われたら、おれは死んでもいいくらいだよ。四六時中、考えているよ」

すると、ふつうの声に戻って脅すような調子で、大きな声で言った。

「そこまであたしのことを考えてくれているから、しょっちゅう会いに来てくださるのね」

男は謝り始めた。ライラーは、さらに男に悪いと思わせ、男がまた謝る。

「わかったわ。新しい服をプレゼントしてもらおうかしら」

男が二つ返事で同意したので、「それから、妹にブレスレットもね」と付け加えた。男はこれも承諾する。

「ねえ、いつ。いつにする。明日ね。自分で選びたいわ。あたしをお買い物に連れて行って、服を買ってくださるのね」

ライラーの行動パターンが理解できた。私にアイスクリームを買いに行く約束をさせたときと同じ方法を使っている。相手はさほど重要だと思わないことなのだが、悪いことをしたと思わせる。

母のカイスラが部屋に入って来た。

「あんたが来ているとは知らなかったよ。元気かい。ライラー、冷たい飲み物か何かお出ししたのかい」

「どうぞ、おかまいなく。お客さんじゃありませんから」

返事をしながら立ち上がり、カイスラを抱きしめ、いっしょに座った。私は健康状態についてまず尋ね、アイスクリームの件を私から話したほうがいいと思った。

「ライラーが、アイスクリームを買いに連れて行ってほしいと言っているんですけど、いいでしょうか」

「あんたはライラーの姉さんみたいなもんだから、かまわないよ」

少々驚いた。私とこの家族との信頼関係は、初めていっしょに外出したときより一〇〇倍は強くなっている。また、カイスラの声の調子からすると、ライラーを再び信用するようになっていると思われた。

私たちが出かけようとしていると、カイスラが「妹もいっしょに連れておいき」と言う。ところが、不思議なことに、ライラーは自信をもって、カイスラの顔さえ見ずに言い切った。

「いやよ、母さん。そんなのつまんないわ」

どうしてこれほど自信たっぷりに言えるのか私は理解できなかったが、母娘の関係が良くなったのは確かである。若い売春婦の反抗期は、終わりに近づいているらしい。ライラーは家の奥へ入って行った。

「フォージア、ライラーをここに送って来てくれたら、すぐに帰らないで二階に寄ってくれるかい。ライラーの兄さんが家にいるから、ぜひ会ってもらいたいんだよ」

私はわくわくする気持ちを抑えながら、答えた。

「もちろんです。ぜひお会いしたいですわ。繊維会社にお勤めで、長く出張していらしたんですよね」

「ライラーがあんたのことをたくさん話しているからね。息子も本当に会いたがっているんだよ」

ライラーの兄については、とても知りたいと思っていた。妻のジャミーラには会ったことがあるが、一言も話しかけてこなかった。いつも家の奥で、料理や家事をすべてこなしている。

売春婦としての覚悟

ライラーと私は車に乗り込んだ。初めてドライブに行ったときのように、ライラーはうれしくてたまらない様子だった。それに、今回は二人だけだから、うれしさも倍である。彼女は開放感にひたっていた。

「まず、お友達のスライアーに会いに行くのよ」

私は反対した。

「ライラー、お母さんにはマール地区に行くと言ったのよ。私の信用をなくすようなことは、したくないわ」

「聞いて。その友達は、あたしたちの商売とは何の関係もないの。あたしがここに住んでいることすら知らないのよ。カレッジに行っていたときの友達。どこに住んでいるか誰にも言わなかったから、彼女も知らないわ」

「お友達を訪ねるって、お母さんに言っておけばよかったわね」

「気は確か？　友達なんかもってほしくないと思っているのよ。カレッジを出てから、スライアーには一回会っただけ。彼女が病気になったときに家に行って、お母さんとも会ったの。とても素敵な人だったわ。こんなことは、フォージアさんとしかできないのよ。お願い」

「わかったわ。でも、ちょっと寄るだけよ」

スライアーの家はタクサーリー門からさほど遠くなく、マール地区へ行く途中だという。私が車を停めた狭い道の行き止まりには、大きな水たまりができていた。たくさんの水牛が、カラスが角にとまっても気にもせず、水浴びをしている。階段を昇ってドアをノックすると、スライアーの母がドアを開けた。五〇歳くらいで、普段着のシャルワール・カミーズを着ている。ライラーだとわかると、室内へ招いてくれた。スライアーはライラーを見てとても驚き、喜びの声をあげた。

私たちがお邪魔したのは三〇分程度だ。パキスタンでは、訪問とは言えない短い時間である。ちょっとした話でも、少なくとも二時間くらいいるのがふつうなのだが、私が訪問をためらっていたのをライラーは気にして、早々に話を切り上げた。それは、彼女にとっても都合がよかったのだ。スライアーとあまり親しくなるわけにはいかない。友達関係を維持するのが、ライラーのできるせめてものことである。ライラーは、友達との会話をあたりさわりのない内容にとどめていた。兄の仕事がうまくいっている、ラホールの外にも友人がいて、休暇にイスラマバードまで私に会いに行くなど、中流階級の人たちが話すような話題にしようと、懸命に努力していた。最新のインド映画の話なども交えて。

早々に別れを告げ、車に乗ってから私は、ライラーに聞いた。

「親しいお友達なのに、あなたの生活の核心部分については話さないのね。秘密としてでも」

「できないわよ。そんなことしたら、友達でなくなるわ。それに、親しくさえなれないのよ。親しくなったら、あたしに会いに来たいと思うでしょ。そうしたら、どうすればいいの。あたしがカレッジ時代の友達とまだ付き合っているなんて母さんに知られたら、殺されてしまうわ」

「今年、一回会っただけでしょう。付き合っているとも言えないわ」

「フォージアさんはそんなふうに思うかもしれないけれど、あたしにとっては大切なことなのよ。シャーヒー地区以外の場所に友達がいる。フォージアさんのような友達がイスラマバードにいる。それが、あたしはとってもうれしいの。初めて会ったときのこと覚えている？『イスラマバードで仕事を見つけてよ』って頼んだでしょ」

「ええ、覚えているわ。でも、私が言った仕事は全部気に入らなかったじゃない」

「そうだったわね。あたしはお願いできるっていうことが、うれしかったのよ。友達がほしいんだけど、母さんも兄さんも反対だわ。自分たちが知らない友達がいると、あたしを言いなりにさせられないと思っているのよ」

「最近、以前よりよくやっているように見えるけれど」

私はからかった。

「兄さんが帰って来て、長い話をしたわ」

「それで、イスラマバードやシャーヒー地区以外の場所で働くという考えは止めて、ここに自分の将来があると思うようになったのね」

「ずいぶん考えたわ。知ってのとおり、あたしはきつい仕事は嫌いでしょ。そんなに働かなくても、お金がもらえる仕事がいいの。自分が九時・五時の仕事をするなんて、とても想像できないわ。眠るのが好きだし、映画を見るのが大好きなのも知っているでしょう。『あんたは事務の仕事をするように生まれついていない』って、母さんは言うわ。兄さんは、『オフィス勤めの女の人たちはもっと大変だぞ。上司の人たちは女性社員を一人きりにはしない』って。どういう意味かわかるでしょ」

私は、マール地区へ行く道を運転するのに苦労していた。二日間雨がかなり降ったため、いつになく道路が悪い。ライラーに話を続けてほしかったので、返事をしなかった。

「兄さんは、そういうオフィスで働いているのよ。『女の人は仕事を得るために、昇給や昇進のために、上司と寝るんだぞ』って言ってたわ。『女の人はお金をもらい、男の人はそれでいい思いをするんだ』って。少なくとも、ここではお客さんを選べるわ。あたしのことを、『どうがんばっても早起きできないだろ』って母さんが言うの。甘やかされすぎて、育ったから」

「お母さんとお兄さんといろいろ話し合って、納得したわけね。でも、ライラー、一言、言わせてちょうだい。自分の人生でやりたいことを選んでいいのよ。オフィスで働く女性がすべて、お兄さんの言ったふうではないのよ。たしかに、昇進するために寝ることもある。なかには、権力をふりかざして性的な嫌がらせをしたり、セックスを求める男性がいる。でも、世の中は変わってきているのよ。男性も女性も、ほとんどの人が職業人として、いっしょに仕事をしているわ。一生懸命、責任感をもって働いて、成功した有能な女性がたくさんいるわ」

ライラーは私の説教めいた話に少し驚いて、言った。

「外で働くって話は、計画じゃなくて単に思いついただけ。母さんと兄さんがうるさくて腹が立つと、ここを出て行こうと考えたり、違う世界について想像したりするの」

本当の母親

私たちは渋滞につかまり、しばらく黙っていた。すると、ライラーが話を切り出した。

「さっき、友達がいるのに、あたしの生活の核心について、どうして話さないのか聞いていたわね」

どういうつもりで聞いてきたのか、わからなかったので、私は「ええ」とだけ答えた。

「話したいことがあるの」

いつもの元気がない重い調子の声だった。私は助手席に顔を向け、ライラーの言葉を待っていると、彼女は出しぬけに言った。

「あたしの兄さんっていうのは、本当は兄さんではないの。父さんなの」

「どういうこと」

「フォージアさんがあたしの母さんだと思っている人は、本当はお祖母さんなの。あたしのマネージャーをしているから、母だと言っているだけ。家で走りまわっている甥や姪は弟と妹。それに、お祖母さんは本当のお祖母さんでもないのよ。お祖母さんのお姉さんが、お祖母さんのようなものだけど、本当のお祖母さんではないの」

ライラーはとても真剣だった。

「ちょっと待って、ライラー。混乱してしまったわ。冗談を言っているわけじゃないわよね。全部説明してちょうだい。いったい、誰と誰がどういう関係なの」

「つまり、あたしの母さんという人は、お祖母さんのような人だってこと。わかった？　それがわかれば十分よ」

「話そうと決めたんだったら、せめてどんな関係なのか教えてくれなくちゃ」

渋滞していた道路は流れ始めたが、渋滞から抜け出すために、他の車をかわして運転しなければならない。車を停めてゆっくり話ができる場所に着くまで、待ってくれるように頼んだ。

ようやくアイスクリーム屋に到着した。店の人を呼ぶために、クラクションを鳴らすと、一二歳くらいの少年が走って出て来た。車に乗ったまま注文して食べられるのは、プライベートな話をしているときには都合がいい。私はアイスクリームのカップをしっかり手に持ち、ライラーのほうを向いて言った。

「では、話してちょうだい」

ライラーはアイスクリームを食べながら、ほぼいつもの声の調子に戻って話し始めた。

「あのね、二人とも子どもがなかったのよ」

「待ってよ。お母さんの話ね。カイスラさんとロンドンにいるお姉さんのことでしょ」

「そう、カイスラとシャムサ。だから、姉のほうが養子を二人もらうように、家族が決めたの。母方の遠い親戚の貧しい家から、男の子と女の子を。子どもたちは姉の養子になるはずだったんだけど、結局妹のカイスラが育てることになったの。養子にとった娘のキランは、歌手になるように稽古をつけられた。息子のシャーヒドは若いうちに結婚し、妻のジャミーラと子どもをつくるようにさせられた。生活するために、もっと子どもが必要だったのよ。最初の子どもは女の子で、ボビーと名付けた。ボビーが一歳のときシャムサとカイスラは仲たがいをして、シャムサは二人の養子と初孫を連れてロンドンへ行ってしまう。ジャミーラは、カイスラとパキスタンに残された。でも、シャーヒドはロンドンとパキスタンを往復し、結局八人の子どもができたのよ。あたしはその二番目。カイスラがあたしを自分の子どもとして引き取ったから、母さんと言っているのよ」

私はライラーの肩に手を置いて尋ねた。

「このことは、子どものときから知っていたの」

「知らなかったわ。カレッジを辞めさせられて、この仕事をするようになるまではね。そのとき、本当の母さんが誰なのか知ったわ。本当の母さんは、あたしが義理の姉さんだと思っていた人で、兄さんが父さんだったのよ」

「それで、どう思っているの。受け入れることはできた?」

「別に気持ちは変わらないわ。もちろん、本当の母さんのほうが近く感じるけど。とても苦労したと思うのよ。実の母親とは知らないで、ずいぶん傷つけてしまったから」

ライラーの実母であるジャミーラからも話を聞かなければならない。彼女はもの静かな人だ。ある程度の信頼関係はできていたが、調査や私についてどう思っているのかは、ほとんどわからなかった。ライラーは私にすべてを打ち明けて、すっきりしたようだった。しかし、感情の高ぶりが、声の調子に表れている。「もっとアイスクリームが食べたいな」と言ったので、すぐに注文した。

「もっと食べないの」

私のカップを見ると、すっかり溶けてしまっていたので、二人で笑った。

「いいわ。一つで十分だわ」

私は溶けたアイスクリームを飲み干した。ライラーは二つ目のアイスクリームをゆっくり食べながら、ときどき通りがかりの人について話す。これはいつものお気に入りだ。それ以外は何も話さない。

「シャムサさんとカイスラさんは本当の姉妹なの、それとも違うの」

車を動かしてから、ふと気付いた。二人が血のつながった姉妹だと思い込んでいるだけかもしれないと。ライラー一家の家族関係について理解するには、もっと聞く必要があるだろう。

「母親は同じよ。でも、母親は二人を生んでから、父親と結婚したの。つまり、父親は実の父ではないのよ。その人は後から現れたんだもの。わかるでしょ」

「ええ、わかるわ」

ライラーは他にもしたいことが一〇以上、私に買ってほしいものがいくつかあり、家に帰るために、かなり厳しい態度をとらなくてはならなかった。彼女のマネージャーと築いた信頼関係も、再び外に連れ出すチャンスも、失うことはできなかったからである。

ライラーの父親

謎めいた父親と初めての対面

私たちが家に到着したときライラーはとても満足げで、私よりも先に家に駆け込んで行った。しばらく私が一人で居間に座っていると、ライラーの育ての祖母と実の父であると知ってしまったカイスラとシャーヒドが奥から出て来た。シャーヒドは三五歳くらいで、ハンサムな男性だ。思っていたよりも若く、黒い髪に黒い口ひげ、少し太り気味の体型。パリッとアイロンがけされた茶色のシャルワール・カミーズを着ており、身だしなみがいい。

二人が居間に入ると、堅苦しい雰囲気が漂った。カイスラが「寄ってほしい」と言った誘い方も、後で気が付いたのだが、ライラーが自分を抑えているような様子を見せたのも、変な感じだった。若い男性や女性は権威主義的な父親の前で、いつもと違った態度をとる。カイスラもライラーもそう振る舞っていた。シャーヒドがこの家で一定の力をもっているのだろう。ナーイカが経営するコーターの伝統的な権力構造では、男性が重要な位置を占めることはほとんどないので、意外だった。男性は客引きになったとしても、経営にはかかわらず、「きちんと仕事をしていない」と女主人に叱責されるだけの役回りだからだ。

私たちの会話は、イスラマバードとラホールの違いについてなどありきたりの世間話から始まった。シャーヒドは「イスラマバードの道路は良く、きれいだったのが印象的でした」と言い、私は「ラホールの豊かな文化に魅せられています」などと述べた。

しばらくして、使用人のブーバーが来客を告げに来た。糊のきいたシャルワール・カミーズを着た、三人の大柄な三〇代前半の男性だった。大きな口ひげに大きな体で、ラホール出身の典型的なパンジャービー人だと思われた。訪問の目的は定かではない。シャーヒドの同僚として紹介されたが、仕事について聞いてみると、工場でいっしょに働いているという曖昧な答えだけだ。カイスラは、三人の客に非常に気を使っていた。どうも、私がいる前では言えないことをシャーヒドに話しに来たらしい。一五分ほどして、私は別の約束があるということにして、「一時間ほどで戻って来ます」とカイスラに告げ、四人の大男が話し合えるようにして立ち去った。

シャーヒー地区の男性の役割

私は約束などしていなかったのだが、最近知り合いになり、一度家に招いてくれた年配の女性に会いに行った。六〇歳代で、太っていて、とりわけ美人ではない。それに、警戒心が非常に強い。いつ会っても生活には満足しているようだったが、私はもっと知りたいと思っていた。その女性は高い建物の二階に住んでいた。歌や踊りが披露できる比較的小さな場所があり、奥のほうには数部屋ある。大きな家ではないが、自分のコーターがあり、他人に場所を借りる必要がないことに、満足していた。

ちょうど家にいた彼女は、私の訪問がうれしそうだった。私は枕を背中にあて、床に敷いた白いシーツの上に彼女と座った。娘のうち家にいたのはミーナーだけで、もう一人の娘は、客に会うためホテルに出かけているという。私が「どうされていましたか」と礼儀正しく尋ねると、予想以上に詳しい話を聞くことができた。

「これ以上、いまの生活に望むことはありません。私は神様が慈悲深くしてくださっている女だと思いますよ。思いつくかぎりのものは、何でも持っています。この年になっても、この地区でもっとも満たされている女の人のうちの一人だと思いますよ」

「『何でも』って、どんなものですか」

「私は若いころ、売春婦としてうまくいっていました。カンジャルの出身ですしね。ここには、神様が禁じているというのに、ミーラーシーやドームニーの女もいますけど。母さんの言うとおりにしました。神様のおかげで、二人の娘を授かりましたし、二人とも私の言うことをちゃんと聞いて、よくやってくれていますよ」

そして、キンマの葉の入った缶を取り出し、湿ったキンマの葉にライムを置いてパーンを作りながら、続けた。

「フォージアさん、いまの時代、従順な子どもたちをもっているのは奇跡ですよ。うちの娘たちはよくやっています。昨日もね、師匠にバラエティーショーに連れていってもらって、二〇〇〇ルピーずつもらってきたんですよ。文句を言う母親がたくさんいるかもしれないけれど、私はそんなこと言いやしません。それほど悪い金額ではありませんよ。神様がくださる稼ぎに、つべこべと言うべきじゃない」

出来上がったパーンを手渡されたが、丁重に断った。

「私はたしなみませんので、どうぞ」

彼女は口の片側の奥深くにパーンを入れて、話を続けた。

「お客さんにも、師匠に対するのと同じように接しています。料金でもめたり、客引きとけんかしたりする人がいますが、私はしません。差し出されたものをいただくだけです。神様が与えてくださったお金を受け取らないのは罪です。欲にはきりがありませんからね。病気みたいなものですよ」

「この家には、他にどなたが住んでいらっしゃるのですか」

パーンが口に入っているせいで、聞き取りづらい言葉に耳を傾けながら尋ねた。

「私、二人の娘、それから夫。使用人は雇っていません。夫は家事が上手なんでね。料理でも何でもできる夫を神様が与えてくださった。夫は、私がベッドから足を下ろすことさえ、させてくれませんよ」

「いつごろ、ご主人と結婚されたのですか」

「神様のおかげで、上の娘が一三歳のときです。二番目の娘は、とても貧しくて育てられないという家族からもらいうけました。夫は娘たちにもとてもよくしてくれます。まったく神様のおかげですよ」

「ご主人はシャーヒー地区のご出身ですか、それとも外の人ですか」

「亭主は、いろんな人たちのところで働いていました。ムジュラーで出会って、ほれられたんです。私、昔はとても美人だったんですよ。神様が美しい顔をくださって。仕事はうまくいっていました。亭主と付き合うようになり、上の娘の結婚が決まったときに、私も身を落ち着けようと思いました。うちの人は本当によく世話してくれます。頭痛がするときは、夜通し頭をマッサージしてくれる。娘たちの服を全部洗い、買い物にも行ってくれる。私はいい選択をしたと思っていますよ。神様のお恵みです」

私はシャーヒー地区の男性の役割について興味があったので、さらに聞いてみた。

「ご主人は、娘さんたちのお客さんとの交渉にもかかわられるのですか」

「ときどきですね。他の町に行かなければならないときに、ときおりいっしょに行きますけど、たいてい家事が忙しいから、お客さんとかかわる時間はありませんね」

「では、お客さんを連れて来るのはどなたですか」

私はずばり聞いた。

「お客さんは、神様が連れて来てくださいますよ。神様がすべてのものを創造し、与えてくださる。お互いに食べ物を分け合っているから、すべての生き物が生きていけるんです。それが自然の法則ですよ。野良犬だって、野良猫だって、食べている。すべての人間は、生きるためのなんらかの手段を与えられているんです」

「そうですね。神様が生きるための手段や糧を与えてくださっているんですね。でも、私がお聞きしたいのは、お客さんを連れて来るのは、この地区の男性なのか外のエージェントなのか、ということなのですが」

「シャーヒー地区は、開かれた市場です。誰でも来ることができます。娘のナトのために、いい申し出を探していたときには、エージェントを使いました。その男がここの出身だと知っていましたからね。私はここの人を信用しているので、よそ者には頼りません。私の友達の甥でね、いい男でしたよ。お金に困っているときには、いいお客さんを連れて来てくれる。親切心からではないですよ。いいお客さんを連れて来たら、分け前がもらえるからです。でも、お客さんが自分たちで階段を昇ってこのコーターに来たときは、私たちは誰にも支払う必要がありません。神様に感謝するだけです。私は絶対にお客さんを断ったりしません」

そして、もう一つパーンを作りながら言った。

「これは、フォージアさんのようなモダンな女性のために特別に作った甘いパーンです。断らないでくださいよ」

私は彼女の手からパーンを取って、口の中に入れた。彼女は部屋の隅へ歩いて行き、そこに置いてある痰つぼをつかみ、つばを吐くと、筒型の枕のところに戻って来て、心地よさそうに座った。

「ほとんどの若い男たちは、ここから出て行ってしまう。とても残念なことです。ここに残った者のなかには、何をしたらよいのかわからない男もいます。客引きになったり、ビデオショップなどの商売を始めたり。私たちのビラーダリーの男たちには、音楽家とあまり親しくさせないようにしているんですよ。音楽家たちも生活しなければなりませんから、文句は言えません。私はいつも彼らに対して率直に接していますから、音楽家と問題になったことはありません。娘たちは、バラエティーショーにしょっちゅう行きます。私がいっしょに行くのを音楽家たちは嫌がりますけど、ちゃんとしたムジュラーのときには、少なくとも二〜三人は行きませんとね」

「それは、どなたですか」

「ときどき友達を連れて行きます。マネージャーは一人よりも多いほうがいいんですよ。お客にだまされないように。亭主も連れて行くことがあります。役に立つんです。身長が一八〇センチもあるし、体格がいい。脅しになるんですよ」

私はライラーの家族について尋ねようと思った。

「ライラーのお母さんもパンミーのお母さんも、娘さんたちにいい話を探していらっしゃいますね。どうして、そんなにむずかしいのでしょうか。客引きに頼んで、いいお客さんを探してもらえないのでしょうか」

「私の知ったことではありませんね。ライラーの家族について詳しくは知りませんけれども、母親も息子も一生懸命探しているようですね。結婚するころには、娘は年をとってしまっているでしょうよ。でも、私は何も言える立場にはありませんから。パンミーは、私たちと同じビラーダリーではなく、低いカーストなんです。そんな人たちには、守るべき決まりごとがないですから。もし娘が望むなら、路上に立って商売させることだってできますよ。私たちのビラーダリーでは、考えもつかないことです。伝統があり、一族の面目もある。だから、行動には注意しなくてはいけません。この商売に新しく入った人たちは、この職業の伝統について何も知らないんですから」

彼女と話しながら、私はシャーヒドのことをずっと考えていた。子どものころは、どんなふうだったのだろう。家族のなかで、どういう立場にいたのだろう。長い出張とは、どこへ行っていたのだろう。本当に雇われているのだろうか。ミーナーの母が「ライラーの母親も息子も一生懸命に探している」と言ったのが、気になった。シャーヒドも、この商売になんらかの形でかかわっているのだろう。そうでなければ、ライラーがあれほどまで気にしないだろう。彼女が怒っているときは、父と祖母の両方が対象だ。シャーヒドはカイスラといっしょにコーターの経営をしているにちがいない。

ライラーの父の驚くべき申し出

私はミーナーの母に「次はご主人に会いにうかがいます」と約束して別れを告げ、ライラーの家へ向かった。シャーヒドとカイスラは居間にいて、私が戻って来たのを喜んだ。私はシャーヒドと向かい合ってソファに座る。

「国立民俗伝統遺産研究所にお勤めなのですね」とシャーヒドは言い、「名刺をお持ちですか」と聞いてきた。私が取り出して渡すと、さらに「組織というのはふつう、雇用者に身分証明書のようなものを出していますよね」と詰め寄る。私を確かめようとする行為に思わず言葉を返しそうになったが、冷静を装い、財布から研究所の身分証明書を取り出して渡した。シャーヒドは端から端まで注意深く読んでから私に返し、いろいろと質問し始めた。

「研究所にはいつからお勤めですか。お父様は何をされているのですか。イスラマバードのどこにお住まいですか」

私は我慢した。シャーヒドのすぐ横に座っているカイスラが耳を傾けて聞いていたからだ。シャーヒドはカイスラが話したことを残らず確かめていて、カイスラはそのテストに合格しなければいけないかのようである。ようやくシャーヒドが満足したところで、私も質問を始める。まず名刺を求めた。それには、肩書きが書かれていなかったので尋ねた。

「どんなお仕事をされているのですか」

「マーケティングです」

私に対する「捜査」を終えた後は、リラックスして、かなり親しみやすい感じになっていた。

「ライラーが、紅茶をお飲みにならないと言っていましたが」

私はあまり親しげなそぶりは見せないようにと、真剣な顔つきで答えた。

「ええ。そのとおりですわ」

シャーヒドが「ライラーはどうしているんだい」とカイスラに聞くと、「昼寝さ」という答えだった。シャーヒドは椅子の前のほうに座り直して、私に近づいた。

「みんなフォージアさんのことをとてもよく言っていて、信頼しているそうです。そこで、提案があるのですが」

「ええ、何でしょうか」

何かが起ころうとしていると感じた。「ライラーともう会わないようにしてくれ」「二度と家に来ないでくれ」「調査の一部として一家から集めた情報を出さないでくれ」などと言われるのではないだろうか。しかし、それは取り越し苦労にすぎなかった。私はまったく予期していなかったことを告げられたのである。

「私はあちこちまわっていますから、現実の世界を知っています。私たちの商売の客が何を求めているのか、よくわかっているので、いつも私が交渉をしています。あいにく、うちの娘たちでは客の要求に応えられません。教養のある女の子がこの商売には必要なんです。わかっていただけますか」

懸命に耳を傾けて、何が言いたいのか理解しようと努めた。

「うちの妹たちや娘たちには教養がありません。カレッジに行っても、十分ではないのです。レベルの高い客は学があり洗練された女性を望んでいるのですが、うちにはそんな娘がいません。私たちをちょっと助けてくださらないかと思っているのですが」

驚きで目の玉が飛び出しそうだった。

「フォージアさんは、いろいろなご友人を多くおもちでいらっしゃる。英語が堪能な若い女性もたくさんご存知でしょう。英語が話せる女の子を望む客は多いんです。本当ですよ。政治家やビジネスマンなど、これまでと違った客層の人たちで、いいお金になるんです」

私がカイスラを見ると、不安げな様子だったが、私の表情を読み取り、すぐに会話に入ってきた。

「あんたにお願いしているわけじゃないんだよ。いとこさん、お友達、お知り合いのなかに、誰かいないかね。アルバイトとして」

私は深く息を吸って、気持ちを鎮めた。

「私はここで調査をしています。お商売については、まったく関心がありません。そういったことを私に期待しないでいただきたいと思いますわ」

この返事を聞いて、シャーヒドは椅子に深く座り直した。私がきっぱりと断ったことにひどく驚いたようで、カイスラを見た。二人は事前に周到に話し合っており、私が同意するだろうと思っていたようだ。彼らの商売がうまくいっていない状況なのだから、こんないい話を断わる人がいるとは考えられなかったのだろう。

やがてシャーヒドが口を開いた。

「『いますぐ、結論を出してください』と言っているのではありません。ちょっとお金を稼ぎたいというお友達がいらっしゃるかもしれません。今日のところは、ここまでにしておきましょう」

ライラーの実の母親

実母ジャミーラの生い立ち

ライラー一家の物語全体を知るために話を聞こうと、一週間ほどライラーの実母ジャミーラのまわりで機会をうかがっていた。話をするためには、外部の者は通常立ち入ることが許されていない家族の私的な空間に入り込まなければならない。ジャミーラが出て来ることはまずなかったので、私が行かなければならない。そのころには、ライラー家のどの場所に私が入っても受け入れられる信頼関係ができていた。

コーターと居間から私的な空間を隔てるカーテンは古く、その機能を果たしているとは言いがたい。奥のほうは暗くごたごたしていて、臭いがし、使い古された様子だ。カーテンのすぐ後ろは、長いバルコニーに続くドアがある狭い部屋だった。片側の壁際にはベッドが、反対側の壁際にはチャールパーイーが置かれている。壁は映画女優のポスター、古いカレンダーから切り取った絵や写真で覆われ、テレビとビデオが片隅にある。建物の中庭を取り囲むように造られたバルコニーではさわやかな空気が吸えたが、この部屋は風通しが悪く、かなり暑い。

カイスラは、五階建ての建物のうち、二階の道路に面している半分を家族のために使い、それ以外の場所をいろいろな人たちに貸していた。道から階段で直接つながっている広いコーター、三つの部屋、小さな台所が家族が暮らしている場所だ。台所がジャミーラの主な生活空間である。一度きっかけをつかむと、ジャミーラはいとも簡単に私に心を開いてくれた。とても内向的で、控えめに見えたので、予想外だった。

「いろんな人の生活や、どんなことを感じ、何をしているのかについて、聞いていらっしゃるのね。私が苦労していることや、自分でも忘れてしまうくらい胸の奥深くしまっていることなど、お話ししたいわ」

ジャミーラはラホールの近くの小さな村の出身だ。職業カーストに属し、非常に貧しい家庭だった。父は、母に借金を残して亡くなっている。生活が苦しかったので、結婚適齢期の娘を母は重荷に感じていた。パキスタンでは、娘は経済的な負担と考えられていて、親はできるだけ早く結婚させようとする。

こうしたジャミーラ一家の困難な事情をシャーヒー地区の人をとおして知ったシャムサが、母親に会いに来た。自分の息子との縁談をもちかけたのだ。娘を嫁がせるのは、大きな負担である。娘とともにダウリー(1)を相手の親に渡さなければならない。シャムサは夫を亡くしていることに同情を示し、「ダウリーはけっこうです」とはっきり言ったので、ジャミーラの母は安堵し、自分も娘も運がよいと考えた。村の人たちも「ジャミーラが幸運をもたらした」と、祝いの言葉を述べた。シャムサ一家の素性について知る者は一人もいなかったのだ。ジャミーラがどんなところへ嫁ぐことになるのかまったく知らないまま、簡素なお祝いの儀式と神へ感謝の祈りを捧げる結婚式がとり行われ、シャムサはジャミーラをラホールに連れて行った。当時ジャミーラはまだ一五歳で、村の外へ出たことがなく、自分がどんなところにいるのかわかるまでに、数日かかった。だが、母を訪ねることは許されなかった。

数カ月が過ぎたころ、母は娘が幸せにしているかどうか見に来た。娘から何の連絡もなかったからだ。そして、娘が売春婦の家に嫁いだことを知り、悲しみで打ちのめされた。とはいえ、自分自身が生きていくのも大変だったため、どうしようもない。さんざん泣いたあげく、自分と娘の悪運をののしって立ち去り、二度と訪ねては来なかった。ジャミーラは母親に大きな期待を抱いていたわけではなかったが、唯一のかすかな希望も失ってしまった。それでも、自分自身の苦労に加えて、生涯続くであろう苦しみを母に与えてしまい、申し訳なく思った。

ジャミーラの夫シャーヒドは当時一八歳で、彼女に何かしてくれるには若すぎた。そもそも、夫ではなくシャムサが彼女をここに連れてきたのだ。そのうえ、カイスラも義理の母のように振る舞ったため困惑した。一日中、母たちの指示をこなし、夜遅くにならなければ夫には会えない。呼ばれることがないかぎり、居間には決して来ないように、シャムサに言われていた。

「パルダを守るように。(2) 決して商売はさせないよ。あんたは、義理の娘として家族の誇りだ。家事をして子どもを生み育てるのが役目だよ」

義理の妹のキランは、シャーヒドの実の妹で、同じく養子だ。ジャミーラは、夫の実の親について何も知らされていない。義理の母たちは、彼女に対して非常に厳しかった。「生き残りたければ従順にすべきだ」と頭にたたき込むためだろうと、ジャミーラは考えた。二人の言わんとすることは、あまりにも明らかで、彼女の話に耳を傾けてもらえることはない。感受性が強い年ごろだった彼女は、ほとんど話さなくなった。二人の母は王様のように振る舞い、シャーヒドはまるで召使のようだった。

一家は最初の娘ボビーの誕生を、石油ランプをともし、親戚にお菓子を配って、盛大に祝った。音楽と踊りを夜通し続ける大きなパーティーも催した。姉妹はジャミーラをさしおいて、まるで自分たちの娘であるかのように赤ちゃんの誕生を祝ったのだ。一方、ジャミーラは祝いの席に参加させてもらえないばかりか、出産直後にもかかわらず、食事の準備から洗い物までするように命じられた。

役目は女の子を産むこと

その一年後、シャムサとカイスラ姉妹は仲たがいをし、シャムサはパキスタンを去ることに決めた。いろいろな話を聞いたが、彼女がある客と恋に落ち、その男を追ってロンドンへ行ったという説が一番もっともらしいと思われる。シャムサはロンドンへ行く前に、父親から相続して姉妹が住んでいた大きな建物を二分する壁を造らせた。そして、シャーヒドとキランは自分の子どもだという理由で、そのうえ孫娘のボビーもいっしょに連れて行くことにした。重要な財産を残していきたくなかったからだ。行き場のないジャミーラは、ラホールに残された。

経営者としての役割を担い始めていたカイスラは、自分のために働く家族がいなくなり、絶望した。売春婦としては年齢が高くなってきていたため、そう長くはできない。シャーヒドにときどきパキスタンに戻って来るように約束させた。幸運にも、シャーヒドが去る前にジャミーラは妊娠し、今度も女の子を産んだ。「この金の卵は自分のものだ」と感激したカイスラは、ライラーと名付けた。ボビーを失った苦しみは多大であったが、これで再び希望がもてる。カイスラは「ライラーを実の娘として育てる」と断言した。若い女性の跡継ぎがいなければ、売春婦の生活は非常に不安定だ。年をとってから、路頭に迷いかねない。結婚するか、商売を続けるための女の子がいないかぎり、安定した将来は確保できないのである。

ジャミーラは、再び子どもを失ってしまった。一人目の娘はロンドンに連れていかれ、その後会っていない。二人目の娘は、世話こそできたが、実の関係は告げられない。自分の娘に関して何の決定権もなく、まるで娘の使用人のようだ。シャーヒドはときおりロンドンから帰って来て、毎年ジャミーラを妊娠させた。だが、カイスラがジャミーラとその子どもたちを養っていたので、親権をもっているのは明らかにカイスラだ。ジャミーラの役割は子どもを産むだけで、産んだ子どもたちはカイスラのものになる。

ロンドンへ行った当初、シャーヒドの入国資格は曖昧だった。後に移民申請を行ったとき、決定までに長い時間がかかった。手続きを早めるためにイギリス人女性と結婚したが、イギリス政府は偽装結婚だと見抜き、申請を却下し、パキスタンに強制送還した。シャーヒドが帰ってきて、カイスラは喜んだ。商売を行うために助けが必要だったからである。ライラーがまだ修行中の間、カイスラは他の踊り子にコーターを使わせて商売を続けていた。シャーヒドはロンドンで客引きとしての経験を多少なりとも得たので、地元の客引きよりうまくやってくれるだろうとカイスラは期待していた。それに、もっと子どもをつくってくれるだろうとも。一家の将来を確実なものにするためには子どもが必要なのだ。

ジャミーラにとって不幸なことに、シャーヒドは粗暴で、父親としての責任感もなかった。それでも八人の子どもを産み、四人の娘と二人の息子が育つ。ボビーとライラーは実の母親が誰なのか知らなかったが、他の子どもたちには自分が実母であると告げていた。しかし、その子どもたちも、まぎれもなくカイスラのものである。

明らかになった親子関係

若い売春婦は通常、小学校か、せいぜい中学校まで行く程度だ。女の子が学をつけすぎると、売春婦になるのに必要以上の知恵を得てしまうと考えられているからだ。だが、時代は変わってきている。競争が激しい赤線地帯で生き残っていくためには多少の教養が必要だと、カイスラとシャーヒドは考え、ライラーをカレッジにも二年間通わせた。仕事を始めるように言われたライラーは当初、激しく抵抗した。カレッジで一般社会の道徳観について知る機会を得たためか、一〇代の子どもにありがちな反抗期のせいだったのかは、わからない。いずれにせよ、彼女は厳しく管理されるようになる。

シャムサはロンドンから一時帰国したとき、ライラーとカイスラがもめているのを見て、「カイスラは甘すぎる」と腹を立てた。どれほど自分が商売上手なのか、ビラーダリーの人たちに示したかったシャムサは一時的に経営を肩代わりし、「ライラーの反抗的な態度を変える」と明言した。そして、ライラーの気分に振りまわされているジャミーラを叱責する。「必要最小限しか、ライラーに話しかけません」とジャミーラは誓ったが、シャムサは怒りのあまり、ライラーも含めてすべての子どもたちといっしょにジャミーラを母親のもとへ帰した。

対応できうる範囲を越えた危機的な事態に直面したライラーのなかで、何かがこなごなに打ち砕かれてしまった。このとき、実の母親が誰なのかを知った。実母を裏切っていたかのように感じ、誰もが使用人のように扱っていたジャミーラを気の毒に思うと同時に、後悔もした。甘やかされて育てられていたライラー自身、ときには乱暴な態度をとっていたのだ。自分の世話をし、愛してくれていると思っていた人たちのひどい振る舞いを知り、徐々に実母に対する気持ちが強くなっていく。

ジャミーラたちが母親のところに到着すると、家はなかった。彼女はある家族の使用人として働き、ベランダの片隅に寝ていた。お金をほとんど持っておらず、食事は雇われていた家族からもらっているという。いっしょに暮らすわけにはいかなかった。しかも、慣習上、嫁がせた娘とその子どもたちを住まわせるのは問題で、体面を喪失することになる。南アジアでは、この慣習をよくもち出して、義理の親が嫁に言うことを聞かせようとする。シャーヒドは、この件についてほとんど何もできなかった。単に子どもを産ませる役割しかなかったのだ。

ジャミーラ、ライラー、弟や妹たちは、村の遠い親戚のもとで一夜を過ごし、翌日帰って来た。ジャミーラはライラーに説明した。

「言われたとおりにする以外、選択肢はないのよ」

ライラーは売春婦になるのが嫌なのか、祖母や父の言いなりになるのが嫌なのか、自分でもよくわからなかった。後者のほうだと思ったが、性の商売にかかわるのも問題だと感じていた。社会が売春婦を認めていないし、自分の素性をいつも隠さなければならないのも気に入らない。一方、シャムサは自信満々で、商売は再びうまくいき始める。シャムサはカイスラにこう言って、ロンドンへ帰って行った。

「経営とはある種の芸みたいなもので、もっとうまくならなければいけないよ。生活していくためには、働かなければならないんだ。じっと座っているだけじゃ、金は入ってこない。一生懸命働いてこそ、金が稼げる。どうして努力しないんだい。努力すれば、神様がちゃんと稼ぎを与えてくださるんだよ」

ライラーの気分には浮き沈みがあったが、以前より実母の肩をもつようになった。この態度の変化はジャミーラを使用人のように扱っていた弟や妹たちにも影響し、母として敬うようになる。

ジャミーラは、自分の将来について深く考えていなかった。彼女の人生は、非常に複雑な関係のなかで、この家族と絡んでいる。家族といっしょでなければ生活はできず、他の選択肢はない。出て行くなど考えたこともない。神はなぜ、こんな運命を自分に与えたのだろう。故意に人を傷つけたことなどなく、ずっと人に仕えてきた。それなのに、知っているのは、侮辱と虐待に加えて、家族のために料理、洗濯、掃除をすることだけ。家の中の三部屋のみが生活の場であり、死ぬまでそこにい続けるのだろうとジャミーラは思っていた。

シャーヒー地区の男性たち

カンジャルとミーラーシーの男性の社会的な地位

ライラー一家では、実父のシャーヒドは祖母のカイスラへの助言者のような立場だが、責任者は間違いなくカイスラである。シャーヒドは、アルバイトで売春をする英語が話せる女の子を探してほしいと私に頼んでからすぐに、再びいなくなった。「どこに行かれたの」と聞いても、誰もはっきりと答えられない。あるいは、答えようとしなかったのかもしれない。ただし、明らかにカイスラは、私に対して以前より親密な態度を示すようになった。あんなことを頼んでばつが悪かったのか、いつか私との関係が実を結んで商売の助けになるとでも思っているのかはわからなかった。

そのころから、シャーヒー地区の男性についてより詳細に調べることにした。男性は、とくにカンジャルの家族では、二級市民のようである。商売や赤線地帯の伝統的な仕組みに関するかぎり、女性が取り仕切っている。だが、よく観察してみると、権力を手に入れようと忙しくしている政治的な人物は男性なのだ。地元や州の政治にかかわっているカンジャルの女性は、ほとんどいない。地区外の社会とかかわる事柄は、数人の男性が行っている。

この地区の人びとが伝統的に二級市民として扱われてきたことに対して戦い、権力闘争の術を学んできた。その一人が、以前にインタビューしたマフムード・カンジャル氏である。

これに対して、ミーラーシーの間では男性のほうが女性より上であり、一家でシャーヒー地区に住んでいる家族がごく少ないため、男性が中心である。地区内の社会的地位では、ミーラーシーの男性のほうがカンジャルの男性より低いと考えられている。しかし、地区外ではそうとも言えない。ミーラーシーの男性がバラエティーショーという新しい商売を牛耳っていることに示されるように、外の世界との交渉ごとに熟達してきたからである。

バラエティーショーとミーラーシー

ある日、カイスラはとても機嫌がよかった。ライラーが、前夜のパーティーでよくやったからだ。笑顔で出迎えられ、私を二回抱きしめて、「何が飲みたい、何が食べたい」と何度も聞いてきた。たわいのない会話の後、私は売春業の経営状況に関する変化を話題にする。まずバラエティーショーについて尋ねた。

「それは新しいことさ。以前はムジュラーをやってくれと、伝統にのっとった正式な招待状をもらっていたものさ。いまでは、安っぽくなってしまったもんだ」

以前はどのように行われていたのか、私は説明を頼んだ。カイスラは、壁に貼っている白黒のポートレート写真を見つめ、微笑みながら話した。

「結婚式などの催しにムジュラーをやってほしいと正式に頼むためには、踊り子の親かコーターのナーイカと連絡をとるのさ。それから、ナーイカは値段の交渉をする。交渉は礼儀正しく行われたものだよ。ナーイカは自分たちが決めている料金を主張するけど、ちゃんと話をした。最近の腐った成り上がり連中みたいな商売のやり方とは違う」

「それってミーラーシーのことですか、それとも客引きのことですか」

「ミーラーシーは、バラエティーショーを企画するエージェントのようになったね。『これだけ払うけど、やるの、やらないの』って言ってくるんだよ。『他にもやりたいっていう踊り子が山ほどいるんだけど』だって。まるで私たちのご先祖様に施しをしているかのように、話をもってくるのさ。やつらは、私たちにからからに乾いたパンを食べさせて、生きているんだよ。私たちの玄関で食べ物をもらう犬のようだったのに。いまじゃ私たちを乞食のように思って、娘たちを雇っているんだから。『どうする。さあ、どうするんだい』だって。たわけ者が」

カイスラは男性のような声を出して、ミーラーシーをまねて話した。ミーラーシーに対して腹を立てると同時に、カンジャルが商売の中心でなくなってきたことに大きな憤りを感じているようだ。

「この間のパットーンキー町でのバラエティーショーで、師匠がライラーにいくら払ったか知っているかい。たった二〇〇〇ルピーだよ。あいつらは料金の交渉をしないんだ。まったく腹が立つよ。渡された金額を受け取るしか能がないんだから」

カイスラは背筋をピンと伸ばし、何度も胸を叩きながら誇らしげに言った。

「私たちは由緒正しきカンジャルだよ。お金のためにこの商売に飛び込んできた、そこいらの連中とは違うんだ。何代もこの仕事をやってきて、伝統を引き継いでいるんだ」

ムジュラーとカンジャルの女主人

カイスラがプライドをもって仕事をしていることを十分に理解したうえで、私は丁重に尋ねた。

「ムジュラーが正式に行われていたときには、どんなふうに交渉されていたのですか」

「仲介人を通じてさ。客引きか経営者が人をたてて、主催者と非公式に話をさせるんだ。それぞれの言い分が目の前で拒否されて、決まりの悪い思いをしなくてすむようにするためだよ。たとえば、私の娘たちへのムジュラーの招待状が、私のもとに届いたとするだろ。そうすると、姉が出向いて話をするのさ。『では、妹と相談させてください。ラホールからあまり遠いところでは、ムジュラーをしないことになっておりますので』と言って、帰って来る。そして、私に話の内容を伝える。姉は料金の交渉にも重要な役割を果たすんだ。料金を上げるために、こう言うのさ。『これでは、妹は了承しないでしょう。これくらいにしていただければ、ご招待をお受けできるように私から話をしてみます』とね。

それから、姉は娘たちのことをもち上げるんだよ。大地主のお宅でムジュラーをして、たいへん喜んでもらったとか、歌がとても上手だとか。こんなふうにして、姉は自分が主催者側に付いていて、いい取引となるよう最善の努力をしているふりをする。でも、本当は私たち側の人間というわけさ。つまり、交渉を礼儀正しく慎み深いものにして、誰の顔もつぶさないようにしていたんだよ。ところが、最近の若いやつらは取引のやり方を知らない。ただ演奏がうまいだけだよ。相手の頭を金づちで叩くような交渉をやるんだから」

私は笑わずにはいられなかった。身振り手振りに加えて物まねまでして、こんなに一生懸命伝えようとするカイスラを見たことがなかったからである。

「商売について、ここまであけっぴろげに話したことはないよ。取引の秘密を話す人はいないからね」

「そうですよね。ところで、男性が仲介役となることはあるのですか」

「もちろんさ。コーターの経営者側の者なら誰でも。人をとおして話がくるときがあるんだ。その場合、その人が男であろうと女であろうと、仲介役になって仲介料をもらうんだ」

「それでは、いまはどうして招待状が音楽家のところへいくようになったのですか」

「誰も昔のように本式のムジュラーをやらなくなったからさ。テレビで見るようなバラエティーショーがいいのさ。音楽、お笑い、踊り、それにつまらない舞台ショーなんか。本当のムジュラーを楽しむ時代は終わったね。以前は何時間もの間、音楽と美しい踊り子の踊りを楽しめる舞台ができた。ムジュラーはとても複雑で、一曲、一曲積み上げて舞台をつくっていくんだよ。客の気持ちを昂揚させたり、沈ませたりして、コミュニケーションをとっていき、終わるころには踊り子の虜にさせる。相手を出し抜こうと考えている芸人が次々と入れ替わって出てくるショーのなかで三分間踊って、そんなことができるわけないだろ。まったくばかげたショーだよ」

客引きの役割

次に、客引きについてカイスラに聞いてみようと思い、何気なく尋ねた。

「客引きの役割とは何ですか」

すると、私の質問に驚いたようで、「どういう意味だい」と聞いてきた。

「つまり、客引きはムジュラーやバラエティーショーの招待状をもらわないのですか。どんな人たちで、何をしているのですか」

「それは別の話だよ、フォージア。音楽家たちに対していろいろ文句を言ったけど、彼らはとても賢いと言わざるをえない。興業させてくれる客たちと独自につながりを築こうとしているからね。だから、ますます商売の鍵を握ってきているのさ。私たちに話はもってくるけれど、音楽家が客と交渉する。だから、お金を儲けているのは連中、私たちはただの労働者。やつらに雇われて、言われるがままに賃金をもらうだけさ」

「商売の主導権を握られているというのに、どうして取引を受け入れるのですか」

「このくそ商売はね、生活するのがやっとなほど、とても悪い状況になっているんだよ。バラエティーショーの客のなかから、私たちの商売の客になってくれる人が出てくるかもしれないと思って、やっているのさ。他にどうしようもないんだ。音楽家たちの言うことは本当だよ。もし私が断ったら、他の誰かが飛びついて受け入れるよ。落ち目になった私たちにつけこんでいるのさ。もっと賢ければ、この商売の主導権も握ってしまうだろうよ」

「でも、ムジュラーはまだ続いているのでしょう。それとも、もうバラエティーショーの話しかこなくなってしまったのですか」

「そんなことはないね。ムジュラーへのお呼びもかかるよ。だけど、ほとんどの仕事はビジネス界の個人客からで、ムジュラー以外だね。残っている客には、できるだけのことをしているよ。いいお客はみんなグルバルグ地区へ引っ越していった女の子たちに取られてしまったからね」

「お商売に客引きやエージェントを使っていらっしゃるのかしら」

カイスラが本当のことを教えてくれるほど率直かどうかわからなかったが、もう一度聞いてみた。彼女はあたりを見まわし、体を起こして、きっぱりと言った。

「使わないよ。私は神様を信じるのみさ。神様が送ってくださるものを受け取るだけ。だから、どこにも行かないのさ。ここに、この建物を持っている。どこへ行こうって言うんだい。この建物を残して出て行けるかい。こういうご時世だからね、人に貸して他の場所に住んだら、のっとられてしまうのがおちだよ。いまどきの人がどんなだか、あんたは知らないだろうけどさ。誠実さなんて、どこかへ消えてしまったよ。私はどこへも行けないんだよ。家族と私が生きながらえ、生活の糧をくださる神様を信じるしかない」

カイスラは椅子から立ち上がった。どうやら、客引きの役割については話したくないようだ。家の奥に入って行き、数分後に何枚かの写真を持って戻って来て、私の前に置いた。カイスラと姉のシャムサの白黒写真だ。

「この写真を見てごらんよ。私たちの上品なこと。商売についても、商売のちゃんとしたやり方についても、理解していたよ。その壁に貼ってある映画に出ている娘たちを見てみな。ああ、下品なやつにはへどがでるよ。シャーヒー地区一番の娘たちであるべきなのに、低俗ったらありゃしない。私は生きていくのに、こんなに苦労するとは思いもしなかったよ。映画に出るために、この娘たちが監督やプロデューサーとやっているのと同じことをするのはむずかしい。でも、そうしなければ、死と手を握ることになりかねない」

「ライラーを映画界に入れたいのですか」

「この家のここに座って、まともな暮らしがしたいだけ。ただ、それだけさ」

客引きについてあまり話したがらないので、もう一度尋ねた。

「他の人たちは、いいお客さんを得るために、客引きとどうやって連絡を取り合っているのかしら」

「私は家から出ないからね。他の人がしていることは知らないよ。そんなふうに育っちゃいないからね。自分の家族のことだけ考えて、他の人たちを訪ねまわったりしないように言われていたんだ。あんたがここに来てからもう何カ月にもなるけど、私が出かけるのを見たことがあるかい。誰かを訪ねて行ったのを見たかい。私は外へは出かけて行かないのさ。だから、他の人たちのことはわからないよ」

私はシャーヒドが果たしている役割についても聞きたかったが、今日はこれで十分だと思った。カイスラが話さなくなるのを避けたかったからだ。どうやって商売を上向きにしたのかについては、あまり話したがらないようだった。ただ、シャーヒー地区に残ると決めたうちの一人だという点については、正直に語ってくれた。

新たな客引きの役割

シャーヒー地区の状況が良くなるという望みをずいぶん前に捨てた家族は、カイスラ一家を含めてたくさんいる。警察の嫌がらせに飽き飽きするなどさまざまな理由で、多くの家族はグルバルグ地区へ引っ越していった。映画界に入る機会を得た家族は、たいていシャーヒー地区との目に見える関係を絶とうとする。一般社会で生まれた新しい映画スターとして、売り出したいのだ。そんなふりをするのは、同僚や映画業界の人ではなく、ファンや一般の人びとからの圧力のためである。音楽と踊りが組み合わされた伝統的な売春の形態を維持するのが面倒になり、コールガールという競争が激しいビジネスをあえて選び、出て行った家族もある。私はシャーヒー地区からグルバルグ地区へ引っ越して、転身した数家族のその後についても調査していた。このような家族がもつエージェントのネットワークや客引きからの支援は、カイスラの商売の仕組みよりはるかに完璧だ。売春婦も経営者も女性なので、おおっぴらに客を取ることがむずかしい。だから、客引きが非常に重要な役割を果たしているのだ。

グルバルグ地区に住む売春婦の家族では、客引きが新商売の中心人物である。教育を受けたコールガールは、客引きを仕事のパートナーとした関係を維持できるが、客引きに頼り切っているコールガールは言いなりだ。ナーイカと客引きとの力関係は微妙で、しばしば上下関係が入れ替わる。決定的な権力争いになる可能性を秘めながらも、表面上はパートナーとしてだいたい良好な関係を装っている。

ただし、その関係は両者の性格による。客引きは一つないし複数の家族に対して定期的に客を斡旋し、グルバルグ地区のカンジャル一家と家族同様の付き合いをしてもらっているが、全幅の信頼はおかれていない。一方、シャーヒー地区のカンジャルの家族や伝統と関連がないラホールのさまざまな地域にあるいわゆる買春宿では、力関係はまったく異なり、客引きがマネージャーである。

コールガールの客には、政治家から小さな店の経営者まであらゆる男性が含まれる。男たちは客引きがいると知られている郊外のいくつかの場所に行ったり、売春目的で道に立っていると思われる女性と接触したりする。西欧の国々ほど公然と知られてはいないが、客を待つ売春婦がいるとされているバス停や市場がいくつかある。

シャーヒー地区には、男性客は通常グループで訪れる。どの女性にするか決めると、たいてい昼間に一人で戻って来る約束をする。もっとも、友人たちから一時別行動をしたいと言えば、だいたい別室が用意されている。音楽を聴きたいだけという理由でも、女性をいっしょに連れて来ることはない。厳然たる男性の遊びなのである。シャーヒー地区を訪れる女性は、友人とこの地区を探検したいという外国人旅行者か、ここで調査をしようとしている変わり者の誰かくらいである。

「客のほとんどは、自分たちでコーターを決めて入って来る」とカイスラが言っていたのは正しい。しかし、通りをうろついている客引きに頼る家族が多いことも、後から知った。人通りが多い街頭を客引きがぶらぶらと歩き、その筋の人だけにわかる暗号のような言葉で、「性的サービスを必要としているのか」と男たちに声をかけるのだ。

家の中の仕事をする男性たち

カイスラはパーンを作るため、「キンマの葉の入った箱を持って来ておくれ」と使用人のブーバーに頼んだ。ブーバーは、象の鼻のように頭を前に垂らして揺らしながら、一歩踏み出すごとに左右によろめいて歩く。カイスラは自分用に一つ作り、私にも勧めた。

「ブーバーはどこの人なのですか。それに、どうしてあんなふうなのですか」

「あんなふうって」

「そのう、ちょっとふつうには見えないのですが」

ブーバーが部屋から出たのを確認するために、ドアのほうを見ながら言った。

「ブーバーには霊がとりついているんだ(3)。子どものころから、あんな感じだよ。他の子どもたちによく殴られていた。でも、何もせず笑っているだけ。あの子は単純な人間なのさ。私の母方の遠い親戚のカンジャルで、ミーラーシーの男と結婚した娘の息子だよ。それがどんなに恥さらしなことか知っているだろう。家族の面目は丸つぶれ。ひどく傷いて、彼女に対して怒っていたよ。何とかしなくてはと、力づくで彼女を家に連れ帰った。でも、そのときすでにミーラーシーの子どもを産む直前だったのさ。ブーバーは無事生まれたけど、母親は死んでしまった。死んだのか、家族が葬り去ったのか、神のみぞ知るだけどね」

その親戚は数年ほどブーバーを育てたけれど、結局はいらない子どもだったんだよ。あの子を見ていると、母親に一家が恥さらしにされたのを思い出すからね。『息子がこんなふうなのは母親の悪行のせいだ』って。私の父は優しい人だったから、親戚から彼を連れて来て、ここでいっしょに暮らすようになったのさ。そのとき四歳だったね。母は『食いぶちが一人増えた』と腹を立てたけど、父は『ブーバーは娘たちのために働いてくれるよ』と言っていた。それ以来ずっと、ここで働いている。脳みそはないけど、家事はできる。簡単な伝言なら届けられるし、ジャミーラを手伝って野菜を切るし、市場にも行ける。四歳のときからやっているからね」

シャーヒー地区の男性の役割は、もう一つある。ブーバーのような男性が、ここにはたくさんいるのだ。なかには、ばかにされていることがわからない男たちもいる。ばかにされているとわかる男たちは、一人立ちするとすぐにここから出て行く。

コーターとコーティー・ハーナー

踊り子を育てるコーター

シャーヒー地区の変化に関する情報をさらに収集するために、私は地区の大物マフムード・カンジャル氏といっしょにコーターをいくつか訪ねる計画を立てた。カンジャル氏は同意し、「友人の客引きも一人いっしょに連れて行きましょう」と言った。そして、三人でカンジャル氏の家からコーターへ向かった。糊がよくきいた白いシャル

両替屋の男性

通りで花輪を売る少年

ワール・カミーズを着た二人の男性は、背中の後ろで手を組み、胸を張って歩いていた。誇らしげに体を揺らしながら歩く様子は、まるで自分の土地を視察しているかのようだ。身長一八〇センチもある男性二人と並んでいると、少し圧倒されるような感じがする。一五五センチと小柄な私は背筋を伸ばして、少なくとも三センチくらいは背を高く見せようとした。

　カンジャル氏の友人が、若い踊り子がいるメインバザール通り沿いの一階にあるコーターに連れて行ってくれるらしいと、カンジャル氏に教えられた。幅の広い階段を数段昇ると踊り場になっていて、幅が一・五メートルほどもある大きな両開きの扉がある。中に入ろうとすると、小さな男の子がさえぎった。きれいな花輪をかけた細い棒を持ち、カンジャル氏の上着を引っ張りながら言った。

「今日は僕から花輪を買ってくれるでしょ」

　カンジャル氏は微笑みながら「中に持っておいで」と言い、コーターへ入って行った。その後を彼の友人と私が続く。一二歳くらいの男の子が、コーターの客に両替をするための小額のルピー札がたくさん詰まったガラスケースを横に置いて、階段のそばに座っていた。踊り子を踊らせるために、支払おうと思っているお金の額から、時間配分をしながら小額の紙幣を客は投げる。一度にすべてのお金をばらまいてしまうと、楽しみが失われる。踊り子はお金を早くもらおうと愛情を示すポーズをとって、客からお金を得るのを楽しむ。報酬としてお金を受け取るというより、うまくお金を巻き上げるテクニックを見せられるからである。

三人目となる男性が私たちを迎えた。同行する二人ほど大柄ではなく、両端がカールした大きな口ひげをたくわえている。男は私たちにソファに座るように勧め、「歌手を呼んで来ますので、失礼します」と言って、出て行った。数分すると、別の八歳くらいの男の子が、通りの出店の店主からの使いで飲み物を持って来た。先ほど花輪を売っていた男の子が、中をのぞいている。コーターの中に入って来ようかどうしようかと、不安げな様子だ。カンジャル氏が男の子を見ている私に気付き、笑顔で呼んで花輪を一〇本買った。私に二つ手渡し、残りを自分の手首にかけた。お金をもらってうれしい男の子は、私に微笑みかけ、部屋の隅に座って、歌と踊りが始まるのを待つ。

やがて、せいぜい一三歳くらいにしか見えない色白で小さな女の子が連れて来られた。学校へ行っている子どもがおとなのまねをして化粧をしたような厚化粧。大きな目が、無邪気な顔をいっそう無邪気に見せている。薄ピンク色のシャルワール・カミーズを着て、ドゥパッターを両肩に広げてかけていた。部屋の中に入り、白いシーツが敷かれた床に座ると、ハルモニウム、タブラ、ナールを持った三人の楽師が、続いて入って来る。少女は私たちにあいさつをしたが、誰とも目を合わせない。シャーヒー地区で育ったのではなく、こうした場に慣れていないのが一目瞭然だ。あいさつの途中で、声が聞こえなくなった。私のほうを見てくれれば、微笑みかけて気持ちを楽にしてあげられるのにと思いながら、彼女を見ていた。

コーターの男が少女に「歌を始めなさい」と言うと、少女はこわごわ男のほうを見て、「何を歌いましょうか」と尋ねた。すると、男はいかめしい顔つきで大声を出して言った。

「何でおれに聞くんだい。お客さんに聞きなさい」

少女は私たちのほうを向いて、あいさつしたときのような小さな声で目を合わさず、「何を歌いましょうか」

と、繰り返した。カンジャル氏が、「ガザルを、いいガザルを頼む」と答え、「われわれの今日のお客さんはイスラマバードから来られて、音楽にお詳しい方なんだよ」とコーターの男に言うと、男は笑みを浮かべた。

少女は顔を上げずに歌い始める。手が震えていた。怯えている様子を見せまいと、ときどきつくり笑いをする。カンジャル氏はお札を何枚か投げたが、私は少女の前にお金を置く勇気はなかった。歌が終わると、私は立ち上がって少女の隣に座った。彼女が好奇の眼差しで私を見た。おそらく、少女に大喜びする大男たちには慣れているが、歌を聴きに来た女性は私が初めてだったのだろう。私が親しみをこめて、「とても上手だったわ」とほめると、少女はほとんど聞き取れないような小さな声で感謝の言葉を述べた。

「たくさん練習するの？」

私が尋ねると、少女は首を振って否定したが、コーターの男が答えた。

「もちろんですよ。毎日稽古させています。一生懸命稽古すれば立派な踊り子になれるのです。この子には師匠をつけて、定期的に通わせているんですよ」

私が少女に話しかけたため、男は私に対して神経をとがらせているだろう。「日をあらためて、彼女とお話してもいいでしょうか」と尋ねると、男はどう返事をしたものかとカンジャル氏のほうを見た。カンジャル氏は無表情のままで、男に決めさせようとしている。

「この子は起きるのが遅いし、長い時間稽古をしています。時間がとれないと思いますが、お望みなら後日お越しください」

男の返事から、少女と話をしてほしくないのは明らかだ。少女は下を向いたままである。カンジャル氏が、「もっとお聞きになりたいことがありますか」と聞いたので、「いいえ、結構です。失礼しましょうか」と答えた。

セックスだけが目的のコーティー・ハーナー

コーティー・ハーナーについては、年配のコーターのナーイカから耳にしていた。「客引きがシャーヒー地区の外から売春婦を集め、自分たちで商売をしているんだよ」と、客引きへの不満を言っているとき話に出ていたのだ。この地区での伝統的な売春は、家族と近い関係にある年配のナーイカが伝統に従って行っている。女の子たちが養女であったとしても、家族と同じように育てられ、歌や踊りが教えられる。彼女たちは、子どものころから売春業を見て育つのである。

カンジャル氏といっしょに訪れたような女性が経営する伝統的なコーターとは異なる方法で、客引きたちが商売をしている。生まれたときから育てるのではなく、すぐにでも働き始められる一〇代の少女をあちこちから集めて、この商売のために連れて来る場合が多い。経営者との血のつながりはほとんどない。伝統的な売春を行っている人たち、とりわけ年配の人たちは、こうした新しい形式のコーターをコーティー・ハーナーと呼んでいる。なかには、客引きが年配の女主人を置いて、典型的なコーターのように見せかけている場合もある。しかし、このような女主人にはほとんど権限がなく、客引きが決めた額のマージンをもらっているだけだ。伝統的な売春業の慣習を維持している人たちは、この新商売を嫌がっている。シャーヒー地区の外で行われている売買春の形態の傾向を反映し、音楽や踊りとはまったく関係なく、性欲を満たすことだけを目的としているが、シャーヒー地区では、あらゆる娯楽を提供していると主張する。

政府は、軽率にも伝統的な売春を抑圧することによって、コーティー・ハーナーを助長しているのかもしれない。伝統的な売春業の経営者は、商売が衰退していくにつれて伝統を重んじない粗暴な客引きたちが増え、彼らの羽振りがよくなっていると述べている。こうした客引きは、売春をしている少女を大切に扱わない。少ない経費で多くのお金を稼ごうと、少女から取れるだけ取り、彼女たちの将来を気にもかけない。使えなくなれば、お払い箱である。警察に見つかって商売を止めることになっても生き残れるように、目の前の利益を追求するシステムになっているのだ。客引きは別の少女を集め、新しい場所に移動して再び商売を始めるだけである。

このような客引きとは異なり、伝統的な売春業の経営者は、女性たちの面倒をできるかぎりみていると言う。一〇代初めで働かざるをえなくなったとしても、将来のための修行の一端だと考えられている。踊り子そして売春婦としてのキャリアが終わりに近づくと、経営者になるように教育し、それ以降も本人とその家族が生活できるような術、人脈、人材を与える。伝統的な売春業はいわば社会保障制度を提供しているのである。少女たちをかわいがり、特定の客を強要するようなことは決してないと述べている。

伝統的な売春の形態を維持したい人たちは、すべての娘を売春婦にしているのではないとも言う。一つの家族のなかで、売春婦の道を選ばない娘もいれば、ふつうに結婚して家を出ていく娘や、子どもを生み育てるだけで家の外には出ない娘もいる。老人や孫たちもいる。少女には家族とのつながりがあり、さらに親戚やビラーダリーから伝統的な売春の基準を保つための支援がある。

伝統的な慣習を引き継ぐカイスラの意見

ある日、カイスラと伝統的な売春の形態について話していたとき、若い売春婦が母親やコーターの経営者との間にかかえるさまざまな問題について尋ねてみようと思った。

「私が会った若い売春婦たちは、みんなが幸せというわけではなく、だまされて売春業に引き込まれたと思っている人もいましたわ」

私は伝統的なシステムにおける「抜け穴」について、カイスラに話してほしかった。

「まずは、あんたたちの家族制度について弁護したらどうだい。そちらの女たちが受けている侮辱や虐待について、私が話すべきかい。自分が選んだ人と結婚できないと親に言われたとき、どれほど辛い思いをするか言ってやろうか。それとも、立派なひげを生やした父親が自分の娘をレイプするなんていう、家庭内の虐待について聞きたいのかい。あんたたちの社会で近親相姦があるって、私が知らないとでも思っているのかい。家庭内の争いやあつれきが原因の家出、離婚、自殺などは、どうかね。そちらの家族制度は明らかに機能していないのだから、廃止すべきだと言おうか。どんな制度にも問題があるのさ。いろんな人がかかわっているからね。親が子どもたちに良かれと思ってしていることを、子どもたちはあやつられているとか、管理されているなどと思うんだよ」

「そのとおりだと思いますわ。だって、家族をとおして社会を管理するのには多くの問題がありますものね。でも、制度を改善しよう、虐待や近親相姦をなくそう、親子のコミュニケーションをよくしよう、『名誉のための殺人』(4)のような悪習を根絶しようと、努力していますよね」

「そんなふうに言うんだったら、私たちだってここの制度をよくしようとできるさ。なぜ、おしまいにする必要があるんだい。なぜ、客引きを使うようになって、家族のつながりがない、伝統へ敬意を払わない、お金だけが目当ての方向に向かっているんだい。私たちの制度では、女性が一家の長の役割を担っているんだよ。このごろ、政府は私たちをこの商売から追い出そうと嫌がらせを始め、客引きが取って代わってきているけどね。あいつらが、売春婦としてのキャリアが終わった後の女の子たちのことを考えていると思うかい」

「どうして買春宿が増えているのか、教えてくださいませんか」

「私たちカンジャルは、一つの共同体としてお互いに助け合っているんだよ。でも、シャーヒー地区を追い出され、ラホールのあちこちにばらばらになっていくにつれて、以前のように支援し合うネットワークとして機能できなくなっているのさ。客引きたちはこの地区の外が縄張りだから、外での私たちの商売を乗っ取っている。私たちはここを出たら、音楽や踊りを捨てざるをえない。隠れて商売することになり、セックスだけになってしまう。音楽なしで、どうやって客を集められる？　客引きを通じてだけだよ。通りや市場で立っている女の子たちのことを聞いているだろ。

何てひどい選択を、この社会はしているんだろうね。私たちがいるべきところにいて、あるがままでいるという、もっとまともな選択肢を捨ててさ。フォージア、聞いておくれよ。この職業がカンジャルだけに限られていたときには、私たちのビラーダリーだけがかかわっていた。いまじゃ、ありとあらゆる客引きが入ってきて、カンジャルがこれまで稼いだ何百倍ものお金を稼いでいるんだから」

「いつか、シャーヒー地区を離れようと思っていらっしゃるのですか」

「そんな日が来る前に、死んでしまいたいよ。この持ち家のことだけを考えているわけじゃない。考え方、働き方、すべてを変えなければならないだろうからだよ。ここで、飢え死にするかもしれない。でも、出て行かないよ。どんなに苦労してもね」

買春宿は山火事のようにどんどん広がっている。コーターの経営者といっしょに働いていた客引きたちは、面倒な伝統的なシステムより自分たちの方法で商売を始めたがっている。女性を雇い、客を見つけることだけに集中する。どちらにも、広いネットワークが必要なのである。

売春婦のリクルート方法

少女たちが売春をするようになったきっかけは、あまり明らかではない。売買春業にまつわる作り話そのもののような場合もある。たとえば、客引きやそのエージェントが、家出してきた少女に目をつける。客引きは弱い立場にいる女の子を見分ける術をもっていて、買春宿に引き込むのに成功する。客引きからお金をもらったリクシャーの運転手が、乗客の若い女性を無理やり買春宿に連れて来る。客引きに売るのが目的で、農村の女性と結婚する。

こんな映画の劇的なシーンで繰り返し使われている話は、コーティー・ハーナーが女性を雇う方法とかなり近く、シャーヒー地区の伝統的なコーターが維持している過程とは異なる。

買春宿での商売に女性を雇う方法は、基本的に四つあるようだ。もっとも多いのは、北西辺境州(5)のスワート地方やアフガニスタンとの国境沿いの部族地域に住む女性との結婚である。これらの地域では、結婚の際に夫が妻に婚資(6)を渡す慣習が残っている。一般的に婚資金と言われ、娘を売る制度だと誤解されやすい。実際には、新婦の親が貴重な家族の一員を失うことに対する、新郎側からのささやかな償いなのである。新郎側が結婚式の費用をもち、結婚後は夫が女性を養う責任がある。

この伝統的な慣習の起源は中東地域にある。パキスタン西部に位置する北西辺境州やバローチスターン州に住む部族の文化は、中東の文化や伝統と近い。一方、東部に位置するパンジャーブ州やシンド州は、新婦側が新郎側へ贈るダウリー制度がある他の南アジアの文化に近い。この制度では、結婚に際しての経済的な負担はほとんど娘をもつ家族に課される。結婚式の費用だけでなく、家具や台所用品など家庭で使うもの、新郎新婦の服、新婦と義理の親への宝石、そしてときには新郎が商売を始めるための資金を含む現金を用意しなければならない。

パキスタンでは、パンジャーブ文化が中心であるのに加えて、分離独立の際にインドから移住してきた高学歴でウルドゥー語を母語とする人たちの文化も影響を与えている。こうした人たちの慣習であるダウリー制度は、より「文化的に洗練した人びと」の慣習だという考えが広まった。一方、婚資の慣習は、「未開文化」だと思われ始めた。北西辺境州の教養がある家庭は、「娘へのお金は受け取らず、ダウリーを支払う」と断言する。自分たちの伝統である婚資制度について誤解されているため、その慣習に従うのを恥だと考えているのである。だから、社会の傾向に合わせて、ダウリーを支払うという、もっと悪い慣習に従っているのだ。

パンジャーブ人の男性は、婚資をまるで物の売り買いのように考える。スワート地方などへ行き、妻を探しているふりをする。貧しい家庭に良い印象を与え、婚資金を払い、パシュトー語かコーヒスターニー語を話す女性を連れて来る。親としては、便利で、農村より貧しくない都会で娘が暮らせると考え、うれしく思う。しかし、娘たちは買春宿に売られるか、「夫」の商売に使われるのである。はるか遠い村々から来た女性たちは、たいていウルドゥー語もパンジャービー語も話せないため、都会で自分を見失い、無力である。

同じような慣習がシンド州やパンジャーブ州の農村部でも報告されている。婚資という概念は存在しないが、結婚という劇的な出来事がいまでも効果的に使われている。しかし、スワート地方は、客引きにとってより都合がいい。娘は嫁ぐと、実家とほとんど連絡をとらない慣習があるからだ。このような形で売買春業に組み込まれた女性は、人目につかない場所にかくまわれ、家族との関係を完全に絶たれてしまう。

買春宿に女性を雇う第二の方法は、エージェントをとおしてである。エージェントのほとんどは男性で、女子寮、働く未婚女性や貧しい女性のための政府のシェルター、家出したいと思っている若い娘を見つけられそうなさびれた街、そして学校の近辺などに目をつけている。これらの場所の周囲をうろつき、施設の管理人を通じて、直接あるいはこっそりと女性に近づく。

客引きが女性を雇う個人やグループの客と直接つながりをもつ場合もある。この方法は、政界関係の客に使われる。警察や他の関係者への賄賂の支払い額を折半でき、客とリスクを共有できるため、客引きにとって好都合である。また、女性を定期的にシェルターから送ってもらえるうえ、権力のある政治家のお墨付きによって政府から完全に保護される。有力な政治家が女性客室乗務員や女子大生を名指しして、客引きに連れて来させることまで行われている。客引きが国家組織から直接支援を受けているのである。一九七〇年代にこの方法はよく用いられ、その後はあまり見られなくなった。だが、政府を利用してあらゆる欲望をかなえようとする一部の政治家とその一族によって、再び行われるようになった。

第三は、いくつかの古い本にも記されているような、女性を「助ける」という昔からある方法だ。エージェントが女性と親しくなり、徐々に家族に反抗するように仕向けるのである。女性自身に家族との絆を断たせるので、万一捕まったときでも状況が悪くならずにすむ。エージェントと恋に落ちたり、性的な関係をもたせるように誘惑し、女性の立場を弱くする。

パキスタンでは、結婚に際し処女性を重んじる。結婚前に処女を失った女性は行き場がなく、性的関係をもった男性について行かなければならないと思い込む。とくに、保守的な家の若い女性に多い。エージェントは罪の意識につけ込んで、女性に家出させる。いったん自分の管理下に置き、売買春業に引き入れると、女性を心理的に拘束する。女性は自分がしてしまったことゆえに、二度と家族に合わせる顔はないと考え、運命を受け入れる。エージェントへの依存をさらに強くするために、薬物が使われる場合もある。

第四に、災害が起こったときにつけ込む方法である。自然災害や人災が起こり、秩序が失われた場には、必ずエージェントがいる。私が調査を始めたころ、パキスタン軍のオージュリー基地の弾薬庫で火事が起きた。何百という砲弾が発火し、発射され、ラーワルピンディーとイスラマバードの広範囲に被害が及んだ。そのとき私は、民俗伝統遺産研究所にいた。一時間以上にもわたって砲弾の雨が降ったので、戦争が始まったと思ったほどだった。

親たちは、すぐに家や勤務先から子どもたちを迎えに学校へ向かった。通常、学校の門は閉まっている。なかでも女の子は、親が迎えに来たときしか学校から出られない。だが、この事件のときには、慌てた守衛の多くが門を開けてしまった。カレッジでは、パニックに陥った女子学生が一斉に通りに逃げ出し、避難させてくれるという車に乗り込み、運転手に家に連れて行ってくれるように頼んだ。エージェントたちにとっては、神が与えてくれたまたとないチャンスである。この事件の後、ラーワルピンディーとイスラマバードでは、多くの若い女性や少女が行方不明になったと報道された。

同じような報道が、カラチで起きた暴動の後にもあった。抗議デモを止めさせるために、警察は催涙ガスをよく使う。デモの参加者はパニックになり、四散する。エージェントにとって、パニックになった若い女性に手を差し伸べる絶好の機会である。私が会ったある女性は、救急車の中で性的暴行を受けたと言っていた。彼女の叫び声は、通りの喧騒にかき消された。列車やバスなど乗り物の事故の場合も同様である。女性は弱い状況に置かれたときに、簡単にだまされたり罠にかけられたりする。

売買春業の変化

売買春業では近年、ベテランの客引きたちによるネットワークが形成されてきた。業界の大物は、セックスワーカーを小グループに分け、交替で国中をまわらせて、買春宿の経営の安定を図る。女性が働く場所をひんぱんに変え、客を通じて家族などに助けを求められないようにする。常に新しい土地で新しい客を相手にさせ、女性の立場を弱くする。買春宿に来る客たちに新しい体を提供することもできる。セックスワーカーを各地にめぐらせるこの高度に組織化されたシステムは、客引き仲間の間で連絡を取り合って運営されているのだ。

稼ぎが少ない男性の客引きは、新しい客を勧誘するために、バス停、鉄道の駅、大きな市場にたむろする。彼らは、目についた男性をよく観察し、客になりそうか見極め、「何かサービスを必要としていないかい」と間接的に尋ねる。こうして客を見つける方法は、下級の買春宿でよく用いられる。

買春宿をつくり、商売を始めたという情報を関係者に流す方法もある。たとえば、カラチ・カンパニーという名称で知られているイスラマバードの市場に買春宿があると聞いた男が市場へ出かける。客引きはセックスを求めている客だと見分け、買春宿へ連れて行く。そして、同じ買春宿に戻って来るように仕掛ける。

より手のこんだ買春宿では、女性の写真を集めたアルバムをつくっている。ラホールのリバティマーケットでチャート[7]という菓子を売る客引きは、売春婦の写真を持っていて、客が選んだ女の子を紹介していた。人出が多い市場にはそういう場所がいくつもある。もちろん、下っ端の警官に黙認してもらわなければならない。商売の規模と警官のランクに応じて、賄賂の額が決定される。もっと組織的な客引き、とりわけ政治家に知り合いがいたり、政界へ進出しようと考えている客引きは、警察幹部と強いつながりをもつ。ただし、それは高くつく。

もう一つの変化は、通りで体を売る女性をよく見かけるようになってきたことだ。彼女たちは単独で行動しているように見えるが、実際には複雑な組織の一部なのである。通りに立つ女性は「氷山の一角」にすぎない。公の場で目につくことから、ラホールの「いい地域」で売買春を広めたとして批判されている。一方で、この組織を運営している男性が見えないところで力をもつ。

これまでの調査で、シャーヒー地区の伝統的なコーターのナーイカでさえ、生き残っていくために客引きに頼る度合いが高くなっていることがわかった。伝統的な売春業にかかわる人びとの力関係が、急速に変化しているのだ。シャーヒー地区に自らやって来る客の数は減少しており、客を見つけるためにナーイカは客引きを必要としている。シャーヒー地区の住人や客に対する警官の嫌がらせが強まるにつれ、客引きの力は増し、コーターが買春宿へと変容している。一方で、買春宿は特定の赤線地帯にとどまらず、いくつもの都市のさまざまな場所に広がっている。つまり、政府の厳しい政策が売買春の形態を変えているが、売買春をなくすことはできないままである。

(1) (*dowry*)婚出する女性の側から、女性本人ないし婚家側へ贈られる金品。土地や家屋などの財産を相続する権利がない女性に分け与える意味をもつ相続型持参財と、婚家に与える贈与型持参財がある。ヒンドゥー教徒社会では贈与型が発達し、パキスタンでも広く模倣されている。女性の家族にとっては大きな経済的負担となるほか、ダウリーの額が少ないために、嫁がいじめられたり、殺害されたという報告が後を絶たない。

（2）（*purdah*）ペルシア語やウルドゥー語で「幕」「カーテン」を意味する。女性を家族以外の男性の目から遮断する女性隔離の社会習慣で、南アジア全域で広く守られている。たとえばパキスタンでは、モスクに男女別々の入り口があり、別々に礼拝を行う。家には女性専用の部屋を設け、結婚式や葬式などでは男女が別々の部屋に集まる。また、女性が外出するときに全身を覆い隠す衣服を着用し、女性単独での外出は許されない。

（3）知的障がいなど特別な支援を必要とする子どもについて、このような言い方をする。

（4）認められない男女関係、とくに女性の婚前・婚外交渉は家族の名誉を汚すと見なし、男性の親族が女性を殺すという慣習（二四四〜五ページも参照）。パキスタンのＮＧＯオーラット基金は、二〇〇八年に四七二件の「名誉の殺人」を確認している。

（5）二〇一〇年に名称が変更され、現在はハイバル・パフトゥーンフワ州（Khybar Pakhtunkhwa）である。

（6）ダウリーと逆で、イスラーム教では結婚する際に男性が女性に婚資金（マフル）を支払うことが義務付けられている。日本の結納のようなもので、主に現金が支払われる。

（7）ゆでたヒヨコ豆、ジャガイモ、香辛料などを混ぜて作ったスナック菓子。

第5章　売春婦と結婚

聖者廟に参詣する踊り子

ライラーの結婚

奇妙な「夫」

ライラーの結婚の遅れをからかわれるのは、家族にとって悩みの種である。ライラー自身、「行き遅れ」だと嫌味を言う音楽家たちへ応戦するのに飽き飽きしていた。そのうえ、家族からは、体重を減らして歌と踊りの稽古にもっと精を出すようにという要求が強まるばかりだった。

一年にも及ぶ相手探しの末、カイスラとシャーヒドは長期契約を結ぶ気がある客に決めた。とはいえ、婚期はとっくに過ぎており、自慢できるような金額が支払われるわけではない。そこで、一家は簡素な式を行うだけで、特別なお祝いはしないことにした。ライラーは自分の果たすべき役割を受け入れ、この取り決めを喜んだ。カイスラたちは床屋に頼んで、菓子折りをビラーダリーの人たちや師匠たちに配り、結婚の決定を知らせた。

床屋には重要な役割がある。結婚式や娘の誕生を祝うパーティーなどの祝い事では、プロの料理人として食事を作る。また、民族集団としてはミーラーシーに属するが、ビラーダリーの間の血縁関係をよく知っているので、招待状や重要な知らせを一族に届けるように頼まれもする。このようにしきたりによって定められた役割を果たし、それぞれの家族の社会的な地位に応じた金品を報酬として受け取るのだ。この伝統は、シャーヒー地区に限らず、パンジャーブ地方における文化の一つである。

カイスラとシャーヒドは、ライラーのナトの値を下げることを受け入れた。長期の契約を結び、毎月の手当てを支払う気が、客にあったからだ。ただし、この取り決めには解せない部分があった。通常の契約ほど明瞭ではなく、客を陥れる罠がしかけられているのではないかと私は思った。それは、ライラーの「夫」という人物に初めて会ったときの様子が変だったからだ。

ライラーの家を訪れると、彼女は大喜びして愛情たっぷりに迎えてくれ、私を応接間で待たせて、「夫」を呼びに行った。ところが、一〇分ほどして戻って来ると、「恥ずかしがって出てこないわ」と言う。結局、二人で寝室にいる「夫」に会いに行った。カーテンをくぐると、家族が私的に使用している場所だ。居間の隣にある細長い部屋で、「夫」はチャールパーイーの上ですっぽりと毛布にくるまって寝ていた。ライラーは背中を叩いて言った。

「フォージアさんが来ているから、あいさつくらいしてよ」

何度も叩かれると、ようやく毛布から顔を出し、私と目を合わそうともしないで「サラーム」(1)と言った。そして、起き上がるなり、ベランダへと走って行ったのだ。奇妙な行動にショックを受けると同時に、「夫」の姿を目にした私の口は、ぽかんと開いたままだった。ライラーと居合わせたカイスラは大笑いをしていた。

その男は身長約一四五センチで、一九歳か二〇歳くらい。ほりの深い小さな顔に、申し訳程度の口ひげが生えている。子どものように振る舞い、非常に恥ずかしがり屋だ。居間に戻った私は、ライラーに男との関係についてしつこく聞いたが、はっきりとは答えてくれない。「いっしょに住むつもりよ」と言っただけだ。あの若さでこうした決断ができるほど、経済的に自立しているはずはない。そうだとしても、家出をしてきたか、一人暮らしで、家族は知らないのだろう。

ライラーの「夫」の名前はサリーム。父は金細工師で、大きな店をパンジャーブ州のある市で経営し、家族はそこに住んでいる。ラホールで有名な宝石店街スアー・バザールにも、店をもつ。サリームはラホール店を任されている従業員を監督するために送られてきており、自分名義では何も所有していない。店の売り上げに手をつけていたのだが、家族はそれを知らなかった。

ある晩、性的な経験を求めて友人たちと赤線地帯にやって来たサリームは、この契約の話をもちかけられた。そして、「一回ずつ支払うより長期契約のほうがお得ですよ」と多くの人から言われ、説得されてしまった。シャーヒドが使っているエージェントたちは通常、客と具体的な話を進める前にじっくりと品定めをする。サリームのような客は、よいカモである。自分自身で決断する自信がないので、「貞節」という名誉にかかわる話をもち出せばうまくいく。客引きは、月々の支払い額に同意すると女性は他の男性とは寝ないのだと確信させる。この戦術は、経験がない客や自我の強い客に非常に有効だ。サリームはライラーが処女だと信じ込まされた。頭金二万ルピーと月々一万ルピーを支払うという契約を守るかぎり、ライラーの最初の男となり、独占できるのだと。しかし、その額はビラーダリーに知らせるには低すぎるため、ライラー一家は決して口外しなかった。

カイスラは「すぐにでも妊娠するように」と、ライラーに助言した。妊娠は、独占契約を結んだ客にしばりをかける最適の手段だ。他の客を取れないのだから、出産と子育てに時間を使うべきである。もちろん、出産費用はすべて「夫」にもってもらう。さらに、子どもは月々の手当てを増額してもらう格好の口実となる。

ライラーの家でのサリームの行動は奇妙で、新しい隠れ家を見つけたマングースを思い起こさせる。家に来るとほとんど話さず、自分のチャールパーイーか台所に向かう。いつも部屋の隅にいて、まるで家の中によくある不要品のようだ。会話が成り立つとは思えなかったので、一度も私から話しかけなかった。ライラーにはいつもからかわれ、顔を赤くするばかり。日中はほとんど、夜はずっと、彼女の家にいる。いないのは、少なくとも一カ月に一回、ラホールを離れて家族に会いに行くときだけだった。家族のなかでの序列は、使用人のブーバーよりやや上というところで、ちょっとした家事を手伝うか、テレビでインド映画を見ている。音楽家たちにとっては、ゴシップと冗談の新しいネタであった。

「金持ちの雄鶏を捕まえる人もいるけれど、ライラー一家が捕まえたのは弱虫のニワトリだ」

音楽家たちが私に語ったところによると、独占権は金を取るための口実で、実はライラーは商売を続けていたそけのことだ。もしサリームがそれに気がついたとしても、マネージャーは契約を継続するためにもっとお金を要求するだうだ。

ライラーと「夫」のイスラマバード旅行

ライラーがサリームといっしょに、私をイスラマバードに訪ねたいと言い出した。私の母がどう反応するかわからないので、その場では返事をしなかった。イスラマバードに戻ってから、「ライラーが我が家に来たがっているんだけど」と母に話した。

「社会のタブーを研究対象にするのには反対しないし、調査の応援もするけれど、調査している人たちを家に呼んでほしくないわ」

母は家族を巻き添えにしてほしくないのである。

「シャーヒー地区の人びとに対する偏見をなくして、同じ人間として理解してもらうために調査しているのよ。それなのに、私自身の家族が偏見をもっているなんて。いったいどうすればいいの」

「週末、休暇、それに自由な時間があれば、ほとんどラホールで過ごしているでしょ。それに目をつぶってあげているのよ。十分に理解は示しているでしょ」

母の反論で議論は終わりとなる。その後も、私はラホールとの往復を繰り返していた。あるとき、別の仕事で北西辺境州のマルダーン市に出張していると、母から電話がかかってきた。

「ライラーさんとご主人がうちに来ているわよ」

その前の週に会ったとき、イスラマバードへ来る予定があるとは言っていなかった。私自身驚いたものの、予期せぬ訪問について母に詫びた。幸い、母は「お泊めするわ」と言う。二人は二晩泊まったそうだ。私がイスラマバードに戻ったときには、すでにマリー[2]へ発っていた。母は少々不愉快な様子だった。

「車と運転手を使いたい。外食に行きたい。フォージアさんのこの服がほしい」

ライラーがいろいろ要求して、断るのにへとへとになったからだ。その光景がありありと目に浮かび、私は笑ってしまった。

「ライラーは生まれついたときから、人に物を要求して手に入れるように育てられているから、無意識にそうしてしまうのよ」

私は説明した。母は何とか断ろうとしたが、私の真新しいシャルワール・カミーズ二着と弟の旅行カバンを持って行ったそうだ。

ライラーとサリームは結局、マリーに二泊しただけだった。サリームの所持金が尽きたからだ。ライラーはこの機会を逃すまいと、手当たりしだい買い物をした。慣習によると、贈り物と旅行は月々の手当てとは別である。ボーナスとも言えるもので、ライラーはこの絶好のチャンスを最大限に利用した。とはいえ、泊まったホテルが並のクラスだったため、不満に思っていた。旅行中ずっと文句を言っていたにちがいない。

二つの大きなスーツケースいっぱいにライラーの買い物と家族へのお土産を持って、二人はラホールに戻った。家族はサリームに、その親切ぶりを感謝した。実際は、そうせざるをえなかったのを十分に承知しているのであったが。その後ラホールへ行った際、ライラーに会うと、旅行についてすべて話してくれた。私の家族、とくに「お母さんを大好きになったわ。また、お邪魔したい」と言うので、「来るなら家族が準備しておくから、次は必ず前もって言ってちょうだいね」と伝えた。

イスラマバードと私の家への訪問は、ライラーの新たな自慢の種となる。友人や客たちに電話をかけ、私の家にあった物をすべて報告していた。「冷凍庫一台、冷蔵庫二台、テレビが三台、それに、コンピューターも一台あるのよ」と。なにより、いろんな物を持っている私という友達をもっていることが自慢だった。
結婚後もライラーは夜に歌と踊りの仕事を続け、サリームにはこう説明していた。
「家族を支えるために、やらなくちゃならないのよ」

結婚をしない選択

売春婦ナルギスの生活

ライラーとは常に連絡を取っていたが、私は他の売春婦たちとも会っていた。さまざまな売春婦と話し、彼女たちの夢、あこがれ、喜び、そして悲しみについて理解したかったからである。また、経済的な問題や健康状態についても知りたかった。とりわけ、女性という視点から売春婦たちの生活を把握したいと考えた。そうすることで、自分自身や私のような人たちについても理解できるだろう。

ナルギスという売春婦はシャーヒー地区で生まれ、幼いころから、主に姉と母から歌と踊りを教わった。売春業をしていた家庭は裕福なほうではなく、生きるために何でもしなければならなかった。一二歳から舞台やサーカスに出て、前座や幕間で踊ったそうだ。母親は、誰からでも依頼があればナルギスを送り出し、どんな額の報酬でも受け取った。たとえ少額でも、稼げる機会を断れる立場になかったのである。踊り子として、大衆演劇、バラエティーショー、サーカス、手品、「死の井戸」(3)を含むあらゆる伝統的な余興、地方でのちょっとした催し、宗教的なお祭りなどに出演してきた。こうしたショーは夜中の二時、三時、ときには四時ごろまで続く。そのため、正午ごろから深夜、早朝まで働いていたナルギスは、こう切り出した。

「あたしわね、一五歳のとき『結婚』したんですよ。シアールコートの男が、ナトに三〇〇〇ルピー出すと言って、両親が決めたんです。一〇年ほど前としては、けっこういい金額でした。二〇万ルピーで家を建てられましたから。それから、いろんなお客を取るようになったんです。お祭りなんかで男たちに住所を渡すと、うちを訪ねて来る。踊るのが好きだけど、お客と話をするのも好きですよ。男たちが言う条件と金額を母さんが承諾すれば、あたしはどの男のところへも行ったものです。最近の女の子たちは、甘やかされすぎ。二日だけ働いて、あとの四日は休み。昔は違いましたよ。みんなもっと一生懸命働いていました。でも、まだ生活は苦しいんです。さんざん働いているのに、なんとか食べていけるだけ。家賃に四〇〇〇ルピー、電気代に三〇〇〇ルピー。でも、こんなにものの値段が高くなっているのに、子どもたちにごはんを食べさせ、服を買ってやれるだけ、幸せなのかも。

いまは、家族といっしょに住んでいます。四部屋あって、居間が二つとオフィス(商売用の部屋)が二つ。兄弟は四人。二人は有名な踊り子サルマーとシタープラーのエージェントをやっていますけど、あとの二人は他のカンジャルの男の子と同じようにふらふらしています。あたしは自分の子どもたちと上に、母さんと妹は下に住んでいるんです。神様のおかげで、子どもたちとあたしが生活できるだけの仕事はあります。でも、ときどきずいぶん乱暴なお客がいて、酔っぱらって大声を出し、あたしのことをつかんでこづいたりする。そんなときは、強く出るんですよ。『あんたと結婚しているわけじゃないんだから、投げ飛ばさないでよ』って。まだ、そこまでは我慢できます。何と言っても、あたしは自分の家にいて、お客がやって来るんですから。だけど、たまには、一線を引かなきゃならないときも。暴れ出したら、歌うのを止めて、出て行ってもらうときもあります。

シャーヒー地区では、セックスに五〇〇〇ルピーも要求する友達だっているんですよ。歌だけだと、最低で三〇〇〇〜五〇〇〇ルピーってところですけど。だいたい、コーターでは一〇〇〇〜三〇〇〇ルピーくらい。あたしの場合、五〇〇〜一〇〇〇ルピーより安いと、『だめだよ』って言います。それ以下だったら、『ティッビー小路に行きな』って。あそこじゃ、貧しい女たちは一〇〇ルピーか二〇〇ルピーでもお客を取るんですから」

次に、ナルギスは売春婦の健康状態について語った。

「あたしは清潔にしていますよ。病気になりたくないですから。ここじゃ、男のところへ行くときは手を洗ってきれいにする。ティッビー小路の女たちみたいに一日に何人もお客を取るようなら、気にしないでしょうけど。あの人たちは不潔だし、生理のとき布[4]を使わない。次々とお客を相手にするから、いろんな病気にかかるんです」

「たとえば、どんな病気」

「感染症や内分泌異常。でも、お客には黙っている。たまにひどくなると、産婆さんに診てもらっているみたい」

「エイズという病気のことは、知っている?」

「知らないですね。たくさん病気はあるから。清潔にしておけば大丈夫でしょ」

私はエイズについてと、ナルギスのような仕事をしている女性の感染経路について詳しく説明し、聞いてみた。

「コンドームは使っているの?」

「そんな男が嫌がること、できませんよ」

大笑いして言った。ナルギスは、男性がコンドームを使用したがらないことを知っていた。それは、「男らしさ」への侮辱だからだ。

売春婦にとって子どもとは

私は次に、ナルギスの子どもについて聞いてみた。

「友達を見ていると、二とおりの考え方があると思いますね。まず、お金を稼ごうとする人たち。子どもをもつ前に、家や宝石や貯金をほしがる。つぎに、子どもがほしいという人たち。一生のうちに商売する時間はたっぷりあるから、お金や財産はいずれできるだろうと考えている。あたしは後のほうかしら。だから、かなり若いときに子どもを産んだんです。最初の子どもは一六歳のとき。女の子だったけど、死んでしまいました。次に産んだ男の子もだめ。三番目の息子は何とか育ちましたが、女の子がほしかったから、うれしくはありませんでした。もう一人がんばって、ようやく待望の女の子が生まれて。四つになるんですよ。

避妊をしたことは一度もありません。子どもは神様からの授かり物で、人が立ち入るべきじゃない。同業の娘たちは妊娠すると平気で中絶するけれども、あたしは妊娠しにくい体質みたいでしたから、避妊なんてあまり気にしていません。子どもを育てるのに苦労している女の人は、おろしますね。ラージョーを知っていますか。いい人ですよ。でも、五回も中絶している。『おかしいんじゃないの』って言ってやりました。そんなこと繰り返していると、本当に子どもがほしいときにできなくなってしまう」

「ラージョーは、どこで中絶してもらうの」

「以前は、産婆さんにしてもらっていました。いまは病院に行っています。女医さんが内緒でやってくれるんです。二〇〇〜三〇〇〇ルピーくらいかかるかしら」

「誰の子どもを産むのかって、自分で決めるの」

「あたしのことを思ってくれる人の子どもがいいですね。一度か二度しか来たことがないようなお客じゃなくて。子どもを身ごもった相手とは、安定した関係を保ちたいと思います。あたしたちはばかじゃないから、出産費用はもってほしいし。なかには自分が父親だと言われて、ひどく取り乱す男もいます。自分の子どもがこの地区で育つっていうのが受け入れられなくて、男が引いてしまうと、なけなしの貯金をはたいて出産費用にあてなくちゃなりません。誰の子どもでも、費用は男に出してほしいんですけど。まあ、仮にお金を出してもらえなくても、まるまる損をしたというわけでもないですね。子どもはあたしたちのものになるんですから。自分の子どもを育てられる。それが女の子なら、なおうれしい。家族の伝統を継いでくれますから」

「いままで、お客さんを好きになってしまったことはある?」

「そんなこと、考えられません。いくら稼げるかしか興味がないですよ。子どもや家族がいるから、好いた、ほれたなんて、やってられません」

ナルギスは、そこでしばらく話すのを止め、笑いながら言った。

「一二で仕事を始め、もう二六。母さんは、あたしに無理に何かさせようとしたり、止めさせようとしませんでした。母さんと妹が何か言ってくるのは、あたしが一人のお客と会いすぎているときだけ。心配しているんですよ」

自分が心配されるのを楽しんでいるかのような笑いだった。

「母さんたちは言うんです。『私たちに恥をかかせるのなら、あんたを養ってくれる男を選びな。あんたがいま寝ている男は、あんたの子どもを食べさすことすらできないよ。何かに真剣になるんだったら、そこから得るものがなくちゃ』って。あたしも、まったくそう思いますよ。家と少しばかりの貯金、経済的な安定が、まず先。将来が保障されてから、好きな人と結婚すればいい。一〇年も二〇年も結婚して無一文で追い出されるようなめには、あいたくないですから」

ナルギスが一般社会で結婚している女性の状況について最後に述べたことを面白いと思った。というのも、彼女たちが売春婦を批判するのをよく聞いていたからである。そこで、これまでに結婚したいと思ったことはあるか尋ねてみた。ナルギスは両手で両方の耳たぶを触りながら、舌を出した。「とんでもない」という意味である。

「神様がお許しになるならね。結婚の誓約[5]に、いったい何の意味があります? 夫にいじめられ、殴られる。何のための結婚なんだか。結婚した友達が二人います。家事をすべてこなして、がんばっているのに、夫の悪態に耐えなくちゃならない。夫の親戚には汚いもののように扱われ、あげくの果てに、娘たちはシャーヒー地区に送り返される。カンジャルの娘はカンジャルの人たちといっしょに住んだほうがいいんです。こんな苦労をする必要があるりますか。そんな面倒はごめん。あたしは一生懸命働いて子どもたちを養っていく、自分自身でね」

そうできるとナルギスは強く信じていたが、家も十分な貯金も、もつには至っておらず、自分と子どもたちがようやく食べていけるだけの稼ぎしかない。

「子どもをもつことはあたしの願いだったんですよ。生活はちゃんと保障されていないけど、気にしません。まるで奴隷のようで、子どもたちを食べさせるために稼ぐことさえできない主婦より、私の生活を誇れると思います。こんなにものが高いときに、正直に一生懸命働いて得た稼ぎで子どもたちを養っていけるだけで十分。政府は恥ずかしくないのかしらね。ものの値段がどんどん上がっているというのに。あたしのような貧乏人は、どうやって子どもたちを食べさせていけるんでしょう」

打ち砕かれた夢

売春婦シャーローと二人の姉

シャーローは一九歳。最初に客を取った一四歳のときから働いている。姉が二人いるので、この職業についてはよく知っていた。小さいときから姉たちのそばで、客からお金を巻き上げる様子を見ていたのだろう。彼女は姉たちが自慢で、とくに上の姉が理想だった。家族はシャーローを美人だとは考えていない。肌が浅黒く、きつい顔立ちだったからだ。パキスタンでは、色白が美人の条件である。しかし、目に知的な輝きを秘めた魅力的な女性だと、私は思う。シャーローは成長するにつれ、「色は黒いかもしれないけれど、しっかり仕事ができるようになろう」と自分に言い聞かせていた。懸命に働けば、外見だけが重要ではないことをシャーヒー地区の友人たちに示せると考え、まじめに音楽の稽古に励んでいる。師匠を尊敬し、歌の稽古を定期的に続けている数少ない弟子の一人だ。

シャーヒー地区の他の踊り子たちのように、シャーローも売れっ子の映画スターになるのを夢見ていた。上の姉は端役で何度か映画に出たが、台詞はなかった。家族がシャーヌール・スタジオの人を知っていたので、主演女優のダンス・シーンで多くの踊り子の一人として雇われたのだ。シャーローは姉が出演した映画をすべて見ていた。

踊り子たちが夢見る映画のワンシーン

姉よりもう少し映画で成功した遠縁の従姉もいる。非常に有名というわけではないが、一人で踊るシーンを演じたことがある。主人公がナイトクラブへ行き、踊り子たちの派手なダンスを見て失恋の傷を癒すという、ストーリーの合間を埋めるシーンだ。その従姉の映画もすべて見ていた。

姉について映画スタジオに行ったことがあるが、シャーローはダンスや映画の監督の姉や他の踊り子たちの扱い方が好きになれなかった。「自分が大スターになったら、芸能人を尊敬するように教えてやろう」と、憤慨しながら思ったという。「売れている女優たちだって、自分とそう変わらない。私は美人じゃないけれど、自分をきれいに見せられる」と信じていた。もちろん、映画界で成功するためには、努力だけでなく運も重要だとわかっていた。

一〇歳になるころには、姉の化粧品を使って化粧をしては、何時間も鏡を眺めていたものだ。母はシャーローが化粧をするのに賛成ではなかったが、上の姉は勧めてくれた。姉はシャーローが子どもにしては歌や踊りがうまいと思っていたし、シャーローは姉の客にうまくプレゼントを買わせていた。凧揚げ祭りになると、派手な服を着て厚化粧をし、友達とシャーヒー地区を練り歩いた。祭りのときには、母は化粧を禁止しなかったのだ。シャーローは、凧揚げ祭りを見るためにこの地区に帰って来る女優たちを眺めるのが好きだった。そんな女優たちを見ながら、いつの日か自分がそうなることを夢見ていた。

最初の客を取ったとき、色が黒かったにもかかわらず、ナトにいい値がつき、シャーローはうれしかった。「お母さんが一生懸命だったし、運もよかったからよ」と友達はうらやんだ。だが、シャーローは自分の努力が実を結んだからだと考えていた。三姉妹で行ったムジュラーで、ある客を魅了したのだ。この客とは一夜かぎりで長期の契約は結ばなかったが、この日を境に正式に商売をするようになった。

夢と現実

シャーロー一家は映画スタジオにいいコネがあると思われている。でも、実際にはそうではないことをシャーローは知っていた。たった一〇秒間グループで踊るシーンに出るために、何日もスタジオで待たされるようでは、いいコネとは言えない。映画界に華々しくデビューし、自信をもっている演技力を見せつけたいと、シャーローは一生懸命に歌や踊りを稽古し、ベテラン女優たちから学ぼうとした。

スタジオには何度も足を運んだが、得たのは口約束ばかりだった。一〇〇人もの踊り子のうちの一人というような端役なら、取れただろう。しかし、シャーヌール・スタジオに踊り子やコーラス歌手を斡旋しているいくつものエージェントは、たくさんの名前が載ったリストから選り取り見取りだ。エージェントに体を売って役を取る女性もいるし、娘を売り込む母親たちの間の競争も激しい。母は二人の姉に懸命で、自分はあまり気にかけられていないと、シャーローは感じていた。いつも姉たちを連れて映画スタジオへ行き、二人の写真を押し付けているが、自分は「ポートレート写真を撮るように」とさえ言われなかったからだ。

ときおり、シャーローはシャーヒー地区出身の成功した女優のところへ行き、話をしてみたい気がした。「私がどんなに苦労をしているかご存知ですか。私もシャーヒー地区に住んでいて、デビューしたいんです。がっかりさせるようなまねはしないと、お約束します。どうか使ってみてください」

けれども、そんなことをできるわけがない。仕事を取ってくるのはマネージャーだと知っていた。将来女優をめざすのであれば、自分を磨くのに集中し、映画界に売り出してくれる敏腕のマネージャーやエージェントを探すべきなのだ。シャーローは音楽の稽古を続け、客を喜ばしながら、試してもらえるときがくる日に備えていた。

母のほうは二人の姉に仕事させ、シャーローには子どもを産ませようと決めた。色白で美人の姉たちには、子どもを産むために体を使い、育てるために時間を浪費しなくてもいいという特権が与えられた。色が黒いシャーローは、本人だけでなく姉たちのためにも、子育てをすればいいと。シャーローが最初の子どもを出産間近だったころ、上の姉に「女の子だったら私がもらうわ」と言われた。ただし、生まれたのは男の子だったので、その話は二度ともちあがらなかった。

シャーローが踊り子兼売春婦として働き始めて一年ほど経ったとき、とてもハンサムな客と出会った。母は「あの男の子どもを身ごもりなさいよ」と言う。シャーローは嫌だったが、母と言い争って勝てるはずもない。「自分の将来について考えるべき」だと、母は言い張る。

あるとき珍しくシャーローが母に対して怒りを露にし、乱暴な態度をとると、母は怒鳴り返した。

「姉さんたちは映画で芽が出ないとしても、年寄りの監督か大地主の愛人にはなれるでしょうよ。でも、あんたはどうするつもりだい」

シャーローは言い返さなかった。自分には才能があると信じているのに、母はまったくそう考えていない。自分が映画界で働き、家族の生活を良くできるだろうと本当に信じていたが、実際には出産という重労働を任され、映画界への挑戦すらかなわない。その悲しみを母に伝える術すら、もち合わせていなかった。

望まれない男の子の誕生

シャーローとは、二人目の子どもを妊娠して九カ月のときに会っていた。彼女はうれしくもあり、悲しくもあるようだった。うれしいのは、ようやく出産が間近になり、出産後にしたいと思っていたことができるようになるからである。悲しいのは、人生のこの段階で子どもをもちたくなかったからである。夢を追いかけるのを家族は許してくれず、腹も立てていた。だが、よい売春婦となり、よい客をつかまえて、映画界に挑戦するつもりであった。

生まれたのは男の子で、家族全員ひどく落胆した。続いての男の子の誕生は、シャーローの将来を暗くしただけでなく、家族の将来をも危うくする。出産前に、シャーローは私にこうもらしていた。

「もし二人目も男の子だったときの家族の反応を考えると、恐ろしいわ」

私はその知らせをイスラマバードで聞き、「次にラホールを訪れるときは会いに行くわ」と約束した。

シャーローは女の子の誕生を願って何度も近くの聖者廟に祈りに行ったそうだ。女性はよく聖者廟を参詣する。たいていスーフィーという神に近いと考えられている聖者の墓へ行き、お供物をして祈る。「望みをかなえてくだされば、もっとお供物をします」と願をかけるのだ。全国から何万人もが集まる聖者の命日に行われる年祭には、多くの女性が各地の聖者廟を訪れる。聖者廟での儀式には、何世紀にもわたってインド亜大陸で培われてきた宗教や文化が反映されている。もっとも、イスラーム教のすべての宗派の信者がこの古い民俗的・宗教的伝統を守っているわけではない。儀式は非識字やヒンドゥー教の影響と関連付けられ、イスラーム教とは相容れず、望ましからぬ外国の影響だから、なくすべきだと考える人たちもいる。ただし、シャーヒー地区の踊り子たちの家庭はほとんどがシーア派なので、お供えをするために、ひんぱんに聖者廟を訪れる。

女の子が生まれるようにシャーローが願かけをしたのは、ラホールの守護聖者ダーター・ガンジ・バフシュ・ハジュヴェーリー廟だ。木曜日の晩にローソクの灯をともし、「女の子が授かれば一一ルピーと二五パイサーを聖者廟に捧げ、チャーダルをお墓に掛けます」と願をかけた。だが、願いはかなえられなかった。

次男が生まれてから三週間経ち、私は明るい色の子ども服を買って、ようやくシャーローの家を訪ねると、こう言われた。

「シャーローは長男の具合が悪く、医者に診てもらいに行っています」

以前、家族は長男をかまってくれず、病気になって医者に連れて行くにも、一悶着あるという話を聞いていた。次男について尋ねてみると、「一週間前に死にました」と言われた。私はとても驚いたが、家族に悲しんでいる様子はまったくない。私はシャーローを待つ間に、母親と話した。亡くなった子どもについて多くを語ろうとしなかったが、こう述べた。

「シャーローに、また子どもが授かればいいなと思っています。そうすれば、この痛みも癒えるでしょうから」

「次も男のお子さんでしたら、どうなさいますか」

「とんでもない。女の子にちがいありませんよ。そこまで神様は残酷じゃないでしょう」

シャーローが戻って来て、泣きながら言った。

「生まれた子どもは肺炎で死んだの」

彼女一人が、治療を受けさせようと懸命だった。一週間ほど良くなったが、ぶり返してしまったという。

「病気で死んだんじゃないのよ。家族がかまってくれなかったから死んだのよ」

家族の誰も次男に生きてほしくなかったのだ。シャーローの目を見ると、戦おうという気概や自分を信じる気持ちが失せており、生きていく重みに耐えかねていた。

子どもを失くして二カ月も経たないうちに、シャーローは別のハンサムな客の子どもを身ごもるように強いられ、妊娠した。その後ずっとつわりで苦しむ。まぶたは腫れ、目の下には隈ができ、私や数少ない友人とも話さなくなった。一度通りで出会ったときには、「もう夢なんて、もたなくなってしまったわ」と語ったが、その目は反対のことを言っているようでもあった。本当に夢を捨ててしまったのだろうか。きっと、自分が置かれた状況と戦い続けられなくなったのだろう。まるで、ゆっくりと訪れる死を待つ病人のようだった。

シャーローは三人目の男の子を産んだ後、自殺したと聞いた。詳しい状況はわからない。家族は私と会うのを拒み、誰も語らなかったからだ。人びとの生活は、何ごともなかったかのように続いている。シャーローの死は、話題にすらのぼらない。

シャーヒー地区への引っ越し計画

部屋探しを開始

シャーヒー地区の人びとの生活について、私の理解は深まっていった。ライラー、チャンダー、ナルギス、シャーローをはじめとして、多くの人たちの生活の様子を知り、この地区の価値観について、同時に一般社会の価値観についても深く考えさせられた。知り合った人の数は増え、調査は順調に進んでいく。

数カ月間にわたってこの地区の人びとと継続的にかかわってきたので、最近は緊密な交流ができるようになっていた。毎週末にイスラマバードからラホールに車を走らせ、ときには二〜三日の休暇をとり、少し長く滞在することもある。シャーヒー地区のあらゆる場所に知り合いができ、ある程度人びとから受け入れられるようになった。私の存在を煙たがっていたのは警察だけである。

売春婦や音楽家たちとの関係も親密になっていた。個人的な生活について話してくれるようになり、私は一日のうち何時間も彼らといっしょに過ごした。叔父の家は、シャーヒー地区と車で三〇分ほどしか離れていない。だが、地区で起こっている二四時間の出来事について知り、さまざまな住民のグループ間の複雑な力関係を参与観察するためには、移り住むべきだと考えた。エスノグラフィーを学んだ私は、そうすべき段階だと考えた。引っ越せば、より深い洞察が得られるだろう。そうできるほど、人びととの関係を十分に築いたはずだ。

そこで、安全面で不安がないアパートを探し始めた。シャーヒー地区の人びとの日常生活を経験するためには、中心部が望ましい。カイスラが所有する建物の一階に、風呂とトイレが共同の二部屋が空いていた。一階の住人は、売春婦の二家族と音楽家の一家族だ。音楽家は通常公衆浴場を使用するが、女性とは風呂とトイレを共用することになる。カイスラとライラー一家は、二階の表通りに面した側に住み、別の売春婦一家が裏側を借りている。三階には、いまではなくなったパンジャービー大衆演劇の芸人一家と商店主の二家族が住んでいる。四階は一部屋だけで、あと

シャーヒー地区で典型的な建物
（一階は店舗、二階以上は住居）

は広いテラスとなっており、カイスラ家の物置場として使われている。テラスは、凧揚げするなど建物に住む子どもたちの遊び場だ。また、主婦や使用人たちが洗濯物を干すなど、屋上に簡単には行けない家族たちがさまざまな用途に利用している。

私は部屋を見に行くついでに、隣人となるかもしれない人たちに会ってみた。一階と二階の家族のほとんどとは顔見知りだったが、空いている部屋の隣に住む家族についてはあまりよく知らなかったからだ。三〇代なかばの女性は、喜んで会ってくれた。よく私を見かけていたそうだが、何をしているのかは知らなかったと言う。どうやら麻薬の常習者らしく、めったに外へ出て来なかったようだ。私の名前を尋ね、不明瞭な発音でさらに聞いた。

「ここに住むつもり？　それともここから働きに行くだけ？」

「両方です」

すかさずそう答えると、私の家族が住んでいる場所を聞いてきたので、「イスラマバードです」と返事した。

「ラーワルピンディーのことだろ。あたしの従姉がカサーイー・ガリー小路(6)にいるけど、商売はあがったりらしいよ。あたしたちの生活をめちゃくちゃにしている警官を、神様が何とかしてくれないかなあ。以前は、従姉はうまくいっていたのよ。昔あたしが訪ねて行ったころにはね」

どうやら、私を同業者だと思っているらしいが、その場では本当の仕事について説明しないことにした。彼女との会話が面白かったからだ。

「あたしたちみたいにラホールに越して来たんだね。あたしたち家族もラーワルピンディーにいたんだけど、ここで運を試してみようと思ったのよ。だけど、あたしには悪い虫がついちゃって。運が悪いわ。あんたも、あんたの血を全部吸い取ってしまうようなやつがいっしょじゃないといいけど」

「何の話ですか」

「ひものこと」

そう叫ぶと、低い声でブツブツ言い始め、目の焦点が合わなくなってきた。私と話していたのをまったく忘れてしまったようだ。

近所まわりをした結果、私の心配の種は共同トイレだけだった。トイレがほとんどない村に滞在した経験もあるから、何とかやっていけるとは思った。しかし、ここは都会だ。事情が異なるだろう。

チャンダーの家と暮らし

他の物件も当たってみると、シャーヒー地区の裏通りに、狭い風呂場と専用の玄関がある部屋を見つけた。この家は、シャーヒー地区にいくつもの建物を所有している資産家のものだとチャンダーが教えてくれた。この二カ月間で、彼女ととても親しくなった。真剣に仕事に取り組んでいる、とても頭のいい女性だ。マネージャー、とくに母親からの絶え間ないプレッシャーを重荷に感じてはいたが、ベストを尽くすだけだと思っている。「一生懸命働いて成功すれば、社会規範からはずれていると考えられているような行為でも、家族やビラーダリーから認めてもらえると思うわ」と、私に語ったことがある。ただし、具体的に何をしたいのかについては話さなかった。

チャンダーの家族は、空き部屋がある建物に近い大きな建物の一階に住んでいる。踊り子としてのキャリアが終わりかけの二〇代なかばの二人の姉もいっしょだ。建物の最上階とその下の階には、レンタルビデオと音楽カセットを販売する小さな店をそれぞれ経営している二家族と、シェーフープーリアーン・バザールで靴屋を営む家族が住んでいる。部屋を案内した後、チャンダーが私に言った。

「食事については心配しないで。うちでいっしょに食べたらいいのよ」

私は感謝しつつ、こう伝えた。

「市場で買った食べ物で簡単にやっていけると思うわ。ここでは、ほとんどの人は家でごはんを作らないでしょ」

「あたしたちは作っているのよ。朝食は別だけど、それ以外は家で作るわ。ちゃんとした台所があるのよ」

そして、私の手を取って、「うちにいらっしゃいよ」と強く勧めた。中庭につながる裏口から建物に入り、歩きながら、私の家賃に関する予算について尋ねた。「交渉できるの」と聞くと、チャンダーはウインクして言った。

「大家さんとコネがあるの。あたしたち、以前は別のところに住んでいたんだけど、ここの大家さんはとても親切でね。安く貸してくれることになったの。それに、仕事の関係の人とか政治家の知り合いを紹介してくれるのよ。そのかわり、あたしたちは丁重に接待する。わかるでしょ。お互い、好都合だってこと」

細長い部屋に入るとチャールパーイーが二台あり、その上にスーツケースが数個積み上げられていた。壁には映画女優の派手なポスターが貼られている。その部屋から、ハイダリー通りに面した正面玄関を見せてくれた。大きな扉から居間へ通じている。居間はコーターのようなしつらえで、ごくふつうのソファとテーブルのセットが置かれ、床にも座れるようにしてある。もう一つ小さな扉があり、表通りから入って来られる入り口になっていて、廊下を通って先ほどの細長い部屋とつながっていた。家族はこの小さい扉から出入りし、大きい扉のほうは夜のお客専用なのだろう。

中庭に出ると、三つの部屋と台所に通じる扉が見えた。そこはチャンダー一家の住居だ。一部屋はチャンダーと姉が、もう一人の姉とその二人の子どもが別の一部屋を使っているそうだ。母親は細長い部屋で寝ている。チャンダーはうれしそうに私を自分の部屋へ連れて行った。彫刻が施された大きなヘッドボードが付いたダブルベッドと、香水や外国の有名ブランドの化粧品がずらりと並んだ大きなドレッサーが置かれている。

「すごいコレクションね。稼いだお金を全部、化粧品につぎ込んでいるんでしょう」

チャンダーは頭を後ろにのけぞらせて笑った。

「一ルピーだって使っていないわよ。お客さんが買ってくれるの。服にもお金をかけないようにしているわ。姉さんたちは自分で服を買うけど、あたしは違う。自分で買うなんて売春婦じゃないでしょ。そんなことするくらいなら果物売りでもしたほうがましだわ。フォージアさんは頭がいいから、あたしの言っていることわかるでしょ」

「ええ、わかっているつもりよ」

「お役人のお客はね、よくプレゼントをくれるのよ。心を開くことはないし、お金をあまり使わない。でも、香水なんかをおねだりするとくれるの。趣味がいいのよ。ビジネス界のお客は、まったく趣味が悪いけど」

「ビジネス界って？」

「商売をしている人たちのこと。お金はたくさん使ってくれるけど、プレゼントはお願いしない。英語を話す高級官僚からは、外国製のプレゼントもあるのよ。海外出張があるから、お土産を買ってきてくれるの」

「お友達にお茶もお出ししないで、そこでずっと立ち話するつもりかい。どうぞ、お掛けくださいな」

背後からハスキーな声が聞こえた。チャンダーの母だ。色白で太っている。私はあいさつをして、そばにあった椅子に腰掛け、チャンダーがベッドに座る。私をよく観察してから、母親は部屋を出て行った。

最高のムジュラー

チャンダーが話の続きを始めた。

「個人のおうちでするムジュラーは本当に楽しいわよ。あたしは、いろんな人に会うのが好きなの」

「どんなお客さんが一番好き」

「金細工師が招待してくれるムジュラーは、いつも最高に楽しい。『金細工師はけちだ』っていう表現があるでしょ。でも、あたしたちカンジャルには気前がいいの。本当よ。気持ちをぶつけてくるのよ。友達と競争させたら、もう夢中。争うようにしてお札の雨を降らせる様子ったら、どんなにすごいか口では説明できないくらい。五ルピー札や一〇ルピー札じゃあ、つまんない。たくさん稼げないでしょ。一〇〇ルピー札、さらに一〇〇〇ルピー札ならもっといいわ。一〇〇〇ルピー札のシャワーなんて、この世のものとは思えないほど興奮するわ。踊るときの気合いが全然違ってくるの。本当に」

母親が戻って来た。

「あんたはしゃべりすぎだよ。ずっと話ばっかり聞いてもらっていると、フォージアさんのおなかがすいたままじゃないか」

「ご心配なく。おなかはすいていませんし、娘さんとのお話を楽しんでいますから」

私はチャンダーのほうを向いて、話を続けるように促した。母親が出て行くと再び話し始めた。

「一人のお客さんとどこかに出かけるより、グループで来たお客さんの前で踊るほうが好きなの。踊りが上手だって見せられるし、男たちを狂わせるのは快感よ。それこそ、あたしの能力の一番の証でしょ」

「ムジュラーでは、お客さんはいつも男の人だけなの」

「そうね。でも最近は、とってもお金持ちの人は、女の人も来るムジュラーをときどき催すそうよ。あたしも一回行ったことがある。だけど、よくなかった」

「どうして」

「あたしたちをまるで物のように見るのよ。それに、お客さんとの掛け合いっていうのがほとんどないの。男の人たちはかまえていて、お金をたくさん投げない。だって、奥さんが隣に座っているんだもの。女の人たちも、あまりお金をくれない。楽しみ方を知らないからだと思うわ。踊りはね、踊り子とお客さん相互のものだと、あたしは思うの。踊り子の一つひとつの動きに、お客さんが反応する。ただお金をばらまいているだけのように見えるかもしれないけど、そうじゃないのよ。微笑みかけたり、ウインクしたりして、お客さんの心をつかむ。そうすると、お客さんの手がポケットに行く。あたしのメッセージを受け取ってくれたんだなって、お客さんの反応を確認できるわけ。あたしの言っていることわかる？　うまく踊ったときだけ、そんな反応が得られるのよ」

「仕事がとても好きなのね」

チャンダーは私の言葉には答えず、話を続けた。自分の話にすっかり夢中になっているようだ。

「ときどき、男の人と女の人が集まる『家族型』のムジュラーがあって、料金を決めるでしょ。すると、チップを出す必要はないと思っているらしいの。ちょっと楽しもうとして、ほんの数人が、おしるしばかりに、お金を投げるだけ。あたしにとって、それほどつまんないことないわ。考えてもみてよ。料金が決まっていてチップがないムジュラーなら、一生懸命踊ろうが、いい加減に踊ろうが、いっしょでしょ。お客さんがお札を投げるってことは、あたしの踊りを楽しんでいるというメッセージ。あたしにとって合図のようなものなのよ。お客さんの心にふれられたかどうかわからないのに、メッセージを送り続けるべきかしら。踊り終わった後に拍手するだけの死人のようなお客さんの前で踊りたい人がいるかしら。個人の家でするムジュラーのお客さんが最高よ。お客さんとの掛け合いがあるから、すごく楽しいムジュラーになるのよ」

前かがみになって興奮しながらこう締めくくった。

私を警戒するチャンダーの母

チャンダーの母がレモネードを持って入って来て、コップを私に手渡してから、チャンダーを指して言った。

「チャンダーときたら、フォージアさんには何もしゃべらせないで。この娘の話は長いんですよ。おしゃべりなんだから」

私はレモネードのお礼を述べてから、チャンダーのほうを振り返って言った。

「いいえ、そんなことありません。チャンダーの話を楽しんで聞いているんですよ」

「見てきた部屋は気に入りましたか」

「候補の一つにはちがいないです。ヒーラー・マンディーで、もう一つ見たいところがあるんですが、もうちょっとチャンダーとおしゃべりしてからにしようかしら」

母親は私に微笑んで、部屋を出て行った。チャンダーが私に話をしすぎると気にしているのではないだろうか。これまでもたくさん話をしていたが、自宅を訪れたのは初めてだった。私たちがとても親しいと知らなかったからかもしれない。いずれにしろ、母親が用心しなければならないほどチャンダーは若くなかった。二〇代なかばだから、そろそろマネージャーとなってもよいころだ。

私の読みはあたっていて、母親はチャンダーを私から遠ざけようと試みる。数分後、彼女を呼びつけた。

「あの踊り子のところへ行って、服を借りてきておくれ」

その服をまねて、一番上の姉の服を作るつもりだったらしい。チャンダーは「使用人か子どもを行かせてよ」と頼んだが、「すぐ行ってちょうだい」と強く言われ、かなり大声の口論になった。この商売をしているほとんどの女性と同じように、二人も太い声をしている。チャンダーは、私が待っている部屋に戻って来て謝った。

「母さんはフォージアさんをよく知らないから、ちょっと心配になってきたみたい。あたしはもう子どもじゃないっていうのに、まだ心配しているのよ。嫌になっちゃうわ。でも、いったん知り合いになれば、大丈夫だと思うわ。だいたい女の人なんだから、何か危ないことをするわけないのにね。あたしがある男の人とひんぱんに会っていると、どんなに心配するか見てもらいたいところだわ」

「お客さんのこと」

「そうね、イエスとノー。人を好きになるのはどんなことか、愛とは何かなんて、母さんには見当もつかないのよ。それは親が一番恐れていること。あたしが誰かに少しでも夢中になると、ぶつぶつ言い始めるの」

「すぐ夢中になるの」

「とんでもない。あたしは優秀な売春婦よ。その件は、そのうち話すわ。覚えておいてちょうだいね。あたしはほれっぽい女じゃないし、簡単に恋に落ちたりはしない。でも、あたしも人間だから。ただし、お客さんを相手にしているときは別よ。お互い知ったうえでのゲームだから」

私は立ち上がって言った。

「そろそろ行くわ。お母さんに警戒されたりしたくないから。時間をかけて知り合いになっていくほうがいいわ」

「心配しないで。服なんて借りに行かないから。そんな雑用は子どもの仕事。母さんは他の誰かに行かせるわ。いてちょうだいよ」

「でも、他の部屋も見に行かなくちゃならないし。今夜、お稽古場で会いましょうよ」

「そうね、そうしましょ。ねえ、フォージアさん。もしよかったら、シャーヒー地区で発見したことを教えてもらえないかしら。あたしたちの生活についての調査って面白そう。研究している人たちが使う言葉じゃ何ていうのかわからないけど、きっとわくわくするような新発見を、あたしもときどき考えてみたりするのよ」

「いいわよ。後で、お稽古場で話しましょう」

私がドアのほうへ向かうと、また呼び止められた。

「でも、この家をまだ全部見ていないわ。他にも部屋があるのよ」

チャンダーは私の手を引いて、残る一部屋へ連れて行く。そこは家具が取りそろえられた寝室だった。赤いサテンのキルティングのベッドカバーにフリルが付いた枕、大きな鏡のついたドレッサー。「客間よ」とチャンダーは説明したが、明らかに客用の部屋だ。

それから、私たちは中庭に戻った。チャンダーは、母が私を追い立てるのに成功したと思わせないように時間稼ぎをしていた。子どもではないし、子ども扱いされたくなかったのだ。

「さっき見た部屋はとても便利だから、真剣に考えてちょうだいね」

私が二人にいとまを告げると、チャンダーが念を押し、私は「そうするわ」と約束した。

ご破算になった引っ越し計画

最後に見に行った物件は、シャーヒー地区で一番有名な赤線地帯ヒーラー・マンディーにあった。紹介してくれたのは、音楽家のアーフターブだ。二人でノーガザー交差点をフォート通りに向かって進み、鋭角な角を右に曲がると、両側に高い建物が並んでいる小道に入った。左手には、幅が一～一・五メートルほどの行き止まりの路地がいくつも葉脈のように延びている。

この路地を通れるのはオートバイか自転車だけだ。両側の建物は隣との間に隙間がなく、まるで一つの建物のように見えた。建物は通りに向かって傾斜しているようにも見え、いつしか建物の上部が道をはさんでつながってしまうのではないかと錯覚するほどだ。蓋がない下水溝が路地の真ん中や端を流れ、建物の扉の多くにはカーテンが掛けられていた。アーフターブは小便の臭いがする小さな路地へと私を連れて行った。彼が扉をたたくと、カーテンの裏から若い男が顔を出す。

「シャードー姉さんはいるかい」

「聖者廟にお供え物を持って行ったから、二時間くらいで戻って来るだろうよ」

「近所の聖者廟かい」と聞くと、男は、「願かけをしたお礼に約束したチャーダルを捧げるため、ダーター様の廟に出かけたよ」と答えた。その場を離れると、「この部屋は止めるわ」と私はアーフタープに告げた。そのあたりの人びとをほとんど知らなかったからである。そして、「調査のためにシャードーさんに会いたいわ」と付け加えた。

　シャーヒー地区に移り住もうと思いついたことは、我ながら誇らしい。そのために、この地区の不動産事情を調べ、いい物件をいくつか見つけたが、内心はカイスラが住んでいる建物にほぼ決めていた。いろいろな意味で、私に適している。イスラマバードに帰る道中、無給休暇を申請し、やりかけの仕事をすまそうと考えていた。そうすれば、調査に集中できるだろう。車を運転しながら、引っ越し先に必要な物をあれこれ思い浮かべていた。

　ところが、母はこの計画を聞いてショックを受けた。

「そこまでする必要はないじゃない。調査に没頭するあまり、正気を失っているわ」

　この反応を私は理解できなかった。シャーヒー地区の人びとを全面的に信頼していたからだ。叔父の家から簡単に通えるが、二四時間活気に満ちた活動が行われている場所は夜も調査する必要がある。研究所の同僚も、母と同様の反応を示した。私は周囲のあらゆる人と口論せざるをえない状況となってしまったようだ。友人たちは仰天し、「そんなに夢中にならなくても」と言う。「みんながシャーヒー地区に対して偏見をもっている。だから、私がその偏見と戦おうとしている」のだと、自分に言い聞かせた。シャーヒー地区に入った者は誰もが売春を強要されるか、危害を加えられると思われている。まったくばかげた話だ。でも、そのうち理解してもらえるだろうと、私は確信していた。

　数日後、警察に勤務している友人のアムジャド・シャーに会った。引っ越しの計画をもち出したところ、不安そうな眼で私を見て、聞いてきた。

「危険を冒そうとしているのだとわかっているのかい」

「シャーヒー地区の人びとを知っていますし、その人たちといっしょだから安全だと思いますわ」

「私を信用しているかい」

「ええ、もちろん」

「シャーヒー地区で警察に出会ったことがあるかい」

「何回か。たしかに、いい感じはしませんでしたわ」

「よく聞いてくれよ。体をバラバラに切り刻まれて溝に捨てられたら、君がどこへ行ってしまったのか誰もわからなくなる。勇敢なのはかまわないが、ばかなまねはよしたまえ。シャーヒー地区の友人が助けてくれると思うのかい。彼らでさえ、あの地区ではびこっている組織犯罪については知らないんだよ。それに、君が向き合う危険は、あそこの人びとの危険とは違うんだ。いい人たちばかりで安全だなんて、やめてくれよ。君があちこち行って質問しているのが気に入らない連中がいるんだよ。スパイだと思われている。わかっているのか」

アムジャドは強い口調で言った。私は真剣に話を聞き、そしてうなずいた。

「いまでさえ、連中にとって君は脅威なんだよ。なぜって？　君に知られたくない領域に、いつ踏み込まれるか、わからないからだ。君は問題の種なんだ。いまはあそこに住んでいないし、君が有力者かもしれないと思われているから、まだ有利な立場にいられる。しかし、移り住んだとしたら、その強みを失ってしまう。一住民となれば、非常に弱い立場に置かれる。連中の管理下に入るということだ。いとも簡単に捕まえるのも可能だ。引っ越したいなんて、君は大ばか者だ」

「連中って、誰のことですか」

「まず警察、そして多くの地元の政治家も含めた暴力団」

私は深呼吸をして、丁重に尋ねた。

「この計画は本当にだめでしょうか。決めた物件があるんですけど。たいへん安全な……」

途中で遮られた。

「どうしても住みたいのなら、そうすればいい。だが、もし何かあったとしても私は助けてあげられない」

アムジャドの最後通告で、私の計画は打ち砕かれた。素敵な部屋に飾り上げ、近所の音楽家の友人たちを招待し、シャーヒー地区の営業時間が終わった後の通りの様子を観察し、街娼がうまく警察から逃れる様子を見ようと考えていた。しかし、それは不可能なことなのだと思い知った。

（1）（*salaam*）イスラーム圏での日常的なあいさつで、「平安」という意味（一六三ページ注（8）を参照）。

（2）イスラマバードから北方に車で二時間程度、標高約二〇〇〇メートルの山あいにあり、イギリス統治時代に避暑地として開発されたリゾート地。ホテル、郵便局、寄宿制の学校など往時の建築物が残っている。

（3）サーカスでよく行われる出し物。九メートルほどもある井戸のような円柱形の内側をオートバイで駆けまわるショーを観客が上からのぞいて見る。円柱が壊れそうな木や金網で作られていることから、「死の井戸」と言われている。このオートバイのパフォーマンスの合間に、踊り子が踊る。

（4）使い捨てのナプキンの代わりに、布を折りたたんで生理用のナプキンとして使用すること。

（5）正確にはニカー（*nikah*）。一六四ページ注（7）で述べたように、パキスタンのイスラーム教徒には結婚式に六つの主な儀式があり、そのうちの一つ。イスラーム法学者の立ち会いのもとで結婚の誓約をかわす儀式。

（6）ラーワルピンディー市にある赤線地帯。

第6章　売春婦たちの人生

コーターで歌う若い踊り子

下級娼婦たち

大げんかの勃発

私はサーディク師匠の稽古場で、最近結成されたモダンバンドというグループの新曲を聴いていた。バンドはギター、シンセサイザー、ドラムという構成である。ほとんどの新しいバンドがシンセサイザーをリズム楽器にしているなか、ドラムを加えるという革新的な試みにモダンバンドは興奮していた。将来は、結婚式やパーティーなどで演奏したいと意気込んでいる。

すると突然、女性の怒鳴り合いが聞こえた。サーディク師匠と同じ古い建物に住むパンミー一家の住居がある中庭からのようだ。どうやら、けんかが始まったらしい。音楽はほとんど聞こえなくなった。師匠に断って中庭に出ると、一〇人以上の男女がいて、ベランダからは多くの女性や子どもたちがのぞき込んでいた。騒動の中心人物は、パンミーの母と私の知らない女性のようだ。肌は黒く、目鼻立ちがはっきりとしていて、四〇歳代。手にはタバコを持っている。人だかりのなかに、パンミーの妹のラジアや隣に住んでいる人が見えた。

口論の声はますます大きくなっていく。いったい何が起こったのだろうか。理解に苦しんでいると、リングの中央にいるプロレスラーのように中庭の真ん中に立っていたパンミーの母が、ふいにかがんで小さな椅子をつかみ、相手に向かって投げつけた。椅子は水が入った大きなドラム缶のそばに立っていた女の肩を直撃し、ドラム缶に当たって壊れた。野次馬たちは次に何が起こるのかと静まり返り、私は息をのんだ。女は泣き叫び、激しくののしった。パンミーの母は手あたりしだい、ほうき、火ばし、スリッパなどをつかんでは投げ、女は必死にドラム缶の後ろに隠れる。

人びとはパンミーの母に駆け寄り、手を押さえようとしたが、彼女は両足でしっかりと地面に踏ん張り、近づいて来る人たちを次々とかわす。叫び声は一段と大きくなり、罵声が飛び交う。見物していた人たちも、みんな叫んでいる。パンミーの母を非難して、止めるように言う者。相手の女に逃げるように言う者。私はどうしたらいいのかわからず、壁際に立っていた。ことのいきさつがまったく飲み込めない以上、見守るしかない。

「ミッティー・カーニー、売女《ばいた》(1)、恥を知れ。私をだましやがって」

パンミーの母が叫ぶ。そして、「ワル　パーンデー　ヴィッチュ」と、繰り返し叫ぶ。後から聞くと、「母親の子宮に戻りやがれ」という意味の、ののしり言葉だという。

女が逃げるか、どこかに隠れたらいいのにと私は思った。ところが、驚いたことに、女は突然金切り声を上げるとパンミーの母に向かって突進し、体当たりしたのだ。鉄砲玉で戦車を撃つようなもので、一寸たりとも動かせなかったものの、小さなへこみをつくる程度の効果はあった。女はパンミーの母の髪の毛をつかんで、殴った。五〜六人が二人を取り囲み、女を背後から引っ張って離そうとする。女の肩からは血が流れている。骨折はしていないだろうが、ひどく痛んだにちがいない。

ようやく、人びとは二人を引き離すのに成功した。どちらも力尽きたようだ。数人の女性が女を中庭の端に連れて行き、チャールパーイーに座らせた。別の女性が水で濡らした布を持って来て、傷にあてがう。別の女性たちは、パンミーの母をもう一つのチャールパーイーに座らせ、「落ち着きなさいよ」と口々に言った。

野次馬の数はおとなが約二五人、子どもが一〇人以上に膨れあがっていた。新たな野次馬が加わるたびに、「何が起きているんだい」と尋ねる。誰かが半分ほど説明をしたところで、その新入りが知りもしない事態の全容について解説を始め、けんかをしている二人に助言までした。ようやく、女はラーニーという街娼で、部屋代を払わなかったため、パンミーの母ともめていたと判明した。彼女が貧しい売春婦が客を連れ込むための部屋を貸していたことを、私は思い出した。ただ、街娼が商売をほとんどしない四時ごろだったので、腑に落ちなかった。ラジアがうちわを持って来て、母をあおぎ始めた。野次馬は騒がしくしゃべっていたが、当の二人は静かだ。七〇歳くらいの男性が、面白がって見ている子どもたちを指差して言う。

「ほら、子どもたちがおまえさんたちを見ているぞ。そんな汚い言葉を使って、恥ずかしくないのかい」

老人が背を向けて立ち去ろうとすると、スリッパが飛んで来て背中に当たった。驚いて飛び上がる老人に、パンミーの母が大声で叫ぶ。

「いったいあんたは誰だい、このおせっかい野郎。この女のポン引きか、それともオトコかい。くそったれ」

老人は両耳を手で押さえて、「この売女が。売女、売女めが」とつぶやきながら、振り返りもせず、階段のほうへ駆けて行った。一息つくと、パンミーの母がわめき始めた。

「あの女が私に嘘をついたんだよ。だましたんだ。何年も、とてもよくしてやったのに」

泣きながらラーニーも言った。

「あのならず者が、あんたに嘘をついたんだよ」

「黙れ、この魔女の娘」

パンミーの母が叫び返す。

野次馬たちはラーニーを黙らせようとする。パンミーの母は手で髪を直しながら、「人は神を怖れなくなったんだ」と落ち着いた声で話した。そして、母の汗をひかせようと、おとなしくうちわであおぐ娘のラジアを見て、妙な目つきになったかと思うと、ふいにラジアを押しやって言った。

「もういいよ。うっとうしい」

ラジアはチャールパーイーの上で引っくり返り、困惑した表情を見せた。

けんかの原因

モダンバンドの音楽家の一人シャクーラーが言った。

「さあ、帰ろう。ショーはおしまいだ。この水牛（パンミーの母）が他の人を叩き始める前に、逃げ出そうぜ」

私たちがまばらになった野次馬の間を抜けて稽古場に戻ると、サーディク師匠がにこにこしながら聞いてきた。

「それで、ここの娯楽番組はお気に召しましたか」

私は目にした光景を笑うことができず、「師匠は見に行かれませんでしたよね」と答えると、師匠は笑った。

「いやいや、音だけで十分だよ。ビデオに興味はないからね。私は二人ともよく知っている。だから、見る必要はないのさ」

そして、真顔になって言った。

「こうなるのは、わかっていた。何が起こったのか私は知っているよ。パンミーの母さんは、何時間もあの女のことをぼやいていたからな。今日ラーニーを見た瞬間、怒り出すと思ったよ。ときどき、ラーニーや『ミッティー・カーニー』と呼んでいる街娼たちに部屋を貸していたのさ。売春婦のなかで最低の女たちだ。わかるかな」

「ええ、聞いています。どうぞ続けてください」

「あの女たちは稼ぎの一割を支払うことになっているんだ。ほんの三〇分ほど借りてな」

一人のミュージシャンが遠慮がちに発言した。

「一〇分くらいだと思いますよ」

「黙れ」

師匠が言うと、誰かがクスクスと笑った。

「口をはさむな。ラーニーは客から得た稼ぎの一割を払うことになっているんだ。運が良ければ、一人や二人客を取れるが、客がない日もある。昨日の夜、ある客がラーニーをだましたんだ」

「どういうことですか」

「男は一〇〇ルピー払うと約束したくせに、帰り際に一〇ルピーしか出さなかったようだ。ラーニーは言い争ったんだが、『一言でも文句を言おうものなら警察に突き出してやる』と言われた。パンミーの母親は一ルピーを渡されて、むかついた。それを今日あちこちで愚痴っていたところ、『一〇〇ルピーで話がついていたよ』と誰かが言ったのさ。中庭のすぐ外の隅ででも聞いていたんだろうよ。パンミーの母親は、ラーニーが建物に入ってくるのを二時間前から待っていた。あーあ、意地の悪い女だ」

音楽家の一人がシンセサイザーのスイッチを入れると、師匠がそっちを向いて言った。

「いやいや、その曲じゃない。ショーで使おうと決めていた曲から始めよう」

この言葉を合図に、けんか見物のための休憩は終わり、リハーサルが再開された。私はラーニーが気になって、長居できなかった。あれほどの大げんかの原因が、たった九ルピーをめぐってだったとは。客が売春婦をだますことはあると、パンミーの母は知っているはずだ。なぜラーニーの言葉を信じなかったのだろう。

下級娼婦の街ティッビー地区

ラーニーのような下級娼婦は、ティッビー地区に多く住んでいる。狭い路地に小さくて暗い部屋が並び、一〇〜二〇〇ルピーでセックスの相手を見つけられる。歌も踊りもなく、客はお目当てのものがすぐに得られるのだ。この地区の主な通りの一つは、ティッビー小路という。初めて訪れたときの印象は、とても奇妙だった。小路の端からちょっとのぞいただけで、「死」の気配が漂っているように感じたものだ。まるで竜巻が襲って破壊した後の打ち捨てられた場所のように、ほとんど人影がなかった。人が住んでいないわけではない。使い古された布が、家々の入り口に掛けられている。だが、ほとんど動きがない。突然、背後から太く鋭い声で警官に声をかけられ、飛び上がりそうになった。

「『ティッビー地区に何人たりとも入るのを許してはならない』という厳命があるから、入って行ってはだめだ」

ここは丁重に食い下がるしかない。

「女の私が、お客であるはずがありません。立ち入りを禁止されるいわれはないと思いますが」

結局、私が何者かを知らないまま通してもらえたが、「誰にも話しかけてはならない」と厳しく命じられた。

立ち並ぶ家を観察しながら、私はゆっくりとティッビー小路を進んだ。一つひとつの部屋はとても小さい。ある家の戸口で、八〇歳くらいの老女を見かけた。とても太っていて、青白い顔をしている。白い髪は何カ月も洗っていないようだ。部屋には臭気が漂い、老女の下に敷かれた破れた布のほかには何もない。壁に寄りかかり、足を前に投げ出して座り、前屈みになった体はぐらぐら揺れていた。重病をかかえているかのように。

客を待つ下級の売春婦

　アユーブ・ハーン大統領(2)の時代、改革運動の一環としてティッビー地区での売買春が禁止され、シャーヒー地区でも厳しい規制が敷かれた。売春婦たちは追い立てられ、結果としてラホール各地に移り住んだ。これに対して市民から抗議の声があがり、政府は禁止命令を撤回し、赤線地帯の人びとは元の場所に戻ることが許された。音楽家や踊り子は芸能人として認められ、定められた時間帯内でのみ活動できるようになったのだが、歌や踊りが行われないティッビー小路では、売買春業は再開されなかった。アユーブ大統領以後、すべての政権は同様の政策を維持している。とりわけ、ジアーウル・ハク政権下(3)では警察が厳しく取り締まった。

ティッビー地区をいったん追い出された女性たちは行く当てもなく、大きな建物の中の小さな部屋に隠れ住む以外になかった。性の取引はいまも、こっそりと続いてる。

売春婦の間の階層

売春婦たちの間には、昔からの明確な社会階層が存続している。とびきり美しい女性は、シャーヒー地区に長くとどまらない。若いときに見そめられ、妻や愛人となる。商売を続ける場合でも、グルバルグ地区などの高級住宅街に家を構えて、アラブの豪族や大物政治家などの特権階層を相手にする。シャーヒー地区でコーターを継続している場合もある。「オフィス」をオープンできる夜一一時ちょうどに間に合うように、最新型の車を運転してやって来て、特定の客や同業者との関係を維持する。

このような売春婦はAクラスと考えられる。上流社会を渡り歩く術を会得し、要求を満たせる金持ちの客を何人かもっている。高等教育を受けた者や、美貌や商売にたけていて成功した者もいる。他の売春婦と比べて自由で、自分の収入を好きなように使え、映画界のスターであれば、富ばかりか名声も手に入れられる。性的なサービスは限られた客にしか提供しないが、より条件がいい契約や映画で主役級の役を得ようとして、商売を続ける者もいる。母親や叔母などのマネージャーは彼女たちにつきまとい、懸命にキャリアや私生活を管理しようとする。

れっきとした女優として映画界に入ると、シャーヒー地区の世界から脱却する。家業を捨て、エリート層の社会に入るのだ。映画スターとして成功すると、たいていは有名な監督や男優、あるいは映画界の名士との結婚を強く望む。映画で売れっ子となった後も、ムジュラーを続ける女性もいる。人気者となれば、料金を大幅につり上げられるからだ。一晩のムジュラーで、映画一本の出演料と同じくらい稼げると聞いた。一方、社会的な地位を得ると、ムジュラーを続けるのを嫌がる女性もいる。お金より社会から尊敬されるほうが重要だと考えるからだ。

Ｂクラスの売春婦はシャーヒー地区に住み、伝統的なコーターを経営し、以前ほどではないとはいえ伝統を守り続けている。コーターで、毎夜一一時から一時まで歌や踊りを披露する。私が一番よく知っている人たちだ。長年の政府の改革、ただし警察が選択的に施行している改革によってもっとも影響を受けている。そして、性の取引と目に見える形で最前線でかかわっているので、もっとも偏見をもたれている女性たちだ。

大多数の売春婦は、Ｂクラスからスタートする。より明るい将来へと登りつめていく者もいれば、そうありたいと願っているだけで終わる者もいる。最終的に、Ａクラスへ上がるか、Ｃクラスへ下がるかもしれない、一時的な階層とも考えられる。とはいえ、ほとんどの売春婦は一生Ｂクラスのままである。

Ｃクラスは、Ｂクラスから出発したが、経済的な問題で伝統的なコーターの経営に失敗した売春婦で、家業に失敗した者としてさげすまれる。たとえば、若い後継者を訓練し、「所有」していなかったり、シャーヒー地区で少しばかりの不動産さえもっていないため、高齢になると生活できない女性だ。音楽、踊り、衣装、美しく内装がほどこされた部屋など伝統的なコーターの趣向をすべてあきらめざるをえず、死ぬまで売春だけで暮らしていかなければならない。

ティッビー小路や付近の薄暗い路地で働く売春婦は、日が暮れると自分たちの部屋の外に立ち、客を捕まえると、すぐに部屋に引き入れる。客が顔や体をはっきり見えないようにするため、部屋には薄暗い灯りだけ。Ｃクラスの売春婦は、自分が年をとり、若さが失われているのをよく知っている。厚化粧で顔のしわを隠し、ブラウスの下に毛糸の玉を詰めて胸を大きく張りがあるように見せる。だいたい客を満足させる部分しか服を脱がず、上着のカミーズは身に着けたままだ。

売春婦にとって、Aクラスに達するのは夢であり、Cクラスへの転落は最大の脅威である。商売のコツをいくらかでも心得ている者は、若さという限られた時間が尽きる前に経営者へと順調に移行する。

ラーニーの波乱の身の上

ラーニーはCクラスの売春婦の一人だ。実際は四〇歳だが、目のまわりに隈があり、ひどいやけどを負ったかのようにしわだらけの肌をしているので、一〇歳は老けて見える。パンジャーブ州の農村で生まれ、一四歳のときに、旅回りの一座といっしょに村にやって来た若者に恋をした。当時、二二歳のラフィークだ。芝居もせず、歌も歌わず、手に職があるわけでもなく、一座の人びとの食事を市場から買ってくるなど、雑用をしていた。踊り子として雇われていたシャーヒー地区出身の二人の女性の親戚で、彼女たちの付き添いのような役目である。ラフィークもシャーヒー地区で育ち、性の商売についてよく知っていた。女性たちにそこそこの稼ぎがあると知り、客引きになる道を歩んでいたのだ。

ラフィークは市場で、女友達といっしょにいるきれいな少女ラーニーに出会った。一座がその村にいた、たった四日間のうちに、若くて無邪気な表情のラーニーを好きになり、大胆にも話しかける機会を見つけた。ラーニーはラフィークが自分に魔法をかけたと思い込んだ。

「彼は夢に出てくるロマンチックなヒーローみたい。息が詰まるような村から離れて、幸せと冒険に満ちた世界へ連れて行ってくれる」

ラーニーは、都会へ行って別世界に住む人の暮らしを見ることをしばしば夢見ていた。ラフィークはラーニーに家族や村のしきたりに背くようけしかけ、いっしょに村を出れば誰にも見つかることはないと保障した。ラフィークが自分をさらって行くヒーローだと信じ込んだラーニーは、同意する。そして、家族がまだ寝ている早朝に、一座とともに村を出た。次の村へ行く途中、座長が二人の駆け落ちに気付いた。警察といざこざを起こしたくない座長は、「直ちに一座から立ち去れ」とラフィークに命令する。間もなく娘が誘拐されたと知ったラーニーの家族は、当然ながら劇団の後を追った。

ラフィークとラーニーは一座を離れ、都会をめざした。捕まるのを怖れて、怪我をしながらも水路ややぶの中を走り続けたことをラーニーは覚えている。高熱を出し、壊れたベッドで虫に刺されながら横になったことも覚えている。しかし、それが都会に着いてからなのか途中だったのか、記憶は定かでない。出来事は記憶に残っているのだが、順序がわからない。ラーニーの記憶は、ネックレスのひもが切れて床に散らばったビーズのよう。こんなさまざまな思い出が、ときおり夢に出てくる。

ついに二人は、都会にたどり着いたが、そこはラホールではなかった。ラフィークはラーニーと結婚するどころか、誘い込んだ客にラーニーの処女性を売り渡し、手っ取り早い稼ぎを得る。それから、シャーヒー地区へ連れて行く。ラーニーはしばらくの間ラフィークに使われ、やがて他の客引きの間をたらいまわしにされた。

ここから、ラーニーの痛ましい話は絡まった糸のように混乱してくる。ある客と結婚寸前まで話が進んだことが一度あった。ようやく落ち着けると喜んだ矢先、ラフィークがどこからともなく現れた。彼のような男は、金に困ると、一番簡単に金が手に入る場所へ戻ってくる。ラーニーは激怒した。

「私を何度も売り飛ばしたくせに。私はあんたのものでも何でもないわよ」

しかし、人を売買する商売のなかで育ったラフィークである。耳を貸すこともなく、さらに四年も彼女をいいように使った。そのころには、売春婦としてはすでに年をとりすぎていたが、ラーニーの血を最後の一滴まで搾り取るつもりだったのだ。ラフィークは、言うまでもなく、仕事ができない男だった。腰を据えて経験を積めば一人前になっていただろうが、本人が客引きだと自覚せず、生活するための一時しのぎの仕事だと考えていたのかもしれない。ラーニーからこれ以上搾り取れないとわかったとき、殴りつけたうえ、シャーヒー地区を去って行った。命が危ぶまれるほどの性感染症にかかっていた彼女を残して。二人が暮らしていた部屋の家賃を半年分滞納していたのに、ラフィークがいなくなったと知った大家は、彼女に支払うように強く迫った。

ある晩、高熱があるにもかかわらず、ラーニーはありったけの化粧品を使って化粧した。そして、薄地の黒いドゥパッターで顔を半分隠し、派手なシャルワール・カミーズを身に着ける。真っすぐ立つだけでも精いっぱいの状態だったが、部屋の外に出て静かに立った。どれくらい時間が過ぎただろうか。近づいてきた男が何を言っているのかほとんど理解できないまま、腕を取って部屋に引き入れた。ドゥパッターを取らせないようにし、最小限行為に必要な部分だけ脱いだ。意識がもうろうとしていて、客と料金について話をつける元気もなかった。

いつしか気を失ってしまったようだ。気がつくと、一〇〇ルピー札が一枚、枕元に置かれていた。服を着替え、わずかな持ち物をまとめて、大家に会いに行き、一〇〇ルピー札を差し出して伝えた。

「これが全財産です。いますぐ部屋を出て行きます。ラフィークは去ってしまい、私は行く当てもありません」

大家は部屋の鍵を受け取ったが、「お金はとっておきなさい。病気が重いようだから、手当を受けたほうがいい」と勧めてくれた。

ラーニーは知り合いの女性を訪ねた。ティッビー小路の近くに住んでいる五〇歳代の非常に貧しい女性で、売春でかろうじて生計を立てている。彼女は客を得るために通りには立たない。室内にいて、顔を全部見せないようにカーテンを少しあけ、外の通りをのぞく。客とのやり取りもカーテン越しに行い、小さな石油ランプだけが灯された部屋に客を招き入れる。客が部屋に入るとすぐにベッドに横になり、シャルワールを脱ぐ。たった五ルピーしか払わない客でさえ取っていた。

この女性のもとでラーニーは暮らし、やがて病気から回復する。女性は日中口を聞くことはめったになく、体を動かすのも辛そうだった。痩せ細り、体は震えていて、頭が絶え間なく揺れている。まるで八〇歳くらいの老女に見えた。ラーニーは体調が良くなると、ときには食事の準備を手伝った。とはいえ、たいがいは簡単な食事を市場から買ってすました。きちんと料理ができるように台所用品をそろえるより、安上がりだからだ。

ラーニーは再び働き始めた。ある日、食事を買って帰ると、その女性は立てた膝の上に頭を伏せ、座ったまま死んでいた。恐怖にかられたラーニーは走り去り、ムルターン行きのバスに乗り込んだ。そこに知り合いは一人もいなかったが、あの部屋で起こったことに耐えられなかったのだ。死体がどれくらい放置されていたのか、誰が埋葬したのかは知らない。この一連の出来事は、途切れ途切れの苦難に満ちた記憶の一つとなった。

ムルターンで数カ月を過ごしたラーニーは、ラホールよりさらに稼ぎが悪いことに気付いた。そこで、シャーヒー地区に戻って来る。だが、その先どうなっていくのか見当もつかない。とにかく、パンミーの母に部屋を使わせてもらい、取った客からの稼ぎの一割を部屋代として支払うことで話がついた。比較的きれいな部屋のおかげで、定期的に訪れる客が以前より増え、食事とタバコ代に十分な稼ぎはある。パンミーの母が誤解を解いてくれ、これからも部屋を使わせてもらえるように、ラーニーは願っていた。

パンミー一家の出来事

けんかの後

けんか事件以後、ラーニーの様子が気になっていた。二カ月ほど経ってから、私はパンミー一家を訪ねてみようと思い立った。温かく迎えてくれたパンミーの母は、いつものように一番大きな部屋の扉の横に置いたチャールパーイーの上に座っていた。中庭全体が見渡せ、誰が何をしているのかわかるからである。パンミーと妹のラジアは外出中だった。

「パンミーはいつも出かけているわね。今日も会えないのかしら」

「二人ともすぐ帰って来るよ。ちょっと師匠のところに行っているだけだから」

「あら、お稽古の時間だったでしょうか」

「いいや、稽古はもっと遅い時間だよ。師匠がサーヒーワール市でのショーに連れて行ってくれるから、音楽家と新しい曲のリハーサルをするためさ」

「師匠がつくったあの新しいバンドといっしょに行くのですか」

「あの人たちが何をやっているのか、知らないね。同じ額しか払ってくれないから、新しかろうと古かろうと私には関係ないね」

パンミーとラジアを待つ間、ラーニーのことを話してみようと思った。まず、「シャーヒー地区には街娼が大勢いるのですか」と切り出す。

「そうさ。どこかよそへ行ってもらいたいもんだね。ここは、歌や踊りができる売春婦の街だからね。ミッティー・カーニーは何の芸もできず、お巡りの目を引くだけだよ。以前はかわいそうだと思っていたけど、いまじゃ私たちの商売までだめにしていると思っているよ」

そう言ってから、中庭で末娘のソーニーとかくれんぼをしていた一番下の息子を呼びつけた。クルターとズボンという格好に裸足の息子は、こちらへ走って来たものの、扉のところで立ち止まり、隠れてしまった。私のそばに来るのが恥ずかしかったのだ。

「シーダーンおばさんのところへ行って、このお金を渡しておいで。それから」

と言いながら、ドゥパッターの端に結わえていたお金をはずして数えたが、足りないことに気付く。チャールパーイーから立ち上がり、お金を取りに行きながら言った。

「あの売春婦に言っておやり。『家賃はちゃんと払っているんだから、ぶつぶつ言うんじゃない』って」

息子がクスクス笑っている間、母親はしゃがみこんで、大きなスーツケースを開けてお金を探していた。そして、お金を取り出し、息子の手に握らせた。ところが、突然、別の考えが浮かんだらしい。

「待ちな。やっぱり、姉ちゃんに行ってもらおう」

そして、私のほうを向いて、「悪いね、これを先にすませておかないとならないんだ」と詫びた。今度はもう一人の娘を呼んだ。パンミーの妹で、すでに売春婦として働いている。

「お金を持って大家のところへ行って、顔にお金を投げつけておやり。それからこう言うんだよ。『家賃はきちんと払っていて、ただで住んでいるわけじゃない』ってさ」

パンミーの母は大家について延々と悪態をついている。妹はばつが悪そうに私を見たので、私は微笑み返した。ソーニーが駆け寄って来て、「お姉ちゃんといっしょに行ってもいい」と聞く。恥ずかしそうに、手を口にあてて笑い、肩をすくめた。母親は小言を言ってから、「だめだよ、家にいな」と応じない。がっかりし、うかない顔をして中庭へ戻って行ったが、弟と遊びを再開する気にはなれない。ソーニーは一〇歳くらいで、あどけない顔と笑顔が魅力的だ。色白で、彫りの深い顔立ち、赤みがかった髪が、とりわけ彼女を可愛らしく見せている。いつも機嫌がよくて手のかからない子のようだが、私の前で母親にしかられたくなかったのだ。

パンミーの母はチャールパーイーに戻って来て、腰かけた。立ち上がってスーツケースとの間を往復しただけで、とても疲れたようだ。息が上がっていて、「水を持って来ておくれ」とソーニーに叫んだ。ソーニーはアルミのコップを持って蛇口まで走って行く。ぐずぐずしていると、またしかられるのではないかと恐れたのだ。水が入ったコップを持って来て、母が一気に飲み干す間そばに立っていた。可愛らしく微笑みながら、ちらっと私を見て、肩をすくめてみせた。パンミーの母が落ち着いたのを見計らって、私はラーニーについて聞いてみた。

「ラーニーはここに戻って来て部屋を使っているんですか。たくさんお客があるようには見えないんですけど」

すると、私が例のけんかを目撃していたことにはまったくふれずに答えた。

「ああ、ときどき来るよ。部屋を使わせてやってるさ。でも、反対側の地区のほうにもっと安い部屋を見つけたらしいよ。私は一割もらうからね。高いと思うかい。あんなミッティー・カーニーからもらうお金なんてしれてるよ。部屋を借りて、きれいにしておくにも、お金がかかる。みんな生きていくのは大変なんだ」

「もしラーニーが来るようなことがあったら、よろしくお伝えください。それから、私が会いたがっていると。連絡できる住所がないから、最近話をしていないんです」

「住所なんて知ってる必要ないさ。この辺を夜な夜なうろついているよ。警察に捕まらないようにな」

可愛いソーニー

しばらく話してから私が中庭に出ると、ふくれ面をしたソーニーが低い椅子に腰掛けていた。すぐそばで、姉が料理をしている。チャールパーイーに腰をおろし、ソーニーに呼びかけると、ためらいながらも、こっちにやって来た。

「もうお師匠さんについているの」

ソーニーは、元気よく首を縦に振った。

「もちろんよ。お姉ちゃんたちと同じお師匠さんのところへ行ってるの。あたいはいいお弟子さんなんだから。お師匠さんも、ほめてくれる。お姉ちゃんたちはお稽古をよく休むけど、あたいはそうじゃない」

「パンミー姉さんといっしょに行くの」

「ううん、小さい子のクラスは早い時間にあるの。同じクラスに六人いるのよ。今日は、お稽古はお休み。お師匠さんは今晩ショーがあるから、準備があるの。明日もお休み」

「どうして明日もお休みなの」

ソーニーは笑いながら体をのけぞらせ、手をパンパンと打った。

「ショーの準備で今日のお稽古がお休みなんだから、明日はショーをしていて教えられないでしょう。それに、他の町へショーに出かけるのよ」

いたずらっぽく微笑みながら説明したので、私も思わず笑ってしまった。

踊りの稽古を始めたカンジャルの女の子

「学校には行っているの」

「四年生まで行ったんだけど、父さんがもう十分だって。あたいが行ってた学校や先生の話を聞きたい？」

私が答える前に母親が大声でさえぎった。

「ソーニー、フォージアさんの邪魔をするんじゃないよ」

すぐさま、私は返事をした。

「パンミーがあとどれくらいかかりそうか、ソーニーにお稽古場まで聞きに行ってもらってもいいでしょうか」

母親が承諾すると、ソーニーは勢いよく椅子から立ち上がった。彼女には少し丈が長いシャルワールを片手で引っぱり上げ、反対の手でドゥパッターを邪魔にならないようにしっかり首に巻き付けると、駆け出して行った。

ラジアの結婚相手探しと恋愛

私がパンミーの母のところに戻ると、彼女は宙を見つめていた。

「ラジアを結婚させるおつもりだと聞いたのですが」

「誰が言ってたんだい」

「どこかで耳にしたんですけど。これは内緒のお話なんですか」

「そんなことはないよ。少し前から父親が相手を探しているんだ。でも、あの人が連れて来た男のなかに私の気に入らないやつもいるんだ。成金野郎とは商売しない主義なんでね。やつらは信用ならない。夫が何て言おうと、私が納得する話しかだめだね」

「あの方は、娘さんたちのお父さんなのですか」

「あんたもこの地区に来てから長くなるだろう。どの娘の父親が誰なんて話はよそうじゃないか」

しまったと思い、取り繕おうと問い直した。

「そんなつもりじゃなかったんです。お母さんがあの方と結婚していらっしゃるのか聞きたかったんです」

「あの人のことは誰にも話さないようにしているんだけど、まあ、そんなもんだね。他の人から悪い話を聞いただろう。それほど悪い男でもないよ。私の従姉のお客で、うちの娘たちのマネージャーとして手伝ってくれるようになった。この商売はそれほど簡単じゃない。とくに、うちみたいに自分のコーターをもっていない場合は。奥の部屋を貸したり、お客を得るためにいろいろ努力もしなくちゃならない。まあ、あんたには関係ない話だけどね」

私は口をはさまず、聞いていた。夫について誰にも話さないと知っていたからだ。「客引きで、薬物中毒で、嫌なやつだ」としか、聞いたことがない。夫の友人に出会ったこともない。知り合いは同僚の客引きも含めて、シャーヒー地区の外にいるようだ。

「パンミーにいいお客を見つけるのは大変なんだよ。客引きはみんな、エージェントとして手数料を稼ぐだけじゃなくて、取引すべてを仕切りたがる。それはできないことなんだ。だから、あの人に手伝ってもらっているほうがいいと思うのさ。悪い男じゃあないよ」

そのときソーニーが戻ってきた。走ったせいでぐったりしていたが、私の使いを果たし、うれしそうだ。

「パンミー姉ちゃんたちは稽古場を出て、家に向かっているよ」

しばらくすると、パンミーとラジアが帰ってきた。母親は低い声で悪態をついている。稽古があまりにも長い時間かかったせいに、ちがいない。二人の姉と話していると、何にでも参加したくてたまらないソーニーがわくわくしている。お使いを頼まれ、うまくやりとげ、上機嫌なのだ。私はラジアのほうに身をかがめて小声で言った。

「ガーマン師匠のところで、ルーバーさんがとてもほめていたわよ。歌がとても上手だって」

ラジアが赤くなると、ソーニーは大声で笑い、私に寄りかかってささやいた。

「おばちゃん、ルーバー兄さんはメモ用紙に手紙を書いて、ラジア姉ちゃんに送ってくるのよ」

ラジアはソーニーを「このばか」と言ってぶった。ソーニーは肩をすくめてクスクスと笑った。

「おばちゃん、本当なのよ。あたいが手紙を運んだんだから。なのに、あたいをぶつなんて。ルーバー兄さんがね、『母さんに見つからないように』って言ったのよ」

「そうか、ルーバーさんはがんばっているんだ」

私が言うと、ラジアは視線を落として微笑んだ。喜んでいるように見えたが、微妙な話題だったので、そこで終わりにした。

ラジアにとってどういう結果になると思っているのか、後日パンミーに聞いてみると、ラジアが恋をしていると両親はうすうす感じているという。

「確信はしていないけれど、父さんはルーバーさんがちょくちょくここに来るって気付いているわ。それに、ラジアのナトの値について、家のなかでよく口論になっているのよ」

父親はとても低い値の話をもってくる。麻薬を買うために現金が必要なのだとみんなが知っていて、足元を見られているからだ。ある客引きがラジアとの契約話をもちかけていたが、別の若い娘に決めてしまったことがあった。「父さんがその話をだめにした」と母親は腹を立てたらしい。

「母さんはこの一件で父さんに対してとても怒っているんだけど、自分にはつてがないのよ。警察が嫌がらせをするから、家から出られないし。『シャーヒー地区の外の客引きとコネがある人たちだけ、商売がうまくいっている』と言っているわ。二～三年前に父さんがこの家に来てから、母さんは客引きと直接取り引きするのを止めて、父さんがほとんどやっている」

パンミーは母親のパートナーをあまり好きではなく、言いなりになっている母に驚いていた。「ここにとどまるために支払わなければならない代償なんだよ」と、母は言っているそうだ。パンミーは、経営に関しては話したがらない。自分の仕事ではないと思っているからだ。それでも、私にはいろいろと話してくれたと思う。

夜通しのパーティー

ラト・ジャガー

調査を始めてから時が経つにつれ、ライラー一家以外のいくつかの家族ともかなり深くかかわりをもつようなっていった。とくにチャンダーとは、シャーヒー地区の生活に関して収集した情報について議論を始めた。聞き取り調査の結果を知りたがっていたチャンダーはとくに、警察の嫌がらせ、政府がここの社会の音楽や舞踊を理解していないこと、客の数や質の低下などに関心をもっている。彼女と話すのは楽しかったし、情報の提供にとどまらず、考察のうえでも貴重な貢献をしてくれていた。

そのチャンダーが「弟」の快気祝いに伝統的なラト・ジャガーを催すことになった。「弟」とは兄弟同然と考えていた男性のことで、長い病から回復したという。私的な集まりと聞いていたが、シャーヒー地区でめったに行われないため、私も参加したいと思っていた。ラト・ジャガーの「ラト」は夜という意味の「ラート」、「ジャガー」は起きているという意味の動詞「ジャーグナー」からつくられた語句で、「夜通し起きて祝う」という意味になる。このパーティーのためにチャンダーは役所から特別許可を得ており、警察には事前に知らせていた。

当日、夜八時ごろにガーマン師匠の稽古場に立ち寄ると、集まった誰もがとても興奮しているのがわかった。四人の音楽家があれこれ探しながら、あちこち動きまわっている。大勢の人の集まりに備えて準備をしているのだ。次に、サーディク師匠も参加するのか確かめようと稽古場へ行くと、師匠は「楽しみにしているよ」と言っていた。もっとも、チャンダーの師匠の一人として行かざるをえない立場にあるのだ。私はサーディク師匠といっしょに行くことにした。

チャンダーの家に着いたのは一一時だった。すでに音楽が始まり、二〇名ほどの客が集まっている。居間の家具はすべて片付けられ、床の敷物も取り除かれて、パーティー会場にしつらえられていた。ポップバンドが部屋の片側に楽器を並べ、立派な赤いドラムセットがとりわけ目立っている。壁際には椅子がいくつか置かれていたが、ほとんどの人は立ったままか、歩きまわっていた。二人のミュージシャンがエレキギターを大音量で演奏し、パーティーの始まりを告げている。ドラムとボンゴ[4]は、まだ加わっていない。

女性はみんなブロケード(5)やシルクのドレスを、男性は絹のシャルワール・カミーズを着ていた。色とりどりのきらびやかな服は、バロック時代のような雰囲気をパーティー会場に醸し出している。洋風のズボンをはいた男性は一人もいない。そもそも、シャーヒー地区でもラホール旧市街でも、ズボンはあまり一般的ではない。映画スタジオで、ダンスの振り付け師、助手、スタントマンなどの職を見つけようとする若者だけが、他の男性との違いを見せようと洋装するくらいである。

少女たちは明るい色のシャルワール・カミーズを着て、ばっちりと化粧をし、額の中央には小さなビンディアー(6)まで付けていた。インド映画の女優がよく付けているからだ。ブルーやグリーンの濃いアイシャドーをしている子が多い。そんな女の子たちを眺めながら、将来この地区に踊り子がたくさん誕生していくのだなあと思った。チャンダーはとてもうれしそうで、親戚や友人へのあいさつまわりに忙しい。サーディク師匠によると、パーティーの招待者は一家の友人だけだそうだ。私はチャンダーの母といい関係を築きたいと思っていたため、忘れることなくあいさつしておいた。

やがて、大きな音とともに演奏が始まり、とびきりハンサムな若者が歌い始めた。主にイギリスで活動している音楽グループによって有名になった、モダンなインドのパンジャーブの曲である。このグループの歌はパキスタンでも非常に人気があり、若者の歌声は素晴らしい。二〜三曲歌い終わったころに、踊りが始まった。どんどん人が集まり、部屋からベランダ、そして中庭へとあふれていた。踊りの輪の真ん中で一番初めにジャンプし始めたのはチャンダーで、他の女性たちもすぐに加わった。

いつも夜に客に披露している踊りというよりは結婚式のときの踊りのようで、客のためではなく自分たちの喜びを表すために踊っている。チャンダーが「弟」を輪の中心に引っ張り出すと、「弟」や踊っている女性たちに向かってお札が投げられた。そのころにはたいへんな混雑となっていた部屋の中央にできた踊りの輪に、チャンダーや姉たちが次々と招待客を誘っていく。

来客たちはお札をお互いの頭の上に載せ始め、ポップバンドの一員の小さな男の子が床に落ちたお札を拾い集めている。こうしてお金を渡すのは、招待してくれた人や頭にお金を置く人へ愛情と感謝を示す行為である。多くの友人や親戚が、チャンダーと二人の姉の頭の上にお金を載せていた。さらに場を盛り上げようと、ときおり手首をくるりとひねって、札束を宙に撒く人もいる。ルピー札が雨のように部屋中に舞い落ちてくる。札束を手に持ち、一枚、二枚と次々に頭上へ投げる人もいる。このお金はすべてバンドのミュージシャンのものになる慣わしだ。

祝いの宴は続き、一時をまわったころ、さらなる客の波が押し寄せた。一一時から一時まで「オフィス」で働いていた女性たちだ。チャンダーは文句の言葉で迎えた。

「けちな人たちね。一日くらい、あたしのために仕事を休んでくれてもいいのに。あたしの本当の友達は、今日コーターを開けなかったわよ」

恥ずかしそうに詫びる者もいれば、言い返す者もいた。

「あたしたちは、あんたみたいにお金持ちじゃないんだから」

二時ごろまで歌や踊り、紙幣の雨は一秒たりとも止まなかった。サーディク師匠は、「間もなく食事が出て、休憩になるよ」と言ってくれたが、食事には興味がなかったため断って、帰路についた。すでに、見たいと思っていたものを見ることができたのだから。

チャンダーの恋とその結末

数日後、招待してもらったお礼を述べるためチャンダーに会いに行き、長い時間、話し込んだ。母親は外出中で、姉は国会議員との仕事に行くために準備していた。話の途中で、パーティーで歌っていた歌手を「素晴らしかったわね」と賞賛すると、とても驚いたことにチャンダーが泣き始めたのだ。どんなになだめても、その理由を話そうとしない。ドレッサーに向かっていた姉が振り返り、無頓着に言った。

「泣かせておけばいいのよ。そうするしかないんだから。あのミーラーシーの男に心を奪われてしまったのよ」

「ミーラーシーじゃないわ。カンジャルよ」

「それがどうしたっていうの。それじゃあ、もっと悪いわ。何よ、姉のあたしの言ったことに口答えするなんて。この娘は肥溜めに落ちてしまったのよ。犬の糞も馬の糞も、いっしょ。糞は糞。フォージアさん、目を覚ますように言ってやって。この娘のせいで、あたしたち家族全員が大恥をかいているのよ」

姉は鏡に向かい、再び化粧を始めた。チャンダーは大きな声でむせび泣いている。落ち着かせようと、私は水の入ったグラスを差し出した。

「でも、ハンサムだったでしょ」

「あーあ」

姉があざ笑いながら叫ぶと、チャンダーが聞いてきた。

「フォージアさん、自分の気持ちはどうやってコントロールしているの。もし誰かを好きになってしまったら。彼が着ていたクルターを見たでしょう。あたしが彼のために作らせたのよ。よく似合っていて、すごくハンサムだったでしょ」

「あなたはどうしたいの、チャンダー」

「あたしは生涯、彼を崇拝するつもり。あたしにとっては神様なのよ」

そう言って、ため息をついた。

「ばかなこと言うんじゃないわよ。ろくでなし。神様だって、信じられない」

姉が怒りながら叫んだ。恋愛は悪いことであり、必ず反対される。同じビラーダリーのカンジャルの人を好きになるのは、ミーラーシーの人を好きになるのと同じくらい悪いことなのだ。私はチャンダーをかわいそうに思って尋ねた。

「彼はどう思っているの」

「どうすることもできないのよ。彼のほうも」

チャンダーはしゃくり上げ、さらに多くの涙がほおを伝った。姉が立ち上がって私たちのほうを向いた。

「そうよ、どうすることもできない。あんたを追っ払うのに苦労しているのよ。自分の気持ちを押さえられないのはあんたでしょ」

「そんなこと言わないでよ。ひどいわね。お願いだから止めてよ」

とうとう泣き出し、うめくように言った。

「こうなる前に、母さんはあんたを絞め殺せばよかったんだわ。何もしなかったのは、あの男が本気であんたを連れ去っていくとは思ってないからよ。フォージアさん、チャンダーはあたしの妹だし、大切に思っているわ。でも、いまこの娘は家族中を敵にまわして、ビラーダリーの間でも悪く言われているのよ。母さんは血が煮えたぎる思いよ。心臓が悪いっていうのに。いったい、何のため。あんたのことを気にもとめていない男のため？」

「それは違うわ。彼はあたしを好きだし、あたしは彼を本当に愛してるのよ。あたしは彼を愛しているの。耐えられないくらい苦しいのよ。別れるなんてできない。母さんや家族が何と言ったって、愛しているのよ。あたし、死んでやるから」

チャンダーは大声で泣き、ベッドに伏した。姉はさらに怒鳴る。

「愛してくれている人のためなら、少なくとも愛するに値する相手なら、死ぬ価値もあるけど」

私はチャンダーに聞いた。

「彼と知り合ってからどれくらい」

「三年。初めて会ったときから、あたしをとっても好きだったの。彼は若かったわ」

姉が口をはさむ。

「そうよ、チャンダーが二二で、彼は一七。年下だったから、チャンダーがセックスを教えたの。この子は彼のうぶなところが気に入って、彼は経験のある女が好きだった。いまじゃ彼は経験十分。ハンサムだし、ほしい女は誰でも手に入れられる。チャンダーを生涯の相手として考えているとは、とても思えない。だから、カンジャルやミーラーシーの男と関係をもつのは禁じられているのよ。最初から言ってたでしょ、『うつつをぬかしなさんな。禁じられた関係なんだから、あんたが苦しむだけよ』って。彼には彼の進むべき道がある。素晴らしい歌手よ。世界へ飛び立って、チャンスをつかもうと思っているのよ。考えてみなさい、カンジャルの男のなかに、あれほどの才能があるやつが何人いると思う？　あの男には世界で挑戦する権利があるのよ」

「あたしはずっと彼を支えていく」

「いいえ。彼をだめにするだけよ、チャンダー。同じビラーダリーの二五にもなった女がつきまとっていたら、どこにも行けやしない。あんたの姉さんだから、正直に言っているのよ。あんたたちの関係は終わったの。昨日もそう言っていたじゃない。たしか五回目よね。彼は将来に向かって進んでいきたいのに、あんたが足手まといになっているのよ」

チャンダーは涙を流しながら私を見た。

「お師匠さんがよく言っていた。『おまえが誰かをおまえのものにするか、おまえが誰かのものになるかだ』って。本当の愛への道はこの二つだけ。もしあたしが彼を自分のものにできないのなら、あたしが彼のものになる」

それから数カ月後、ハンサムな歌手はカラチへ移り、そこのバンドで歌っていると聞いた。チャンダーは自殺を図り、ビラーダリーの間で大騒動を巻き起こした。家族に命は助けられたが、チャンダー自身が語った言葉によると「生きる屍」となって暮らしている。友人たちは、大きな心の傷を負ったチャンダーには不思議な力が備わったようだと言う。私も同じように感じた。言葉少なになり、自分が置かれた状況をより深く考えるようになっていた。私はチャンダーをときどき訪ねて、いろいろな話をし、立ち直る手助けをしようとしたが、調査結果についてはふれなかった。チャンダーと議論が再開できるようになるまで、収集した情報の分析を待つことにしよう。

許されない恋愛

ガーマン師匠の昼食会

ガーマン師匠が「すべての弟子に自ら昼食を作る」と告げた。映画に二曲作曲する契約を得たので、全員を稽古場でもてなしたいという。私も招待され、午後一時ごろに集まった。稽古場に到着すると、ジャージー、アムジャドを含めて六人の弟子がすでに来ていた。そのうち何人かは、稽古場に寝泊りしている。シャーヒー地区の師匠たちは、住居や食事を弟子と共にするという寛大な心の持ち主なのである。ガーマン師匠は芸術家として名声があり、芸術家の卵たちを積極的に支援している。「われわれの仕事は一生懸命働くことだ。おまんまにありつけるかどうかは神様しだい」だと常に言っていた。

師匠には、映画業界で成功し、師匠を売り出そうとしてくれるタブラ奏者の友人がいた。業界にコネをもっている作曲家とよくいっしょに仕事をしている有名な作曲家の息子で、「ガーマン師匠にもチャンスを与えてください」と、ずっと頼んでいた。三年かかって、ようやくその作曲家は師匠の曲を聴いてくれた。映画の仕事が殺到していたので、試しに二曲、師匠に作らせてみようと決めたのだ。師匠にとっては、実力を示すいい機会となった。

稽古場は食べ物のいい匂いでいっぱいだった。ふだんは弟子の一人が食事を作るが、その日はガーマン師匠がすべて自分で料理している。集まっていたのは、男性の弟子たちばかりである。女性の弟子は売春婦の家庭から来ているため、それほど親しくしていない。「踊り子たちは音楽を棄てた」と師匠は考えていて、ミーラーシーの若者に将来を託しているのだ。

稽古場の入り口でジャージーとアムジャドと私はうわさ話に花を咲かせた。ジャージーは警察について延々と不満をこぼしたり、警察をネタに冗談を言ったりしていた。最近、いくつかの家族が賄賂を払う代わりに、取り締りを緩めてもらう取引を警察としたそうだ。ジャージーの話は、調査を深めていく際のいいヒントになることがときどきあった。ただし、何でも冗談めかして話すので、どれを信用していいのかわからない。しかし、ルーバーのことを尋ねると真顔になり、唐突に話題を変えたので、後で彼を問い詰めた。

「どうして、今日はルーバーがいないの。師匠の一番のお気に入りなのに」

「よその町に行っているんだよ。でも、おれに理由は聞かないでくれ。ルーバーはおれの友達だから、その話はできないんだ。いいだろ」

ラホールにいないという答えで、私は十分満足し、理由については気にならなかった。音楽家たちはみな、パンジャーブ州各地にしばしば出かけて行くからだ。ジャージーが別の話題をもち出した。以前、私はある音楽家にヒージュラー(7)について尋ねたことがある。それを面白いと思っていたらしい。

「フォージアさんが調査しているのは音楽について、つまりおれたちのことだろ。それがヒージュラーとどう関係があるんだい」

「それは、おれたちの誰かがヒージュラーみたいだからだろ」

一人がこう叫ぶと、部屋中が大きな笑いの渦に包まれた。ヒージュラーに対してよく言われる侮辱や冗談が始まる前に、私は説明した。

「私はね、シャーヒー地区とここに住んでいる人たちについて調査しているの。ほとんどの人がカンジャルか、性の商売にかかわっている人たちでしょ。他には、みんなのようなミーラーシーの音楽家、それから、もちろん市場で店をやっているお商売人。それから、ヒージュラーの人たちもいるでしょ。その存在を認めようと認めまいと、この地区の一員であるのにはちがいないでしょ」

もう少しで腕によりをかけた大ごちそうを作り終えようとしていたガーマン師匠が、「本気なのかい。あいつらのことも調査するって」と、大声で聞いてきた。そして、私が答えようとする間もなく、大きな木製のスプーンを手に持った師匠が現れ、驚いた顔で私を見た。

「ええ、もちろんです。あの人たちも、ここに住んでいるんですから。でも、調査しないかもしれませんわ。ヒージュラーの社会階層や組織はとても複雑なので、それだけで別の調査をしないといけないかもしれませんし。限られた情報で概要だけ書くようでは、申し訳ないですから」

ヒージュラーの話は、これで終わりになった。

ラジアとルーバーの駆け落ち

二人の年少の弟子が、青と白のチェックのビニールシートを床に広げ、ガラスのコップ二つを私と師匠に、他の人にはアルミ製のコップを持って来た。ティッシュペーパーでくるまれたコーラの瓶が私に手渡され、たくさんのローティー[8]を布で覆った皿が目の前に置かれる。「料理ができ上がったぞ」とガーマン師匠が告げるのを、みんなで座って待っていた。しばらくすると、弟子たちが冗談を言い始める。

「師匠はきっと料理を焦がしてしまって、初めから作り直しているにちがいない」

「本当はパージャー・レストランに誰かを使いに出して、鍋の中身を入れ替えているんだ」

ちょうどそのとき、師匠が大きな鍋を手に部屋に入って来た。

「冗談は止めにしないか」

誰もが歓声をあげた。師匠はチキンカレーの入った鍋を真ん中に置き、「どうぞ」と私に勧めてくれた。

「これは地鶏なんだぞ。そこいらの連中が食ってるようなつまらないブロイラーの鶏とは味が違う」

ミーラーシーは独特な味付けの伝統料理がとても好きで、地元産の卵、鶏、ギー(9)を好む。食べ物にうるさいので、大物歌手にラホール市外での公演を依頼すると、苦労すると言われている。主催者は、市場で簡単に手に入る鶏肉や卵を使わないように、使用人に厳しく言いつけるそうだ。

みんなが食べることに夢中になっているなか、私はふと尋ねた。

「ガーマン師匠、パンミーとラジアは来ないのですか。二人ともお弟子さんでしたよね」

上機嫌だった師匠の表情が急に険しくなり、全員が食べるのを止めて、私のほうを見た。ふれてはいけないことを言ってしまったようだ。けれども、何がいけなかったのかわからない。困惑しながら、微笑んで続けた。

「それとも、今日は男のお弟子さんのためだけですか」

弟子たちは互いに顔を見合わせた。師匠はジャージーと視線を交わしてから、私を見て言った。

「ラジアのことについて知らなかったのかい」

「今日は、イスラマバードから直接ここに来たものですから。まだ、他の人には会っていないんです。何があったのですか」

みんなの表情から不安には思ったが、悪いことがラジアに起こったとは考えられない。「何があったのか話してもらえますか」と頼むと、師匠が口を開いた。

「パンミーの父親が、ラジアの結婚を決めたんだ」

「そのことは知っていますわ。それから、お母さんはその話を気に入らなかったことも。でも、それが何か」

師匠は下を向いて言った。

「二日前にラジアはルーバーと駆け落ちしてしまったんだ。そして……、そしてな……、父親はラジアと結婚するはずだった客に、ソーニーの処女性を売ってしまったんだ」

「何ですって?!」

私は悲鳴を上げた。

「だって、ソーニーは、まだ……まだ……」

「そうだとも。まだ一〇歳だ。初潮も始まっていない。でも、あのくそ野郎はヤクを買うために金が必要だったんだ。たった一万ルピーで、幼い娘の初夜を売ったんだ」

誰もが食べるのを止めていた。頭をうなだれる師匠。

「たまらない気持ちでいっぱいだよ。ソーニーには大きな可能性があった。父親はもっと待つべきだったんだ。うんと稼いでくれたはずなのに。映画界で成功する可能性も高かったというのに。ナトだって、その三倍以上はとれたはずだ。花は咲くまで待たねばならん」

「お母さんは、どうしていたんですか」

私は悲痛な思いで尋ねた。

「あの人が威張れるのは近所の人たちだけだよ。けんかばかりして。まるで、檻の中のライオンだ。あの悪党に自由を売り渡してしまったのさ。だから、あのくそ野郎はやりたい放題。客引きが経営権を握ると、こういうことになる。金しか頭にない壊し屋だ。目先のことしか考えない。あの男はひどいことをしたよ。ソーニーに、家族に、そして自分自身にもだ」

「それで、ルーバーはどうなったんですか」

「ラジアの父親が警察に届けた。それで、警察が二人を捜索している。ルーバーを恥ずかしく思うよ。こんなこと、すべきじゃなかったんだ。自分もラジアも危険な目に遭わせることになった。二人が警察に見つかったらどうなると思う。あの狼どもがラジアに何もしないとでも思うかい。そんなことはありえない。おもちゃにしたあげく、返すときにはラジアの父親に賄賂を払わせるだろう。ルーバーの家族からもな。そして、最終的には、この件は取り下げとなる」

「二人は捕まってしまうのかしら」

「そうならないように、願っているよ」

師匠はようやく頭を上げた。

「罰当たりな親父め。あの客引きは、とんでもないことをしてくれたもんだ。シャーヒー地区中の人たち、少なくとも伝統に基づいて商売をしている人たちは、あいつを見下げはてているよ」

おとなの世界へ引き込まれたソーニー

その後間もなく、この悲惨な出来事についてさらに詳しく知った。パンミーの父は麻薬を買うために借金をしていたので、ラジアの処女性に高い値をつける必要があった。話がほとんど決まりかけたところで、ラジアは売春婦になるのを拒んだ。ルーバーがいっしょに逃げるように決心させるのは簡単だった。二人は朝早く出て行き、行き先を知る者は誰もいなかったらしい。二人が駆け落ちしたとき父は家にいなかったため、家族が警察へ届け出るまでに時間がかかった。

こうした出来事は、家族にとってはたいへんな恥である。売春婦になろうとしている若い娘が逃げ出したことに加え、相手がミーラーシーだったので、さらに悪い。その恥辱は何世代にも語り継がれる。どうしてもお金が必要だった父親は、ラジアの代わりに妹のソーニーで勘弁してもらうように客を説得した。あまりにも早くことが運ばれてしまい、止めさせるように近所の人たちが母親にかけあう間もなかった。翌朝になって、ようやく何が起こったかを知ったという。

私がラジア一家に出入りしていた間、二人の行方はとうとうわからなかった。この世から消えてしまったと考えても不思議はない。だが、ソーニーはラジアのように消えてしまうことはできず、毎日シャーヒー地区で現実に直面している。たった一夜にして、子どもからおとなの女になってしまったのだ。姉たちといっしょに、夜の商売を始めざるをえなくなった。

この地区の女の子たちは、自分たちのセクシャリティについてよく知っている。とはいえ、ソーニーはこの一件で経験した心の葛藤によって、ひどく混乱しているようだった。妹や弟たちとおもちゃで遊びたいという欲求と、おとなのように振る舞って男性を相手にするようにという要求とのはざまで、苦しんでいた。一つだけ明らかなことがある。彼女の目の中にあった輝きは失われ、沈黙の世界へと引きこもってしまったことだ。

記憶をたどって

ロンドンへ行ったシャムサ

予期せぬことがライラー一家に起こった。ライラーの姉でジャミーラの長女ボビーが、突如ロンドンから送り返されてきたのだ。生後二カ月のときからロンドンで暮らしていたが、シャーヒー地区で一家のもとに滞在することになった。ライラーより一つ年上で、ボビーのほうが細いという以外、二人はとてもよく似ている。ボビーの英語は少し怪しいが、発音はまぎれもなくイギリス英語だ。ショートヘアで、鼻にピアスをしていて、謎めいた瞳が一番のチャームポイント。内向的な性格で、自分のことを語らず、喜怒哀楽を表に出さない。物静かな様子は、風邪を引いただけでも客に電話をかけるライラーとは対照的だ。

ボビーが空港から迎えに来てほしいという電話をかけてくるまで、カイスラには何の知らせも届いておらず、どうしたものか迷った。長女が帰ってきたのは、喜ばしいはずだ。しかし、何年もの間、心の奥底にしまっていた怒り、悲しみ、恨みがあふれ出ることにもなった。父の亡くなった後の悲しい日々が思い出された。

姉のシャムサは我が強く、とても頑固だ。姉妹が共同でコーターを経営することになったとき、彼女は妹と袂を分かつと決めた。母を先に失くしていたので、父と姉妹はとても仲がよかった。父の死後、一家の名を継いでいくために、ぜひとも姉といっしょに働きたかった。両親が残してくれた場所で商売を続けていきたかったし、それが自分たちの義務であり試練でもあると信じていたからだ。ところが、シャムサは別の道を進むことにした。家業をすべて任されたカイスラには、見捨てられたという思いが残る。

シャムサはカイスラより常に自信に満ちている。その性格の違いは、シャムサが二人の養子を両親から託されたときの一件で、より明らかに示された。男の子のシャーヒドと女の子のキランを得て、これで自分の将来はカイスラより安泰だと考えた。当時、ある客と恋愛関係にあり、彼女は生涯の伴侶を見つけたとも思った。しかし、カイスラには、男が嘘をついているとわかっていた。でたらめな約束をして、甘い夢を見ている姉をうまく利用しているだけだと。相手の男は四〇歳くらい、妻と三人の子どもがいて、親族で商売をしていた。そんな男が売春婦を妻にするような危ない橋を渡るわけがない。だが、誰もシャムサにわからせることはできなかった。

男は「ロンドンに移り住むことになった」と告げた。どうやら「いっしょに連れて行って結婚する」とまで約束していたようだ。シャムサは新しい土地で男と暮らすという空想に浸りきって、あきらめるなど、とうていできない。男は出発の直前に、「結婚もしないし、いっしょに連れて行くつもりもない」と言ったが、シャムサはその現実を受け入れようとしない。ロンドンへ行くことばかり夢見ていたからだ。男にもてあそばれていただけだと認めるどころか、男の後を追うと決めた。少なくとも、そばで暮らせるだろうと期待して。

シャムサは自分の将来に誰が必要なのかよくわかっていた。周到に計画を立て、確実に実行に移した。シャーヒド、キラン、そしてシャーヒドの長女であり自分の初孫であるボビー、つまり若い男性、一五歳の少女、生まれたばかりの子どもを連れて行ったのだ。客の男との関係はしばらく続いたが、元の職業で身を立てていくほかに選択肢はない。ロンドンの赤線地帯で生計が得られるように、男に助けを求め、多少の援助を得たが、やがて男は二度と現れなくなる。それでも、新しい土地で商売を始めるにあたって抜け目はない。将来のためにキランがいたし、シャムサ自身もまだ性的サービスで稼げるほど十分に若かった。

シャムサ、キラン、ボビーはイギリスの居住資格を取得できたが、シャーヒドは何年もかかった。妻をラホールに残してきていたからだ。実際、彼はロンドンで移住手続きを進める一方、ときおりパキスタンに戻って、家族が暮らしていけるように援助していた。シャーヒドの影の役割は、家族の将来のために多くの子どもをつくることだ。その結果、ジャミーラはほとんど毎年のように妊娠した。シャムサは、そのうち二人の子どもをロンドンへ連れて行き、正式に自分の養子とした。

商売を始めたころは多少の苦労があったものの、いったん軌道にのると、アジア人の客に加えてイギリス人の客もつくようになった。商売が滞りなく行えるように、暴力団幹部とも良好な関係を保つようにしていた。客のなかには犯罪者もいたが、そういう客からはたまにしか料金を取らない。商売にかかる必要経費と考え、関係をつくっておけば、別の機会に利益を得ることもあるだろうと。

シャムサは、シャーヒドをイギリス人の売春婦と結婚させ、居住資格を早く得ようと考えた。ところが、これが原因で最終的には申請が拒否される。それなのに、「シャーヒドがうまく立ちまわらなかったから失敗したと」と非難した。

売春婦になりきれないキランの結婚

キランはイギリスの環境にまったく適応できず、シャーヒー地区の家や友人が懐かしくて仕方なかった。パキスタンにいる家族とそれほど親しい関係ではなかったが、知っている人がまわりにいてほしかったのだ。もちろん、ロンドンで仕事をしていたものの、熱心ではなかった。シャムサは、自分が描いている将来像からキランがはずれてしまうかもしれないと危惧した。ふさぎ込みがちなキランに手を焼いたシャムサは、商売の大変さを懇々と説明した。しかし、彼女にやる気を起こさせ、仕事に興味をもたせようとする中途半端な努力は、失敗に終わった。

ロンドンで数年働いた後、キランはパキスタンに送り返された。ただし、「キランは自分の娘で、その稼ぎは自分のものだ」と、シャムサは家族に言い放った。つまり、カイスラはデーレーダールとして、稼ぎの一部を受け取るだけなのだ。ラホールのコーターを経営しているのがカイスラ一人なら、キランを帰すのをシャムサは躊躇したかもしれない。だが、シャーヒドがいるのでうまくやってくれるだろうと確信していた。

キランはシャーヒー地区で平穏に暮らせると期待して帰ってきたが、それは間違いだった。ここで幼いころを過ごしていたにせよ、今度は働く身である。売春婦として暮らす現実は大いに異なっていた。友達と遊んだり、母や叔母が客の前で踊るのを見ていた子ども時代の思い出は、自分自身が客を前にするよりはるかに楽しいものだ。自分を見てよだれをたらしているような客のさまに耐えられず、平穏な暮らしをひたすら求めていた。カイスラとシャーヒドに「自分はこの仕事に向いていない」と告げたが、何をしたいのかは言えなかった。自分自身でもわからなかったからだ。ただ、この生活に我慢できないことだけは理解していた。

キランの不安をよそに、カイスラとシャーヒドはある客との結婚を取り決める。ロンドンで働いていたとはいえ、ここでは新顔だから、シャーヒドは再びキランの処女性を売るのに成功した。その客との長期契約では、毎月の手当てが支払われ、夜の仕事に出ていいことになっている。しかし、キランは新しい状況にも満足できず、この契約は二〜三カ月で終わり、元のように働くことになる。復帰に問題はなかった。というのも、美しい歌声、長身ですらりとしたスタイル、長くて真っすぐの黒髪をもつキランは、この地区の平均的な踊り子たちより美しかったからである。

その後カイスラにとって悲しい出来事が起こった。一人の客がキランの心に火をつけ、恋に落ちてしまったのだ。キランが幸せそうだったのは、そのときだけだった。あいにく、カンジャルの売春婦が恋することは許されない。ビラーダリーの伝統に背いてはならないのだ。キランが結婚したいと思った男は宝石商の息子で、彼女を第二夫人にできるだけの財力があった。キランは誰にも告げず家を出て、男のもとへ行くという大胆な行動に出る。それは家族中に大きなショックを与え、家族の名誉を傷つけた。当時は父が死んだとき以上に困難な時期だったと、カイスラは思い起こす。死は自然現象だから向かい合える。一方、キランの逃亡は、ビラーダリーに合わせる顔がないほど一家の評判を地に落とした。

しかしながら、カイスラは、キランは求めていたものを得たのだと心の奥底では喜んだ。悲しかった理由は、一族のなかで体面を失っただけでなく、男がいつかキランとの関係を終わりにし、彼女を傷つけるだろうと考えたからである。悲しい顔で再び玄関に現れるのではないかと思い、完全に連絡を断ちたくなかった。万が一、将来家族の助けを必要とするのであれば、戻って来られるという選択肢を残しておいてやりたかったのだ。これに対して、シャムサは非常に腹を立て、キランと一切の連絡をとってほしくなかった。

おそらくキランは、自分自身の人生が映画のシーンのように目の前に映し出されるのを見たのだろう。「キランは自分の運命に従ったんだ」とカイスラは説明したが、シャムサは彼女を責めた。マネージャーとしてきちんと管理していないから、こんな事態に陥ったのだと。シャムサから非難され、絶縁するように強く言われたにもかかわらず、カイスラはキランを愛していたので、つながりを断ち切れなかった。密かにキランに会いに行き、「家から何か持って来る物はないかい」と尋ねていた。夫から虐待されていないか、十分お金をもらっているのか、確かめておきたかったのだ。

キランはずっとラホールに住んでいた。カイスラが連絡をとっている間、四人の子どもを産んだ。男の家族は彼女を決して受け入れなかったが、男はキランとの家を別にもち、妻として本当に愛しているようだった。キランは、昔の仕事にも家族のもとにも戻る気はまったくなかった。五年ほど経ったころ、男が「カイスラに会ったり、過去に関係していた人と連絡をとったりするな」と禁じた。おそらく、カイスラがときおり訪れて来るのを不安に思っていたのだろう。そのうち、昔の仕事に引き戻そうとしているのかもしれないと考えたのだろうか。夫を安心させたいため、キランは「もう来ないでください」とカイスラに頼んだ。

そのうち、ビラーダリーの間でキランのことを口にする者はいなくなった。彼女は家名を汚した人物だ。歌の話になったとき、きれいな声をしていたキランを思い出して、話す人がいるかもしれない。しかし、それに応える人はいないだろう。キランの名前は沈黙のなかに埋もれる。ライラー一家でも、誰もキランについて語らない。

ボビーが突然ロンドンから帰って来て、さまざまな記憶が一家によみがえってくるまで、私はキランについて何も知らなかった。ふだんは気丈なカイスラも辛い記憶を思い起こし、自分の部屋の暗い片隅に座って、何時間も泣いていることがあった。ライラーはカイスラを居間に引っ張り出して、ボビーに「どうしていたの」などと聞いて、話をさせようとしたが、カイスラのほうは一人になるのを望んだ。強気な態度の裏に長い間隠していた痛い思い出を、一つひとつたどってみたかったのだ。

姉妹のこじれた関係

カイスラとシャムサの関係は、成長するにつれて芽生える競争心もあって、常にぎくしゃくしていた。二人とも美しかったが、外向的なシャムサのほうがいつも注目を集めた。年は一つしか違わないものの、シャムサには長女としての特権がある。ナト・ウタルワーイーでもカイスラに勝り、最初の客が大地主の息子だったと自慢している。領主としての土地を失い、大金持ちというわけではなかったが、その生活ぶりはほとんど変わっていなかった。一方、カイスラの最初の客はビジネスマンで、当然ながら元領主の息子ほど華々しい相手ではない。

シャムサに養子を取らせるとき、親たちはカイスラについても考えるべきだった。長女だけに子どもがいればいい、というわけではない。結局、カイスラがシャーヒドの妻やその子どもたちのほとんど、もちろん男の子たち全員の面倒をみることになったのだ。ライラーと妹のヤースミーンについては、親としての権利をもっている。とはいえ、自分の将来の保障となるこの娘たちも、シャムサからの借りものにすぎない。娘たちを育て上げたカイスラは、いつシャムサが戻って来きて、彼女たちの稼ぎを自分のものにするかもしれないと恐れていた。それは、いわれのない不安ではない。以前、カイスラの将来など考えもせず、自分の勝手でキラン、シャーヒド、生まれたばかりのボビーを連れて行ったのだから。

カイスラはライラーの成長を待ち焦がれながら、思っていたよりはるかに長く売春婦として働かなければならなかった。自分の家と家賃収入がなければ、路上で身を売っていたことだろう。また、ライラーが働き始めるまで何年もの間、家族以外の踊り子たちを使ってコーターを経営しなければならなかった。歌や踊りの仕事を仕切っているのではなく、部屋を貸しているだけなので、デーレーダールとしての歩合しか稼げない。大家族を食べさせ、頑固なライラーを相手にしなければならず、たいへんな時期だった。おまけに、シャムサがキランに手を焼き、カイスラが面倒をみてくれるだろうと送り返してくる。あげくの果てにキランの駆け落ちと結婚騒動で、非難を浴びるはめになった。シャーヒドはある程度力になってはくれたが、心底信用できたわけではない。シャムサの代理人のように振る舞っているかと思えば、彼女といさかいを起こすとカイスラのところにやって来る。シャムサが常に主導権を握っていて、シャーヒドを好きなように操るのだ。

たまにシャムサがロンドンから帰ってくるたびに、二人はけんかになる。カイスラのほうは姉と仲良くしたいと思っているのだが、その夢はかなわない。ライラーが商売に入ろうとしていたころ、その反抗的な態度のせいでシャムサがジャミーラと子どもたちを実家に返すという大事件については前述した。ジャミーラは従順な嫁で、カイスラは気に入っていた。あんなひどい扱いを受けるべきではない、とカイスラはさんざん泣いた。また、シャムサが経営の主導権を取って、「若い娘たちの扱い方を知らない」とカイスラをなじる行為は認めがたい。カイスラをみくびり、自分のほうが有能なマネージャーだと証明したがっているだけだと、内心で思っていた。だが、「娘たちをうまく扱えないのは、むしろ姉さんのほうだよ」と、面と向かって言う勇気はなかった。

そして、今度はボビーがやって来た。生まれて間もないときに連れて行き、大きくなってからロンドンで働かせていたのは、シャムサだ。ところが、いざ問題が起こると、送り返してくる。カイスラは「世の中は不公平」だと、すすり泣いた。「もしボビーが妊娠していたら。もしロンドンに好きな男がいたら。もし麻薬をしていたら」などと考えると、恐ろしくてたまらない。これ以上厄介なことに向き合う力は残っていない。

ボビーが到着した翌日、シャムサから電話があった。ボビーを引き取らせたのに、謝るでもなく、感謝しているふうでもない。まるで上司が部下に命令を下しているように、てきぱきと話すのだ。「ボビーはお酒のせいで何度も問題を起こしたんだよ」と説明し、「パスポートを取り上げて、隠しておくように」とも指示した。カイスラは姉に言われたとおりにしたものの、いいように使われていると感じていた。

ナーイカへの道

ライラーの出産

ライラーは男の子を産んだ。それは、悲しい出来事だった。しかし、とにかく初めての子どもなのだし、母親になったのだと自分を慰め、赤ちゃんとの生活を楽しんだ。お風呂に入れるなどむずかしい世話は、ジャミーラがした。ライラーは息子を抱いてあやしたり、遊んでやったりして、幸せそうだった。一方、ライラーの将来が安定するように望んでいたカイスラは、男の子の誕生にとてもがっかりした。長期契約を結び、妊娠までこぎつけたすべての努力が水の泡に消えたと感じていた。およそ一年間の収入とキャリア形成の機会を失った末、何も得るものがなかったのだ。しかし、そうした失望を口には出さず、次は娘が授かることを祈るのみだった。

ともあれ、サリームの子どもを産んだのだから、月々の手当てを増額するように求める格好の理由ができた。男の子であったにしても、幾ばくかの利を得ようとカイスラはかなり強く訴えた。サリームが家に来るたびに、「物価が上がっているし、子どもにはお金がかかる」と、うるさく述べたてた。ある日私が訪れたとき、サリームは居間の裏の部屋でいつものチャールパーイーに寝そべっていた。カイスラは大声で私に聞いてきた。

「粉ミルクの値段を知っているかい」

「まったく知りませんわ」

「ブーバーにお金を渡して、何か買って来させる。すると、また別のものがないって気付く。赤ちゃんにはいろんなものがいるんだよ。ミルクだろ、服だろ、それに薬も。私だけじゃ、とてもまかないきれないよ。父親に払ってもらわないとね。ライラーは私の娘だから、私が世話をした。だから、サリームさんは自分の子どもの面倒をみなくちゃ。フォージア、聞いているかい」

この話は私にではなく、隣の部屋にいる誰かさんに向けたものだと重々承知していたが、「もちろん、聞いていますよ」と答えておいた。

「ライラーのお手当ての額を決めたのは一年前だよ。あれから、ものの値段がどれほど上がったか。ライラーは子どもみたいに何でもほしがるって、知っているだろう。あの娘には、本当にお金がかかる。だけど、他の人とは仕事をしていないんだから、お手当て以外に稼ぎはなし。こんな状態で、どうやって暮らしていけっていうんだろう。あんたは私の娘みたいなものだから、こんな話までしてるんだよ」

そして、そばに寄って来て急に声を落とし、隣の部屋を指差しながら耳元でささやいた。

「あの男の親がね、息子がラホールで何をやっているのか知ってしまったのさ。親父さんがラホールに来て、代わりに店をみることになったんだよ。息子がライラーのために、店のお金に手を付けていることが、見つかってしまったのさ。ちょっとばかしのお手当てさえ、止められてしまったよ。あの男は一文なしさ」

「これから、どうなるんでしょうか」

「どこかでお金をつくってもらわないとね。ごはんまでここに食べに来るんだから。この二カ月、お手当てを払ってもらってないんだよ」

それから、声を大きくして言った。

「だから、従順なお坊ちゃんは、こんな関係に足を踏み入れるべきじゃなかったんだよ。こういう暮らしは、代々お金持ちの家の人がするもんだ。でも、いったん踏み入れたからには、ちゃんとやってもらわないと。なんといっても、親のものは子どものものだろ。それに、自分の子どもができんだから、責任をもってくれなくちゃ」

ライラーが隣の部屋からカイスラを呼ぶ声が聞こえた。ジャミーラが野菜を頼んでいるので、ブーバーを買いに行かせるために、お金を渡してほしいのだ。カイスラは文句を言いながら出て行き、隣の部屋に入ったとたん、サリームが飛び出して来て、表玄関のほうへ突進して行った。カイスラは一瞬立ち止まり、驚いて見たが、あきれた様子で首を振った。サリームは動きを止め、おびえ、困惑した目で私のほうを見た。まるで世間を渡る術を知らない小さな子どもが、母親の膝から転がり落ちてライラーの膝に上に乗っかったようだ。自分にまったく自信がなく、細い体はだぶだぶのシャルワール・カミーズの中で震えている。

いったいどうして、サリームはこんな状況に陥ってしまったのだろうか。彼は一瞬立ち止まり、このひどい状況から救ってくれと哀願するように私を見て、次の瞬間、くるりと背を向けて走り去って行った。

サリームを責めるカイスラ

しばらくしてライラーが居間に来て、私のそばに腰かけた。その日の午前中、シャーヒー地区で商売をしている人たちをインタビューしたので、床に座ってカセットテープにラベルを付けているところだった。

「こんな状況なのよ」

私の膝に手を載せてライラーが言った。私がうなずくと、続けた。

「母さんは、息子が生まれた日からあの人を追っかけているの。病院に一万五〇〇〇ルピー払わせたのに、まだ文句を言ってる。嫌になっちゃうわ。彼に何ができるっていうの。あたしたちのことが親にばれて、お店のお金を触らせてもらえなくなったのに。もう、どうにもできないわ。病院代をどこで手に入れたのかも教えてくれない」

ライラーが泣き出したため、私は肩を抱いた。

「ずっと聞いているんだけど、教えてくれないの。母さんがあんまりうるさく言うから、盗みをしてでも持って来なくちゃならなかったんだわ。母さんが、めちゃくちゃにばかにするから。こんなこと、あたしは本当に嫌」

カイスラが入って来て、私の横に座って泣いているライラーを見つけた。腰を下ろし、私を見て、ライラーを指さしながら穏やかな口調で言った。

「ライラーを見ておくれ。私がサリームにあんなふうに言うのを、私のためだとでも思ってるんだろう。この娘がもっとしっかりしていたら、あの男と話をする必要もないのにさ。あんたがお手当てを上げさせるべきなんだよ」

涙を拭って、ライラーは大声で答えた。

「あたしを巻き込まないでよ。母さんが決めたんだから、母さんがしてちょうだい」

「もし馬が草と友達になったら、馬は何を食べるんだい。わからない娘だね。『何でも差し上げます。約束を守らなくてもけっこうですよ』なんて甘いことを客には言えないんだよ。ライラーはまだ責任ある立場にないから、フォージアと座って泣いていられるけど。すべての問題を片付けなきゃならないのは、この私なんだから。今日料理する野菜のお金だって、私が出している。このうちに住んでいる子どもたちすべて、それからあの男やここで食べているおとなたちもすべて、私が面倒をみているんだよ」

ライラーが立ち上がり、出て行くと、カイスラが私に向かって言った。

「もしサリームがお金を出せないというんだったら、手を引いてもらわなくちゃ。ライラーの時間を無駄にする権利はない。他にも客はいるんだ。息子がほしいのなら、引き取ればいい」

「本当ですか。関係を解消したら、彼は子どもを育てるつもりなんですか」

「客が子どもを引き取るなんてありえないね。ここに来る男たちは、とっても立派な人ってふりをしているけど、子どもはここへ置いて行く。家族と向き合う勇気なんてないし、子どもたちが受け入れられることはない。シャーヒー地区にはね、信じないかもしれないけど、大物政治家の子どもだっているんだよ。そんな人たちは子どもを引き取らない。憶病ものさ。楽しむだけ楽しんで、責任は取らないんだ」

「ここの人たちは、子どもを連れて行かれてもいいんですか。もしお客さんがほしいと言えば」

「ここはバザールだよ。何でも売っている。マネージャーが承諾する額のお金を払えばいいだけさ。この地区について調べて、しばらくになるから、ここじゃあ何にでも値段がついているって知っているだろ。女の子を手放すのをためらう人は多いだろうけど、買えないものはないのさ。でも、本当だよ。あいつらが子どもを引き取ることはないね。みんな偽善者だよ。私たちを一番批判している連中こそ、ここにたくさん子どもがいるんだ。あーあ、やめた、やめた。この商売は昔からここにあったし、これからもあり続ける。客をののしっても仕方ない。なんといっても、あいつらが私たちの生活を支えているんだからね。ちょっとライラーの坊やを見て来ないと。おなかをこわしているんだ」

サリームが去った後の暮らしの模索

それから数カ月、サリームは次々とものを売って、いくらかのお金を工面していたが、だんだん訪れる回数は減り、過ごす時間は短くなった。ライラーと母親の前で面子を保ちたいがために、足は遠のいていく。当初彼を引き込んだスリルと欲望に満ちた関係も色あせてきた。カイスラはサリームへのプレッシャーを止めない一方で、ライラーに別の道を探していた。ライラーは夜の仕事を続けていたが、平均すると、音楽を楽しみに来る客が一週間に二人、そのうちセックスのために残る、あるいは戻ってくる客は一カ月に一人くらいのものだ。カイスラは商売を上向きにするために、他の方法も考えざるをえなかった。ライラーをバラエティーショーに出してみたが、出演料はたいした収入にならない。客にチップをたくさん投げさせるのが得意ではなかったからである。

さらに半年間ぐずぐずと引き延ばしたあげく、とうとうサリームはあきらめた。また宝石店からお金を持ち出そうとしたところを父親に見つかり、「警察に突き出す」と脅されたのだ。「二度とシャーヒー地区には行きません」と両親に約束させられ、故郷の町に連れ戻されて、外出を禁じられた。ライラーは数日ほどがっかりしていたが、カイスラは彼女に映画出演の可能性を探ろうとした。シャーヒー地区のすべての踊り子が夢見る映画界。ライラーはすでに二一歳になっていたものの、最後のチャンスにかけてみようとカイスラは思った。彼女の体重は増え続け、歌はかなり下手で、踊りはそこそこ。性格は良いが、それだけで仕事は取れないのだが。

カイスラによると、ある人物に依頼して最初は期待がもてそうだったが、結局は監督にもプロデューサーにも会えなかったという。エージェントのそのまたエージェントを紹介するというだけで、調子のいいことばかり言ってしぼりとれるだけしぼりとろうという連中だ。他の人にも相談したところ、「ライラーに時間を費やすのは無駄だから、妹のヤースミーンに本腰を入れるほうがいい」と言われた。ヤースミーンはまだ若く、チャンスがある。そう決めたカイスラは、映画界で有名になる夢を見始めていたライラーにはっきり言った。

「ライラー、あんたのことはもうあきらめたよ。この商売では一生懸命働かなくちゃならないのに、あんたは一日たりとも真剣じゃなかっただろ。映画に出るのは簡単じゃない。そうでなきゃ、ここの女の子はみんな出ているはずだ。そうだろ」

この厳しい態度は、ライラーにとって辛かった。

「コネの世界なのよ。あたしみたいな娘だって映画に出ているじゃない。母さんやシャーヒド兄さんにはないコネをもっているのよ」

「うそばっかり言って。自分でもわかっているだろ。おまえには、『ダイエットしろ、早起きしろ、踊りの稽古をしろ』って、ずっと言ってきた。でも、おまえの生活は何も変わっちゃいない。おまえの代わりに、母さんが痩せられないんだよ」

そう怒鳴り返しながら立ち去ろうとしたカイスラの後をライラーが追った。

「ちょっと待ってよ。何を食べろっていうの。食べるのを止めて死ねってこと。あたしは太りやすい体質なんだから、仕方ないでしょ。それに、ダンスは上手よ」

カイスラは、真剣な目でライラーを見て言った。

「おまえと意味のないけんかをするつもりはないよ。おまえのことはあきらめて、ヤースミーンに賭けろって言われたんだよ。自業自得さ。人の言うことは聞かないと決めているようだし」

そう言い終えて出て行こうとすると、ライラーが叫んだ。

「あたし、また妊娠したのよ」

カイスラの目は怒りで真っ赤になり、振り返って聞いた。

「おまえがそう仕向けたのかい。何カ月なんだ」

「二カ月よ」

「それなのに、私たちはおまえのために仕事を探してたってことかい」

カイスラは怒りを爆発させたが、突然落ち着きを取り戻して明言した。

「その子は産むことにしよう」

ライラーは怒っていた。カイスラに対し、夢や希望を抱かせたエージェントに対し、コネをもっていないシャーヒドに対し、意気地なしのサリームに対し、おなかの子どもに対し、そしてうまくいかない自分の人生に対して。ソファに寝転がって、ラジカセのスイッチを入れると、インド映画の挿入歌が鳴り始めた。しかし、ほとんど音楽は聴いていない。ただ、心のなかの雑音を消したかった。

ライラーの不思議な体験

ライラーはとても混乱していた。でも、その理由がわからなかった。きつい仕事は好きになれないし、女優業は大変だと聞かされていた。長時間働き、同じことを何度も繰り返さなければならない。それでも、自分が女優になるのを望んでいないとは思えなかった。自分のカラー写真が雑誌の表紙になり、いろんなポーズをとった自分がジャング紙(10)に掲載されていることを夢見る。だんだん眠気を感じてきた。疲れきった頭に、とりとめもない空想の世界が広がってくる。ラックス社のコマーシャルに出て、『私の美の秘訣はラックス石けん』と言う。そんな空想のなかで、いつしか眠りに落ちた。

ドアをノックする大きな音で目を覚ました。飛び起きると、一人の老女が部屋に入って来るのが見える。深く眠り込んでいたため、何が起こっているのかすぐに理解できない。どれくらい眠っていたのかも定かでない。母親が老女に「出て行け」と叫ぶ声が聞こえる。弟や妹たちが自分のまわりで言い争っている声も聞こえる。やがて静かになると、母親がブツブツ言っているのが聞こえた。

「あの女の人はいい家の出の高級娼婦だった。どうなってしまったか見てごらん。物乞いだよ。許しも請わないで人の家に入り込んでいることさえ、気付いていない。ここで失敗した女たちの成れの果てさ。かわいそうに」

再びうとうとしたライラーは、しばらくして妙な不安に駆られて目を覚ました。突然、バスに乗り遅れたことに気付く。シャーヒー地区を出て働く、あるいは地区内で働ける年齢が過ぎ去ってしまった。自分の若さは終わってしまったのだ。恐怖に包まれながら、自分の人生すべてが目の前を通り過ぎていくのを見た。そして、この先どうすればよいのかと考えた。これまで人生とは何とかなるものだと思い、真剣に考えたことがなかった。ときどきシャーヒー地区の外で仕事を見つけ、この商売を離れようと考えていた。素敵な王子様がやって来て、自分を連れ去ってくれると夢見たときもあったし、最近は映画界のスーパースターになろうと考えていた。だが、初めて厳しい現実に直面したのだ。

これまでのような中途半端な考えでは、何も達成できないとつくづく感じた。妊娠したので、この先数カ月は仕事を離れることになる。次に娘が生まれるかどうかは誰にもわからない。七カ月もどうやって待てばいいのだろう。ライラーはとても不安になった。

ペシャワールで消えたライラー

不思議な経験をしてから、ライラーはとてもまじめになった。カイスラはその変化に気付いていたが、知らないふりをしていた。ライラーは甘やかされた子どもだと、いつも思っていたからだ。実際、一度も真剣だったことがない。パニックに襲われた翌日、ライラーは北西辺境州ペシャワール市の近くの村でバラエティーショーに出る予定だった。まるで別人のようになり、自分の人生のために何かしなければならないと思っていた。その何かはわからなかったのだが。一番いい衣装をカバンに詰め、歌と踊りを何度も練習した。

バラエティーショーは、大地主の家で息子の結婚式のために行われた。一行は音楽家たち、他の踊り子二人、コメディアン一人。広い庭に集まったお客は、全員男性。ほとんどが、パターン人だった。シャルワール・カミーズに大きなターバン、肩にはライフル銃、胸には弾薬のベルトといういでたちだ。前列にいた数人だけがひときわ目立っている。ペシャワールにあるエドワード・カレッジの卒業生で、花婿と親しい同級生である。パターン人は、だいたい背が高く色白だが、この若者たちはハンサムであるばかりでなく西欧風で、高学歴のパキスタン男性によく見られる高慢な雰囲気があった。そんな彼らをライラーは、とても魅力的だと感じた。

ショーが始まるとコメディアン兼司会者が登場し、新郎と友人たちについて気のきいた話をし、手を叩き、舞台をにぎわせた。ライラーは、「あたしが一番に出て踊りたい」とマネージャーに言い、踊り始めると、若者たちのグループはとても騒々しくなった。席から立ち上がり、ステージ近くに押し寄せ、座り込む。指笛を鳴らし、パシュトー語でやんやと喝采する。ライラーは最高の踊りを見せた。満面の笑みと新たに加わった表情の輝きによって、とても魅力的だった。

若者たちの目を順々に見つめていくうちに、好みの青年を一人発見した。糊のきいた真っ白なシャルワール・カミーズを着た青年は、王子様のようだ。踊っている間中、その青年の目をしっかりと見つめた。青年はライラーが見つめているのが自分なのかを確かめるように周囲を見まわし、そうであると確認すると、ほっとしていた。それから、ライラーの熱い視線を楽しみ始める。ショーは進むにつれ、盛り上がっていく。男たちは踊り子たちにお札の雨を降らせ、青年はライラーめがけてお札を投げる。ライラーは「魔法がきいた」とわくわくした。

ショーが終わりに近づいたころ、ライラーのところへ来て、「素晴らしい踊りだったよ」と言った。青年が忍び込んできた。明らかに、酔っぱらっている。ライラーと他の踊り子が次の出番を待っているステージ裏に、青年が忍び込んできた。

ショーが終わりに近づいたころ、ライラーと他の踊り子が次の出番を待っているステージ裏に、青年が忍び込んできた。明らかに、酔っぱらっている。ライラーのところへ来て、「素晴らしい踊りだったよ」と言った。短い会話のなかで、ショーが引けた後に二人で会うことになった。ライラーは青年と約束をしたため、一行とは別に一人で帰る旨を主催者である師匠に告げると、師匠は激怒した。

「私は、おまえのマネージャーである母さんに責任がある。私、カイスラ、ショーのマネージャー、この信頼関係を壊す権利はおまえにない」

二人は激しく言い争い、ライラーはとても乱暴な口をきいた。そんなひどい言葉を踊り子たちから聞いたことがなかった師匠は、「地獄に落ちろ」と言い放った。

こうして、ライラーは青年とともにいなくなってしまう。カイスラは、娘が自分勝手な行動をとったと聞いてひどく腹を立てたが、様子がおかしいとは思っていたので、師匠は責められない。数日経っても、行き先は誰にもわからず、家族全員が心配になってきた。カイスラはジャミーラに、近くの聖者廟に行って、「ライラーが無事戻ってきたら、もっとお供えをします」と願をかけるように頼んだ。警察へは行けなかった。役に立たないどころか、さらに厄介なことになってしまい、見つけ出すために賄賂を要求されるだろうとわかっていたからだ。それから何の知らせもないまま、二週間が過ぎた。無事を知らせる電話すらかかってこない。カイスラは怒っている一方で、パターンの男たちがライラーを誘拐したのではないかと恐れていた。性的暴行を受け、殴打されている悪い夢を見た。交通事故も頭に浮かぶ。四六時中、祈るばかりだ。

およそ三週間が過ぎた日の朝一〇時ごろ、ライラーは例のハンサムな青年といっしょにイスラマバードの私の家に現れた。青年には「友人の家に連れて行く」と話したそうだ。家にいた私の母と弟と、うれしそうに再会したという。母はライラーが失踪していたとは知らなかった。単に突然の訪問であると思い、あわてることなく、ライラーを売春婦としてではなく一人の人間、お客として受け入れ、職場にいる私に電話をかけてきた。私は仕事を切り上げて帰れない事情をライラーに説明し、「お母さんと連絡をとりたければ、うちから電話をしてもいいわよ」と話した。ライラーはとても幸せそうで快活にしゃべり、心ここにあらずという感じではあったが、「電話する」と約束した。

母と弟が二人の相手をした。青年は中流階級の一般家庭の生まれで、分別があり、知的な印象だったので、こんな関係に陥ったことを弟は理解できなかったらしい。その日の夜遅く、「僕と変わらないような青年だったから、驚いたよ」と話した。エドワード・カレッジを、弟は青年より数年前に卒業している。青年がペシャワールの母親に電話をかけていたときの話しぶりは、私たち家族が家に電話をするときの様子となんら変わらなかったそうだ。「友人たちと急にマリーに行くことになって、そこから電話をしています。すぐに帰る予定ですから」と話したらしい。私と弟は、買春をする典型的な男性像について話し合った。主な客は暴力団関係者やごろつきのたぐいだと考えられているが、実際にシャーヒー地区をにぎわせているのは、ふつうの男たちである。

私が職場から家に戻ったときには、青年はすでに去った後で、ライラーが母としゃべっていた。「今日はここに泊まって、明日ラホールに帰る」と、すでにカイスラには電話をしたと言う。私との会話や、母や弟から聞いたライラーと青年との会話の内容からすると、相変わらず小さな子どものようなしゃべり方をしていたものの、ライラーのなかで何かが変わっていた、あるいは変わりつつあると私は感じた。自から客を捕まえ、誰にも知らせずどこかへ行ってしまうというのは、いつもの彼女の行動ではない。「自分のことは自分で決める」と宣言したかったのか、自律性を示したかったのだろう。

ライラーはラホールへ戻ったとき、何の弁解も、説明も、詫びもしなかった。まるで何ごともなかったかのように。ライラーの様子を察して、カイスラはこの件について追及しなかった。「ペシャワールで仕事が増えると思うわ」とだけライラーは告げた。向こうでエージェントたちといいコネをつくったのだ。

ボビーの家出と入籍

ライラーはコーターでの夜の仕事と、機会があればバラエティーショーへの出演を続けていた。うまくやっているようだ。とはいえ、真剣に仕事をする努力をしている日もあれば、客のくだらない冗談に笑いたくなかったり、客を楽しませる気がしない日すらあった。

ボビーは助けになったが、頼りにはならない。半年ほどライラーといっしょに商売をした後でもう働かないと決め、カイスラもライラーも翻意させられなかった。自分たちの厄介になっているのだから、ボビーにはもっと厳しくしておくべきだったと、カイスラは後悔した。そのころ、ボビーには飲酒以外にも問題があったことをカイスラは知る。シャムサがロンドンから送り返してきたのは、ある男と恋愛関係にあって、逃げ出すのを危惧していたからだった。ボビーはイギリスのパスポートとビザを失うことをとても心配していた。そうわかっていながら、カイスラはボビーに厳しく接することができなかった。ボビー自身が、一家が生計を立てている商売を助ける必要があると悟るべきだと考えていたからだ。ライラーも同じ意見だったが、なんとなくボビーに強く言えなかった。二人とも彼女はシャムサのものであり、シャムサの代理人であるシャーヒドが彼女をしつけるべきだと思っていたのだ。

ボビーは常によそよそしく、孤立していた。ライラーもカイスラに習って、状況を理解させようと、自分自身の考えや経験談までも何度か打ち明けた。だが、ボビーからはまったく反応がない。それでも数カ月後、ボビーは再び働き始めた。自分が少しでも話をしようと努力したから、ボビーが気持ちを変えたのだと思ったライラーは、うれしかった。とはいえ、実際にボビーが何を考えているのかは誰にもわからない。

およそ一カ月が過ぎ、ボビーは再び家族を驚かせた。「好きな人がいる」と言うのだ。カイスラは大声で泣き、ライラーはボビーに不満をぶつけ、ジャミーラと小さな子どもたちは新たな騒動を恐れて奥の部屋に隠れた。これ以上、姉に無実の罪をきせられ、非難されるのはたくさんだ。カイスラはボビーをののしり、自分自身と自分の不運をののしり、「死なせてください」と祈った。一方、ボビーのほうは平然としている。

そこで、カイスラは「シャーヒドが帰って来るまで待って、どうするか決めよう」とボビーに言い、愛情を示す、怒りを表す、罪の意識に目覚めさせるなどあらゆる手段を使って、男との駆け落ちを思いとどまらせようとした。「もし相手がおまえを好きならば、長期契約を喜んで結んであげるよ。そうしたら、おまえを独占できるだろ。その男は手に入れたいものに対してお金を支払うべきだし、おまえを経済的に支えるべきなんだよ」と言ったり、怒りのあまり「その男に倫理観というものがあれば、おまえを育てた費用も払うべきなんだよ」と叫んだり。

何とかこの問題を解決しなければ、姉に責任を負わされることをカイスラは知っていた。ライラーはカイスラの味方をして、家族の危機を乗り切ろうと大いに意見を述べた。これは、彼女が試みていた新しい役割の一つである。

しかし、ボビーは二人のどちらにも、かかわらせなかった。次の日に、いなくなってしまったのだ。カイスラは途方にくれると同時に、姉からの非難を考えると恐ろしくてたまらなかった。その夜に帰って来たシャーヒドは、ボビーのことを聞いて、怒り狂う。ロンドンでも問題を起こしていたから、そうした行動をまったく予期できなかったわけではない。シャーヒドはカイスラに多くは語らず、ボビーと彼女を奪った男をののしった。そして翌朝、エージェントや客引きの知り合いをとおして、ボビーの行方を捜し始めた。

やがて、ボビーがすでに愛人と籍を入れていることが判明する。シャーヒドが取りうる選択肢は限られていた。二人の住まいに押しかけると、男は外出中だった。ボビーに「戻るように」と説得を試みる。罵倒し、力づくで連れ戻そうとも思った。すると、反対に「そんなことをしたら、大変な目に遭わせるわよ」と脅された。

「あたしの人生から消え失せて。これで家族との縁はいっさい切るつもりだから、あたしを捜すようなことは二度としないでちょうだい」

こうきっぱりと言われたシャーヒドは傷つき、落胆して帰って来た。ボビーが男と暮らすことを望んでいて、二人は法的に結婚の手続きをすませている。だから、男に支払いを求めたり、彼女を返すように強く迫ることはできないのだ。シャーヒドはカイスラに言った。

「自分たちを責めるしかないな。キランが結婚したいと言ったとき、行かせてしまった。悪い前例をつくってしまったからな。おれたちの立場はすでに弱かったんだ。自分の娘にさえ言うことを聞かせられないのに、どうやってあの男と争えるっていうんだよ。たとえボビーを引きずってでも連れ帰ったところで、働くと思うか。そんなわけない。また意地を張るだけだ。この秘密の結婚のせいで、男の家で問題が起こるように祈るんだな」

そうならないかぎり、ボビーを返すよう男に求めることはできない。

殴られたボビー

毎晩毎晩、一人きりで客の相手をするのに疲れてきたライラーは、他の踊り子たちを呼ぼうと提案する。カイスラは賛成し、バラエティーショーでいっしょに働いたことがあるパンミーとその姉妹たち、そしてスライアーにも声をかけた。

ある日の昼ごろ、家族が朝食をとっていると、ボビーが家に帰って来た。ライラーはびっくりした。実の母であるジャミーラだけが駆け寄り、泣きながら抱きしめて、いろんな質問を浴びせかけた。

「ボビー、だいじょうぶなの。ひどい目に遭ったんじゃない。自分から帰ってきたの、それとも追い出されたの。何か話してちょうだい。お願いだから。本当にだいじょうぶなの」

カイスラは自制し、黙っていた。ボビーは何も答えない。奥の部屋に駆け込むと、ベッドに身を投げ出し、泣きながら眠ってしまった。ライラーはとても腹を立てていた。ボビーは必要なときだけ自分たちを使うにもかかわらず、悲しんでいるわけを話そうともしない。沈黙を決め込んだボビーを見て、心配や愛情が憎悪に変わっていく。カイスラは過去の例を出して、ボビーを追い詰めないようにライラーをたしなめた。

「覚えているだろ。ボビーがロンドンから帰ってきたときだって、何が起きたのか誰もわからなかったじゃないか。あの娘は困っていることを決して口にしない。今度も同じことをしているのさ」

そして、カイスラは泣き始めた。

「シャムサの子どもたちは、私がここでホテルでもやっていると思っているのかね。どこへ行くのか、どこから帰って来たのか、なんて聞いちゃいけないけど、必要とされたときには、いてあげなくちゃいけないのかい」

ライラーは同感だった。

家族内の関係が、その後の数日で大きく変わった。ボビーはジャミーラとよく話をするようになり、ライラーはカイスラと近くなった。二人は、ボビーがジャミーラには秘密を打ち明けたが、自分たちには言わないようにしていると確信した。家族の緊迫した状況を感じとったジャミーラは、二人にも話すようにボビーを説得する。

「あんたが話さないのなら、私が少しでも説明するから、『うん』と言ってちょうだい。一つ屋根の下に暮らしているのだから、少しはカイスラ母さんに心を開いたら」

カイスラは、一家の長としてことの成り行きを知っておく権利があるのだ。ジャミーラは勇気を振りしぼって、カイスラに報告した。

「ボビーは、夫に暴力を振るわれたのだと言っています」

カイスラは激怒し、「うちの娘を殴るやつがいるとは許せない」と大声で男をののしった。

「結婚したらどうなるか、よくわかっただろ。女の子たちは、結婚生活はバラ色だとロマンチックな夢を見ている。でも、ここでは自分で条件を決め、ちゃんとした自分の収入がもてる。そのための場所や支援もある。あっちの世界では、男に自分を差し出し、自分の人生を決められなくなり、家事をし、あげくの果てに男の怒りと暴力の犠牲となるんだよ。ふん、男たちはいいだろうよ。ただで奴隷が得られるんだから。妻なんて、ばかげているよ。自分を奴隷として差し出すばかりか、男の家をよくするためにダウリー(11)まで持って行く。それに、生まれた子どもたちまで男のものだ。何という制度だろうね」

カイスラは娘たちを見ながら、ライラーに聞いた。

「おまえたちも、そんなばかになるつもりかい」

娘たちは口をつぐんだまま。怒りと嘆きは夜中続く。非難、憤慨、涙のなかに、無力感と悲しみもあった。

翌日、ボビーがまたいなくなった。夫が謝罪し、「戻って来てほしい」というメッセージを送ってきたのだ。家族全員がショックを受け、とくにジャミーラはひどく落ち込んだ。家事を続けてはいたが、ほおを伝う涙が止まらない。ライラーは静かにテレビの前に座って、インド映画を何本も見続けた。現実から逃避するための最良の手段だ。カイスラは居間で考え込んでいた。あの晩、ボビーに対して怒るより、もっと優しくすべきだったと罪の意識を感じていた。「夫は必ずまたあんたを殴るだろうから、謝罪の言葉なんて信用したらだめだよ」と言うべきだったのだろう、ボビーを抱きしめてやっていれば男のもとには戻らなかっただろう、などと。

時は過ぎ、ボビーが再び出て行ったという現実を、カイスラは受け入れなければならなかった。それから一年ほど経って、ようやくボビーから連絡があった。男の子の母親になったという。しかし、一家は彼女を取り戻そうとはしなかった。

ライラーの二度目の出産とナーイカへの道

ライラーは二人目の男の子を産んだ。キランとボビーが伝統に背いて結婚したことで、神が一家をのろっているのだとカイスラは考えた。二人の罪をどう償えばいいのだろうか。食べ物を入れた大きな鍋[12]を近所の聖者廟に奉納するくらいしか、思いつかなかった。カイスラにとって、食べさせていかなければならない男の子が、また増えた。ライラーも、私には話さなかったものの、がっかりしていて、息子について聞こうとすると、いつも話題を変えた。二人目も男の子だったと悲しんでいる自分を認めたくなかったのだが、それは明々白々だった。それでも、もうすぐ二歳になる長男をとても可愛がっていた。

そのころ、私はこの研究テーマについて別の側面から調査を行っていた。それに加えて、開発コンサルタントの仕事を始めたところで、ライラーに会わない時期が数カ月ほど続く。凧揚げ祭りの時期に合わせて久しぶりにラホールへ行き、ライラーを昼ごろに訪ねると、居間につながるバルコニーでぬれた髪をとかしていた。彼女は私を見るなり不満を並べ立てた。

「あたしを避けていたんでしょ。まるで他人のようになってしまったわね」

それ以上に、私が髪を短くしたのが気に入らなかったようだ。ライラーは長い髪の私が好きだったので、「ショートヘアのフォージアさんなんて、とっても不細工」と悪口を言った。私はライラーとの再会がうれしかったのだが。「あたしはひんぱんにペシャワールへ行っていたのよ。でも、イスラマバードには立ち寄らなかったわ」とも言った。

そして、ブーバーをとびきり大きな声で呼び、ドゥパッターの角に結わえていたお金をほどいて渡すと、冷たいミルクを買って来るように頼んだ。この行為を見て私は驚いた。というのも、ライラーはほしい物があると、いつも赤ちゃん声でカイスラにお金を頼んでいたからだ。これは大きな変化だ。

ライラーと私は、会わない間にたまっていた話をした。一息おくと、ライラーは隣の部屋で寝ている妹のヤースミーンに向かって叫んだ。

「まだ起きてないの」

それから私に向かって、文句を言った。

「ヤースミーンは寝すぎなのよ。一二時までには起きて一日を始めないと。でも、彼女はだめ。寝るのが本当に好きなんだから」

そして、もう一度、大きな声で叫んだ。

「ヤースミーン、ヤースミーン、誰がここに来ていると思う。こっちに来て。フォージアさんにあいさつしなさいよ。聞こえているの」

稼ぎを分配するナーイカ

ライラーは私に向き直ると、こう言った。

「あの子が好きなのは食べること、寝ること、そして笑うことだけ。踊りの稽古をまじめにしないし、歌の稽古をさぼろうといつも言い訳をしているのよ。そのうえ、体重が増えている。あの年であの体型よ」

そして、パーンの箱を取り出してパーンを作り始め、ぞんざいに話を続けた。

「それに、あたしの言うことなんてまったく聞かないのよ。あたしはヤースミーンが将来困ってほしくないの。わかるでしょ。でも、ヤースミーンときたら、食べることが好き。これといって何もしないで、食べてばかり」

私はライラーの数々の愚痴を聞いて、びっくりした。答えることもできず、ライラーの顔を見つめるばかりであった。この驚くばかりの変化。そうだ、ライラーは経営者になったのである。彼女のなかの子どものような部分は、生き残っていくための複雑な迷路のどこかに消え、ナーイカへの道を歩んでいた。

生活のための唯一の選択

ヤースミーンを映画界へ

ライラーは妹のヤースミーンに全力を傾けた。自分自身もコーターやバラエティーショーで仕事を続けていたが、主な目的は妹のためにいいコネと客を得ることである。ヤースミーンは一四歳、丸い大きな顔、彫りの深い顔立ち、浅黒い肌に、天然カールの黒髪。カールした髪を額に少し垂らすのが、お気に入りだ。太りすぎでも痩せすぎでもない。概しておとなしく、控えめな性格であったが、容姿には常に自信をもっている。ただし、私が訪れるたびに、体重が増えているようだった。

ヤースミーンは自分をとても美しいと思っており、人を惹きつけるためにあまり努力する必要はないと考えていた。ライラーとともにバラエティーショーで働くようになると、姉は妹も出演料がもらえるように取り計らう。ただしヤースミーンのナトが決まっていないので、十分に気を配っていた。踊り子がまだ処女のとき、マネージャーはだいじな「お宝」を守るのに最大限の注意を払う。

「映画界に入るの」とヤースミーンはいつも話していた。ライラーは、自分自身で映画業界という大海原へ飛び込む自信がなかった。周辺の池や水たまりで泳ぐだけに終わってしまうかもしれないと思い、大物エージェントに紹介してくれる人を求めていた。客のなかにはアルバイトでエージェントをしている者もいる。シャーヒー地区の商売や踊り子を雇うビジネスについて詳しく、音楽家や売春婦の紹介業をしばしば行う。映画スタジオにエキストラを手配したり、踊り子を劇団に推薦したり、美人の売春婦を大企業の販売や広報部門に紹介したりする。こうしたエージェントは、単なる客引きではない。その仕事で生計を立てている場合と、そうでない場合があるからだ。業界のシステムを熟知しているので、機会があればエージェントの役目を果たす。他の客を連れて来て、抜け目なく分け前をもらったり、ときには性的サービスで支払ってもらうのを好む。

ヤースミーンはたいてい遅く起き、いい服を着て、鏡の前にしばらく座る。それから、インド映画を見る。とても子どもっぽいところがあり、いまだに弟や妹と遊ぶのが好きだ。彼女が小さい子どもたちとの遊びに夢中になっているのを見かけるたびに、カイスラとライラーはしかっていた。おとなのように振る舞ってほしかったのだ。ラホール市外でのショーに出た翌日、朝起きてこないヤースミーンをライラーがしかると、「履き慣れないハイヒールで一晩中踊ったから、靴ずれができちゃったのよ」と文句を言った。まるで、昔のライラーのような口ぶりだ。

ライラーが変わったので、カイスラに近くなったのだろうと思うかもしれないが、カイスラにとってそんな幸運は訪れなかった。ライラーは以前と変わらず、優しいけれど、どこかよそよそしい。ボビーの一件によって二人の距離は縮まり、カイスラが家族の誰かをしかるときは味方についた。でも、気持ちとしてはジャミーラのほうにより近かった。ショーが終わって帰宅すると、客について冗談交じりにジャミーラに話したりする。実母に対して家族は不公平な態度をとっていると思う気持ちが、だんだん強くなっていた。

してやられたライラー

カイスラとシャーヒドがヤースミーンの最初の客を探すのに忙しくしている一方で、ライラーはその騒動から逃れ、映画業界の周辺にいる人たちとのコネをつくろうとした。まず、客であり友人でもある人物をとおして、ヤースミーンを売り込むための履歴書など一式をそろえるために、写真を撮ってくれるカメラマンを見つけた。写真がソフトな雰囲気に仕上がるように、カメラにフィルターをつけることをカメラマンに確認するのも忘れなかった。そして、よく撮れた写真を引き伸ばして、映画界の有力者に見せるアルバムを作成した。このアイデアは、ただでアドバイスをしてくれるライラーの客から得たものだ。

ライラーは、ヤースミーンの写真を「間違いない人に渡す」と約束した人物に期待して、何かと接待を続けていた。一度、この件に関係がないにもかかわらず、借金を申し込まれたことさえあった。仮に関係があるとしても、お金を借りることはあっても貸すというのは立場があべこべだ。この商売の慣習としては例外なのだが、ライラーは承知した。そのうえ、ときどき性的サービスも提供した。男は、ライラーが他人を使うように教えられてきたのとまったく同じやり方で、彼女を使っていたのだ。「あるプロデューサーが近々制作する映画の出演者を探しているから、ヤースミーンにいい役をくれるように説得しているところだ」「映画スタジオへ行って、その筋の人と話をしてきた」と、ことあるごとにライラーに報告はした。だが、いっこうに話は進展しない。

ある日、「ミアーン・ファザル・アリーが新作映画でヤースミーンに役をくれる予定なのよ」と自慢していると、「その映画は二カ月前からすでに制作が始まっているよ」と言われた。ショックを受けたライラーは、いったいどうなっているのか知りたいと思ったが、一人で映画スタジオに行く勇気はない。そこで、アルバイトでエージェントをしている男にお金を払い、スタジオへ聞きに行ってもらった。彼は何とかプロデューサーに会えたが、こう言われたという。

「そのエージェント(ライラーがあてにしていた)にたくさん女の子の写真を見せられたけれど、『気に入った子はいないな』って、その場で答えたよ」

男にしてやられたと知ったライラーは、打ちのめされた。お金を得るため、困難な状況を切り抜けるために嘘をつくのは、ライラーの第二の天性とも言えるほど体にしみついた常套手段である。だまされる側に立ったことはなかった。あのエージェント以外には、お金を渡したことはない。経験が浅いライラーは、この一件で「プロとして大きな失敗だ」と感じ、自分自身に失望すると同時に、世の中を疎ましく思うようになった。

カイスラの死

その数カ月後、ライラーにとって人生最大の悲劇が訪れる。ライラーたちが住んでいた建物はカイスラとシャムサの父が二人に残したもので、二つの部分に分けられていた。ある晩、電気配線の不具合から、シャムサが所有する部分で火事が起きた。一部は貸しており、残りはシャムサがパキスタンに帰って来たときに使うため空き部屋にしていた。その空き部屋から火事になったのだ。カイスラ所有の半分は消防士によって何とか救われたが、シャムサ所有の部分は全焼した。

火事の知らせにシャムサは激怒し、ロンドンからラホールへ飛んできた。事故だとは信じず、カイスラが企てたとあからさまに非難した。「カイスラが所有する部分は無事で、私が所有する部分だけ焼けてしまうなど、ありえない」と。この二人の間の溝は、決して埋まることがなかった。関係が良くなりそうな機会があるごとに事件が起こり、歩み寄ろうとする気持ちはふいになり、古い傷が新たな傷となる。シャムサはボビーにもとても腹を立て、彼女が取った行動を絶対に許せなかった。彼女のパスポートとビザをカイスラから取り上げ、焼いてしまう。

カイスラはこの一件で非常に心を痛め、病に伏した。容態は日に日に悪化し、だんだん経営をライラーに任せていった。以前に書いていた遺書では、ライラーを相続者とし、マネージャーとして認められないことがあったときのために、そのコピーをライラーに渡していた。カイスラの病は、精神的なストレスを誘因とする脳卒中だと医師は言う。片足にマヒが残り、歩くのが困難になった。そのころ、ライラーはあちこちのショーに出かけていたため、カイスラをあまりかまっていられず、ジャミーラが世話をしていた。ライラーは母の気の毒な状態を受け入れられず、どう接すればいいのかわからなかった。

容態はいったん良くなったが、長くは続かず、カイスラは再び脳卒中を起こして、両足ともマヒしてしまった。一人でトイレに行けなくなり、高血糖値や心臓疾患など、さまざまな病も併発し、亡くなる数週間前には、ジャミーラに頼り切っていた。母の助けなしでマネージャーとしてやっていく心の準備ができていなかったライラーは、母の死に直面するのが恐ろしくてたまらなかった。

カイスラはライラーがよそよそしいと落胆し、義理の娘のジャミーラに頼り切りになっていることでライラーに憤りを感じていた。死期が近づいたころ、ジャミーラは「息子のうち何人かを相続人とするように遺書を書き換えてくれないでしょうか」と頼んだ。カイスラの世話をした見返りに、自分の将来についてなんらかの保障がほしかった。自分が嫁いだカンジャルのしきたりについてあまり知らされていなかったため、他の社会と同様に息子が相続権をもっと思っていたのだ。

数週間後、カイスラは心臓発作を起こし、集中治療室で治療を受けたが、数日後に亡くなった。ライラーのすべての世界が崩れ去る。この先の真っ暗な状況は、耐えがたい。先のことは何も考えられず、自分自身にも何の希望ももてない。以前、夢のなかで下級街娼が押し入って来たときカイスラが言った言葉が、まだ耳に残っていた。

「あの女の人はいい家の出の高級娼婦だった。どうなってしまったか見てごらん。物乞いだよ」

こんな声を聞くのに耐えられず、襲いかかってくる恐怖に直面したくなかった。

ヤースミーンが映画界でデビューする機会を逃すという大失敗を犯すまで、ライラーはうまくやっていた。一人前のマネージャーになるためには、もっと時間が必要だったのだ。カイスラがそばにいて、重大な問題を解決してくれるかぎり、マネージャーの役割を果たすのはよかった。自分の能力に自信をもったことなど、一度もなかったからである。考えついたことを試してみて、妹のためにがんばろうと思ったのは本心だったが、問題が起これば カイスラが助けてくれるだろうとも思っていた。

ライラーの選択と決意

カイスラはあまりにも早く自分を残して逝ってしまったとライラーは思った。あと数年でもマネージャーとしての修行期間があれば、一人前になれただろうに。他の踊り子たちのように、自分はこの商売のこつをすぐにつかめないことを知っていた。もう少し時間が必要だったのだ。おそらく、カイスラは正しかったのだろう。ライラーはもっと真剣に商売に取り組み、生き残っていくために伝統に従うべきであり、一家の伝統の職業を止めるなど決して考えるべきではなかった。自分の人生のなかで、いろいろなことをしたいと考えて時間を無駄にしてきた。ますます暗い気持ちになっていると、カイスラの声が繰り返し、繰り返し、聞こえてきた。

「あれが、ここで失敗した女たちの成れの果てさ」

ライラーは、自分自身に言い続けた。

「あたしは成功する。絶対に成功する。物乞いなんかにならない」

しかし、心のなかは不安と恐怖でいっぱいだった。

カイスラが亡くなって数日後、母が祖母に遺書を書き換えさせていたことをライラーは知った。家の所有権は、ジャミーラの二人の息子とライラーの長男に渡っていたのだ。ライラーは怒り狂い、カンジャルの長女がもつべき相続権を守れないほど愚直だった自分に腹が立った。そのうえ、ヤースミーンのことで、シャーヒドと大げんかをした。後日、そのいさかいについて私に話してくれたが、「口論して、とてもがっかりした」と言っただけで、詳しいことはあまりはっきりしない。シャーヒドとの関係をどうすればいいのかも、ライラーにはわからなかった。

家庭内での権力争いについて、カイスラはライラーに何も教えていなかったのか、あまり気にとめていなかったのかもしれない。ライラーは一家を取り仕切りたかった。そうすれば、家業でも少しは秩序を保つことができるだろう。しかし、あまりにもうろたえ、あまりにも失敗を恐れ、シャーヒドと本気で対峙できなかった。自分がまだ踊り子だけだったころ、シャーヒドが掌握していた力を恐れていたからだ。しかも、シャーヒドはライラーの実の父親なので、いずれにしても言うことを聞いてもらえる見込みはない。

ライラーは急に思い立ち、荷物をまとめて家を出た。家族はショックを受けたが、シャーヒドはヤースミーンと子どもたちをジャミーラに任せ、コーターにはマネージャーがいない状態のまま、謎めいたビジネスへと出かけて行った。ジャミーラは勇気を振りしぼって家を切り盛りしながら、商売も滞りなく行わざるをえない。ヤースミーンに夜の仕事を続けるように言い、他の踊り子を呼ぶように頼んだ。家賃を集めにまわり、子どもたちを食べさせるのに懸命だった。ライラーはペシャワールへ行っていたのだが、それ以上のことは誰も知らない。もう一度一人で生きていこうと試みているのだと、私は推測していた。シャーヒー地区の家や商売が自分とシャーヒドのどちらのものなのかわからなくなり、混乱していたのだろう。

ライラーが家出していたころ、私はイスラマバードで結婚した。私にとってとても重要な出来事である。シャーヒー地区の人たちを含め、多くの友人を招待した。「ライラー姉さんは家にいないけれど、電話をしてきたら、ご招待のことは伝えます」と、ヤースミーンが約束してくれた。でも、何の連絡もなかった。結婚式の当日、式が終わった後に、ライラーがお祝いを持って私の家に現れたそうだ。母としばらく話し、「お祝いの言葉をお伝えください」と言って、帰って行ったらしい。

その二カ月後、ライラーはラホールの家に戻ったと聞いた。一人で生きていこうとする最後のチャンスを自分に与えてみたものの、生まれたときに定められた道以外、選択肢はないと気付いたのだ。シャーヒー地区で与えられた役割を果たすか、なりたくないと思っている哀れな物乞いをするしかないと。ライラーは、カイスラが死ぬ間際に言っていた言葉を思い出した。カイスラはライラーと二人きりになりたいと言い、こう謝ったのだ。

「あんたが相続すべきものを残してあげられなくて悪いね」

もっとも、そのときは、何を言っているのか理解できなかった。それから、カイスラはライラーの手を握り、言い残した。

「この家から決して出て行ってはいけないよ。もし娘を同じ職業に就かせたいのなら、子どものときから育て上げるんだよ」

ライラーはペシャワールから大きな自信をつけて帰り、すぐに、マネージャーとしてコーターの経営を再開した。暮らしていくために一生懸命働き、ヤースミーンやその下の妹がシャーヒー地区の伝統的な職業で生き残れるように、育てていかなければならないと覚悟していた。

（1）（*miti khani*）文字どおりの意味は土（泥）を食べる人だが、下級娼婦を指す。
（2）八七〜八ページ注（33）を参照。
（3）八八ページ注（35）を参照。
（4）一六四ページ注（15）を参照。
（5）平織、綾織、朱子織の地に、金糸や銀糸などで草花や風景など多彩なデザインを浮き彫りにした絹織物。日本の錦や金《きん》襴《らん》などの織物にあたる。
（6）（*bindia*）ビンディーともいう。原則としては、既婚で夫が存命しているヒンドゥー教徒の女性が付ける。眉の間の少し上に、赤色の顔料で小さな丸を描くのが伝統的だが、最近はさまざまな色や形のシールが売られ、アクセサリーのような感覚で使用されている。
（7）（*hijra*）カーストの名称。元来は両性を具有する人たちを指すが、去勢している男性も含まれる。宮廷時代は宦官のような役割も果たしていた。現在では、芸能関係の仕事に就いている男性が多く、女装をしている男性をラホールでよく見かける。
（8）一六五ページ注（26）を参照。
（9）水牛の乳から作られた透明なバターオイル。純度が高く、脂肪分も高い。食用油として調理や製菓に用いられる。
（10）（*Daily Jang*）一九四〇年にデリーで創刊され、パキスタン建国以後カラチで発刊されているウルドゥー語の日刊誌。パキスタン最大の購読者数をもち、カラー面には女性の写真がよく使われている。
（11）二一四ページ注（1）を参照。
（12）八六ページ注（7）を参照。

第7章　売買春が存在する理由

コーターで客を前に誘惑の踊りを披露する踊り子
（イージャーズ・グル収集の映画の写真より）

手がかりを探して

研究者ポールとの議論

本書では、主にシャーヒー地区の人びとの生活について記してきた。人びとの話によって、知りえなかったであろう社会や価値観について、さまざまなことを教えられた。チャンダー、ライラー、ボビー、ソーニー、ラーニーとはとくに親しくなったので、ときどき夢にまで出てくるほどである。しかしながら、研究テーマについてより広い視点から全体像を把握するには、しばらく彼女たちから距離をおく必要があると強く感じた。シャーヒー地区での情報収集を中断し、欠けているジグソーパズルのピースを集めるために、他の研究者たちの文献を調べて過去にさかのぼってみることにした。

三つの質問が、絶えず頭のなかを渦巻いていた。なぜ、売買春が存在するのか？　なぜ、強い偏見があるのか？　なぜ、この状況は続いているのか？　私は、組織的に性の取引が行われている根本的な要因について理解したいと考え、数多くの図書館をめぐったり、インターネットで探したりして、売買春に関する歴史的な叙述を集めていった。さまざまな著書や論文を読んだ末、私の疑問に対して答えを与えてくれる学術文献はほとんどないという結論に達したが、他の研究者と議論できそうないくつかのヒントは探し当てられた。

ある朝、イスラマバードにある国立公文書館の風通しが悪く狭い書庫で、一人の友人と偶然に出会う。ポール・アミンという研究者で、パキスタンのシンド州とインドのラージャスターン州における音楽の伝統について研究するため、サバティカル[1]でパキスタンに来ているという。元気よくあいさつを交わした後、気の毒にもポールは「何の研究をしているの」と尋ねるという間違いを犯した。興味がなさそうな顔をしているポールをまったく顧みず、私は延々と語り始めた。現地調査での発見や、性の取引に関する研究者が女性だけに焦点を当て、顧客やその他の関係者に目を向けていないことへのいら立ちについて説明し、歴史書で見つけた支配者階級と売買春との関係についても話した。息もつかず、何時間も話し続けていたことだろう。

突然、肩を叩かれた。驚いて振り返ると、汗だくで厳しい顔をした公文書館の図書館司書長が、眼鏡越しに私を見ている。そして、指を唇にあてて、「しーっ」と言った。私以上に恥ずかしい思いをしたポールは私の手を取り、部屋から連れ出した。私たちは階下のレストランへ行き、私はさっそくポールに話しかけた。

「私が見つけた文献には、売買春の原因について書かれてはいるんだけれども、筆者は性の取引が存在する原因と女性が売春婦になる理由を混同しているようなのよ。この二つは大きく違うと思うんだけど」

「どんな原因が書かれていたんだい」

「ほとんどの研究は貧困を第一の理由としていて、他には社会から見捨てられた女性の存在や人身売買など。でも、貧困は社会のあらゆる問題の原因と言えるでしょ。たとえば、汚職、密輸入、強盗、妻への暴力。貧困を格好の理由として、問題の本質に取り組んでいないと思えるのよ。焦点がずれている。とても組織化された売買春では、必ずと言っていいほど、女性がサービスを提供し、男性がサービスを買うという形態をずっととっているけれど、これがなぜなのかを説明している研究者が一人もいないの。もし貧困が根本的な原因だとすれば、この世の中で貧しい人のほとんどが女性で、男性は貧しくないということになるでしょ。

それから、偏見はいつもお客よりサービスを提供している側になぜ向けられるのか、ということも説明されていないの。女性のなかには非常に強くセックスを求める『自堕落な女』がいるからだという研究が、実際いくつかあったのよ。でも、たいていの社会では、『売春婦』や『客引き』という言葉には軽蔑がこめられているのに、お客に対して使われている言葉には偏見が含まれていないでしょ。さらに、努力はあったけれども、売買春を撲滅するのに成功した社会は一つもないのはどうしてなのか、不思議に思うの。表面に見えていること以外に、何かもっと深い原因があるはずよ」

ポールは、しばらく考えてから言った。

「その研究に没頭しているって本当によくわかったよ。僕は今週毎日ここに来るから、真剣に議論してもいいよ」

この申し出に、私はわくわくした。というのも、ポールは素晴らしい分析力の持ち主で、社会科学者として常に尊敬していたからである。

売買春と支配者層とのかかわり

翌日、他の利用者を邪魔しないように、図書館の隅のほうにある机で私は待っていた。机の上には付箋をたくさん付けた本を開き、横の椅子にも本を山積みにして。ポールが来るやいなや、ラージャスターン州における音楽の伝統と売買春との関連性、そして藩王家(2)による売買春の保護について議論を始めた。しばらくして、もっと順序立てて話をすべきだと思い、ポールに伝えた。

「性の取引の本当の原因について詳しく調べているときに見つけたことを私から話すわ。驚くような発見なのよ。何世紀もさかのぼって、広く社会の構成や階層を見ていかなければ、売買春という制度を理解できないの。一つずつ追っていきましょう」

私が話し続けている間、ポールはリラックスして椅子に座っていた。

「まず、ここから始めなくちゃ。これまで見てきた文献でもっとも不快に感じたうちの一つは、第二次世界大戦中のアジアでの売買春に関するドルゴポール(3)の論文よ。占領された国の女性が捕らえられ、日本兵のために組織的につくられた買春宿で働かされていたと書いているの。買春宿の設立、女性の確保、女性の移送と管理のための費用は、日本政府の軍事費で経常支出として計上されていたともね。

とくにインドネシア、フィリピン、韓国の女性が、日本兵の楽しみのために買春宿に連れて来られた。一九二八年～四五年までの間、約一五万人～二〇万人の女性が強制的に召集され、とらわれの身となっていたのよ。『雇用斡旋業者』に憲兵が伴って、女性が連れ去られないように抵抗する親や親戚などをただちに殺害した。こうした女性たちが従軍慰安婦と呼ばれていた時期があったらしいわ。また、日本軍は買春宿の日常的な運営も行っていたの。一人の兵士が買春宿を訪れた回数や訪れた女性の部屋番号を正確に記録していた。軍の情報が外部に漏洩しないようにするために、兵士と売春婦が特別な関係になるのを防ぐ必要があり、厳格な管理を敷いていたそうよ。

この事例は、権力のある男性たちが売買春を始め、管理するメカニズムを綿密に制度化した明らかな証拠よ。本当に考えさせられたわ。でも、これは戦時中だけのことではないってすぐ気付いた。歴史書に、南アジアで売買春と支配者層との間に常に強い関係があったと示されていたから。支配者層が女性を宮廷に住まわせ、芸や舞踊を支援しただけでなく、売買春業も支援していたの。それも多くの場合、政府をとおして制度化されていた」

ポールは眉をひそめて言った。

「まず、支配者層というのは誰のこと。そして、いつの時代のこと。それから、いま話していた『関係』の意味を明らかにしようよ。『関係』と言っても、いろいろあるから」

私はすぐさま答えた。

「文献のなかで支配者層と考えられる主な人びとは、まず統治者や国を司っている人たち。次に、軍の幹部。だいたい、この二つのグループの人たちは同じなので、一つのグループと考えていいと思うわ。三番目が宗教指導者で、程度の差はあれ、政府や行政のなかで権力をもち、重きを置かれている人たち」

「じゃあ、ある土地を支配し、法を施行するエリート層のことを言っているんだね」

「法を施行するだけではなく、法律をつくる人たち。それから、行政による公的な規則、宗教による社会規範をつくる人たちも。征服者が南アジアにもたらした主な宗教が、もともとこの地にあった宗教的な伝統をほとんど消滅させてしまったことは、知っているでしょ」

「基本的には、王国や国家で権力の座についていた男性のことを言っているんだな」

「そのとおりよ」

「それじゃあ、その人たちと売買春とどんな関係があるって」

「いま言った三つのグループの男性たちが、売春婦をつくり、制度化し、保護する役目を果たしていたのよ」

ポールはしばらく考えてから言った。

「だから、売買春と支配者層の関係について調べることが、南アジアで性の取引がどのように制度化されてきたかを理解するために重要だと言っているんだね。雇用主と雇用者という関係以上のものだと」

「そうね。そこまで突き詰めて言っているわけじゃないけれど、基本的にはそうね。南アジアでは、支配者層が売買春を始め、制度化したとわかったから、この二つの関係について分析する必要があるでしょ」

私が自信たっぷりに答えると、「それは、相当な意見だね」とポールは言って、また眉をひそめた。

「どんな証拠を見つけたんだい」

「信じられないような証拠を見つけたわ。これを見てちょうだい」

机の上に開いて置いていた一冊の本を取り上げて、詰め寄った。

「ここよ。ジョーダー(4)が紀元前三世紀ごろのすごい記録を復元しているの。マウリヤ朝のチャンドラ・グプタ王時代(5)の文書が一〇冊残っているんだけど、その一部に売買春を運営する規則や規制が載っているのよ。この記録によると、売買春制度を課税目的で全面的に管理し、女性の活動を政府の財産として規制していた。性的サービスにかかわっている女性は諜報部員としても使われていたのよ。女性たちは性的なサービスを提供し、政府から収入を得ていた。政府が音楽や舞踊の訓練をし、その商売を経営する監督者を任命したとあるの。どう？　政府が、売春婦のマネージャーとなんらかの取引をしたという関係ではなくて、政府自体がマネージャーであり、王に従わないコーテザンを処罰していたのよ。ねえ、わかったでしょ」

「言っていることはわかるよ。政府がオーナーであり、マネージャーであった。でも、宮廷で働く女性についてだけなのか、その地域すべての売春婦に対してなのか、どっちだい」

「売春婦に近づくことが制限されていたのよ。その特権を与える人を政府が管理していたの。マウリヤ朝より後の時代の記録を読んであげましょうか。王たちは売買春を管理できなくなり、一般の人、とくに仲介者が規制外の売買春から利益を得るのを心配し始めた、と書かれているわ。

紀元前一〇世紀、ヴェーダ時代(6)から、インドに音楽と舞踊に秀でたコーテザンがいたことは、知られているでしょ。そんな美しい女性たちを、親愛の情ともてなしの意を示すために『お楽しみのおみやげ』として、外国の王たちに渡す慣習がアーリア人(7)にあった。ヴェーダ時代の文献には、売春婦と彼女たちの社会での位置についてふれた記録がいくつかあるのよ。それによると、売買春はきわめて組織化された制度として存在し、社会的に受け入れられていて、ある種の価値と義務をもっていたとされている。当時、性の取引はごく一部の貴族階級のために行われていた、と『マハーバーラタ』(8)から最近の研究まで、多くの証拠を提示しているわ。また、そのころ売春婦には階層があって、明確に分類されていたの。貴族自身が厳格な身分階層によって分けられていたのと同様にね」

ポールは椅子の上に置かれていた本を一冊取り上げて言った。

「どうしてアル・ビールーニー(9)からの引用文に付箋を付けているんだい」

「アル・ビールーニーは、一〇三〇年ごろの学者で、旅行家としてもよく知られている人よね。インドの藩王国と売買春との特殊な関係について述べているの。読んでみたらどうかしら」

ポールが読み始めた。

「実際には、人びとが考えているのとは逆で、ヒンドゥー教徒は売買春に対してそれほど厳しい態度をとっていない。その責任は国家ではなく王たちにある。だから、ブラフマン[10]や僧侶は、自分たちが崇拝する寺院で女性が歌い、踊り、演じていても問題がないのだろう。王たちは、自分たちの楽しみのために、そしてなによりも経済的な理由で、寺院を自分たちの都市の呼び物とする。その商売から罰金や税金として得た歳入を財務担当者が軍隊に出費する費用に充てたいからである[11]」

「ほらね、アル・ビールーニーは、国家が関与していると見抜く洞察力があったのよ」

私は勝ち誇ったように微笑み、続けた。

「もっと、あるのよ。ムガル帝国[12]が征服する直前、インドの諸王国では、売買春は王国の行政の重要な一部だった。政策が策定されて、性の取引から得た収入のほとんどは、大規模な警察を維持するために使われていた。売春婦は、貴族や王族に加えて軍人にも定期的に性的サービスを提供していた。支配者のエリート層が売買春業を始め、奨励し、保護し、規制するという役を担っていたようなのよ。いずれにしても、この人たちが主な受益者よ。実際、売買春は王国や国家とともに発展し、繁栄したと言ってもいいと思うわ」

「お茶にして、少し振り返ってみないか」とポールが提案したので「そうしましょう」と答え、私は大きく息を吸った。そして、わくわくしたまま付け加える。

「レストランで、ムガル帝国時代のことについて話しましょうよ」

ポールがムガル帝国について、大衆芸能を中心とする研究をしていたと知っていたからである。彼が微笑みながら言った。

「僕といっしょだと、レストランでムガル時代について議論するのに、ここにある本を持っていく必要がないと思っているからだな」

この返事に私は笑ってしまった。

ムガル帝国時代からイギリス植民地時代の売買春

レストランは風通しの悪い図書館の中とは異なり、広々としていて多くの灯りがつけられ、明るかった。ポールは紅茶を、私はコーラを注文した。コーラを頼むと、「田舎者」といつも私を呼んでいたライラーの声が耳に響き、おかしく思いながら。

ポールと私はすぐに話を再開した。まるで世の中に、その話題しかないかのように。

「ムガル帝国のことについて話してくれないかしら」

「ムガル帝国についてだって。一六世紀初頭ペルシアから来て、南アジアの半分以上を征服したイスラーム教徒のモンゴル人の侵略者(13)について、お茶を飲みながら、二世紀半にも及ぶ歴史をすべて話せって言うのかい。彼らが芸術や音楽を保護していた一方で、売買春も保護していたことを切り離して話すのは、実際ほとんど無理だよ。僕はいつもこの二つをいっしょに研究してきたから。それに、売買春というふうにとらえたことがないんだ。当時の慣習は、西欧諸国で典型的だと考えられている売買春の概念と大きく異なるからね」

ポールはあごひげをなでながら、窓の外を見た。そして、続けた。

「ムガル帝国は、歌手や踊り子を支援しただけでなく、詩、絵画、音楽、工芸や建築などあらゆる芸術家たちも支援していた。男性でも女性でも、芸術家は厚く擁護してね。知識や技術を分かち合うために、外国から工芸家、遠隔地から学者や詩人を招待し、古典音楽の師も、男性であれ女性であれ支援した。そして、これらの芸術家に支給金と住居を与え、定期的に宮廷に呼んだ。歌や踊りができるほとんどの女性は、芸能人のなかで高い位に置かれ、名声や尊敬を得ていた。それに、王族を楽しませるために性的サービスも提供するのは、受け入れられていたどころか望ましい慣習だったんだよ」

「ハーレムには何百人という若い女性がいて、宮殿を清潔に整然と保つという仕事があったんでしょ。それに、伝統的にハーレムの女性は、王家の男性からのセックスの要求に応えるようになっていたのでしょ」

「そうだよ。でも、僕はいつも文化的な観点から見ているんだ」

「声の調子でわかるわ。ポールのように文化を研究している人は、コーテザンの芸を認めて評価する気持ちと、支配者層がセックスを目的として彼女たちを囲っていたという事実との間で、悩んでいるんでしょ」

「うまい具合に、文化を研究している人のカテゴリーから自分をはずしたな。きみだって僕たちの仲間の一人じゃないか。この二つの点の間にすっきりしないものを感じないのかい」

「ええ、そうね。でも、その前に私はフェミニストだから。男性と女性の力関係について、そしてその原則に基づいてすべての社会がどんなふうにつくられているか、知っているわ。一つ、はっきりさせておきましょう。いま、性の取引を盛んにし、直接利益を得ている人びとや社会階層について調べているの。これが調査の目的だからといって、シャーヒー地区の音楽や芸能、トップレベルのコーテザンの音楽、詩、文学への大きな貢献を過小評価しているわけではないのよ。南アジアでどのように売買春が広まり、過去何世紀もの間、管理されてきたかを理解するためには、芸術家が支援されたから生み出された素晴らしい芸術や芸能を高く評価するだけでなく、さらに深く調べなければならないと思うの。私の言っていること、わかるかしら。

私がエジプトでピラミッドを見たときと同じ。ピラミッドに象徴される権力、信じられないほど大規模で進歩していた当時の社会に深い畏敬の念を覚えたわ。でも同時に、ピラミッドを造るためにどれほど多くの奴隷が働き、どれくらい死んだのかについても考えたわ。壮大で華麗な宮殿やその美の極致にふれたときにも、同じような気持ちになるの。そんな素晴らしい建築物は絶対権力、つまり貧しくて従属している大多数の人びとに対する少数のエリートによる権力の象徴だと知っているから、いつも何かしら辛い気持になるのよね。たぶん、私が女だからそう感じるのかも。数少ない偉大なものの陰で、多くの人びとが犠牲になっている。そんな状況を私たち女は、よくわかるのよ。ムガル帝国では、売買春を制度として認め、王の代理として特別に任命した人が運営していたことを知ったわ。ムガルの王たちはすべて、程度に差があれ、売買春業を管理下に置いていたのよ」

「そうさ。ムガルのほとんどの支配者は、歌や踊りをする女性の有力な庇護者だった。売買春は合法で課税の対象だった。アクバル帝[14]は著名な学者であったうえに、音楽や舞踊を手厚く保護したことで知られている。一方、アウラングゼーブ帝[15]はまったく逆で、イスラーム教の教えを強く守り、売買春を禁止しようとしたが、なくすことはできなかった。インドのデリーにあった赤線地帯を閉鎖すると、コーテザンたちはすぐに保護してくれる裕福なパトロンがいる場所へと移って行った。いずれにしても、当時のコーテザンにちなんだ多くの恋愛物語や記念に建てた宮殿やお墓がいくつもある」

「私が知るところでは、アクバル帝は売買春が手に負えない状況になったと気付き、誰もが売春婦に近づけないように特別な措置を講じたんでしょ。処女と関係をもちたい人は、宮廷から許可が必要とした。そして、管理人、副管理人、書記を任命して、売春婦を集めて住まわせたシャイターンプーラ（悪魔の街）と呼ばれた地区を治めさせた。一七世紀にはラホールに王宮をかまえ、市内だけで六〇〇〇以上も売春婦の家があったのよ」

「すごいな。そこまで詳しく調べたんだ。すべて伝統に従って行われていたということも覚えておいてほしいな」

「でも、誰がその伝統をつくったのかしら。社会的・宗教的な伝統はすべて、支配しているエリート層が押し付けたものでしょ」

「社会階層や権力構造に関しては僕もそう思う。だが、売買春に関する伝統は、エリートたちが政治的な必要性から変えてきたと思うな」

軍の権力者に話題を変えて、私は言った。

「軍人が王に忠誠を示すうえで重要なことは二つ。新しい土地を征服することと、王国の国境を守ること。だから、軍の上層部の人たちは、宮廷で高い地位につき、栄誉を与えられる。女性は軍人に娯楽を提供するために、ムガル軍の進攻について行った。女性用に別のキャンプが設けられ、将校や兵士は女性のサービスを受けられる。踊りが上手な女性たちは、軍の幹部用の設備が整った宿営地で接待する。この支配者層と売買春とのつながりは、ムガル帝国をはじめとする王国や藩王国が崩壊するまで続いたけれども、王室だけが管理していたわけではない。政治権力をもつ他の重要人物も多くかかわっていた。そうよね」

私はポールの返事を待たず続けた。

「歴史的な文書によると、ポルトガル、フランス、イギリスの商人が到着して、ボンベイ(ムンバイ)、カルカッタ(コルカタ)、コーチン(コーチ)、マドラス(チェンナイ)の港で売買春が盛んになった。外国からの商人は、家族を伴わずにインドに来ていたので、インド人女性によって性的欲求を満足させた。多くの商人が、妾を囲って。彼らが売春婦の主な客になっていき、一七世紀初めにはインド亜大陸で、商業目的だけの売買春が盛んになったとカプール[16]は書いているわ。売買春は港から大都市へと広がり、それから他の場所にも広まって、伝統より利益が重要視されるようになってきた。そのうえ、女性が買春宿に囲われるようになったのよ」

ポールが補足した。

「売買春が盛んに行われていたインドの港近くの買春宿には、商人たちが海外からも女性を連れてきたと、僕は理解している。東インド会社[17]による植民地支配の時代に、売買春が増加し、独身や単身赴任のイギリス人男性を楽しませるために多くの買春宿が開かれた。これが、現在のアングロインディアンのコミュニティ[18]が誕生した要因の一つなんだ」

「大英帝国が一八七〇～七一年度に、軍の予算四万ポンドを使って、二七〇〇名の売春婦を軍隊のために登録していたって、私見つけたばかりなの。イギリス人も自国の兵士に外国人の売春婦を使うという慣例があったのよ」

「カルカッタのノーチガールと言われていた踊り子たち[19]や、いっしょに働いていた音楽家は、みんなイスラーム教徒なんだ。インド人の貴族に加えてイギリス人をも魅了した。イギリス人画家がノーチガールをヌードのモデルとしてよく使っていたんだよ」

「ラホールで言い伝えられている伝説によると、かの有名な赤線地帯アナールカリーは、本当はイギリス人のためにつくられたんですって。イギリス軍はいつも大都市の外に宿営地を設営し、私たちがいまカントンメントと言っている駐屯地を建設したの。ラホールの城壁の外にも一つつくって、必需品を供給するために、駐屯地から城壁までの道に沿って市場ができていったそうよ。兵士がいるから、間もなく売春婦たちが商店の二階を商売のために使おうと集まって来たらしいわ」

「それは知らなかったな。アナールカリーと呼ばれるようになったのは、どうしてなんだい」

「アナールカリー[20]とは、ムガル帝国ジャハーンギール帝[21]とのロマンスが伝説にもなっている有名なコーテザンの名前で、彼女のお墓が軍の駐屯地のそばにあったとされているのよ。古い州政府庁舎のあたりらしいわ」

「今度ラホールに行くことがあったら、アナールカリーのお墓にお参りすべきだな」

「私が言いたいのはね、一九〇〇年代初めごろのイギリス人は売春婦の顧客であり、かつ売買春を変えた人たちでもあったということなのよ。性の取引や女性の人身取引を規制する規則を変え、すべての売春婦は政府に登録しなければならなくなったの。カルカッタの踊り子に関するある研究では、警察に登録する際に聞かれた質問内容が報告されていて、一六歳以下の少女、妊娠している女性、離婚手続きが終了していない既婚女性は、登録できなかったと。少女が処女であれば、大きくなるまで売買春にかかわらせないように保護者に指導していたとも。女性は健康診断を受けさせられ、必要があれば治療を受けた。そして、登録カードに健康診断を受けた日付が記録されている。売春は合法な職業として、国勢調査にその数が報告されていたのよ。一九二一年の国勢調査では、カルカッタには一万八一四人の売春婦がいて、家政婦の二万九九九人に次いで、女性では二番目に数が多い職業だった。つまり、イギリス人は植民地時代、売買春を撲滅しようとはほとんどせず、いろんな面で行政が売買春をさらに合法化し、制度化していったのよ」

ポールは背筋を伸ばし、時計を見て笑った。

「ずいぶん長い休憩をとったみたいだね」

「ポールにとっては休憩にはならなかったわね。でも、私は話ができて本当によかった。いろいろと考えていたことを整理するのに助かったわ。歴史書での発見について、確信がもてたわ。もしよかったら、宗教指導者たちも売買春を支持していたという点について私がどう思っているか、話したいんだけど」

ポールは椅子から立ち上がり、今日はそれぞれの研究をして、明日話の続きをしようと提案した。ポールは調べたい本がある書棚のほうへ行き、私は宗教関係者が性の取引を擁護していたことを説明するための準備をした。売買春が始まった本当の理由を知るために行ってきた長い調査の間とっていたノートと本を机の上に並べて。

デーヴァダーシーという慣習

翌朝は九時ごろ図書館に到着した。図書館司書長から遠く離れたいつもの静かな隅の場所に落ち着き、書類を広げる。ポールは、一時間後にやって来た。あいさつを交わし、議論へとギアを切り替える。ポールから話した。

「じゃあ、始めようか。まず、そっちの話からどうぞ」

「世界各地で宗教団体が売買春をどのように見ていたか、またどんなふうに結びついていたかを示している記録を集めたの。でも、ほとんどが南アジアのヒンドゥー教の慣習デーヴァダーシー[22]についてなのよ。キプロスでは、キニュラス王[23]が『聖なる売買春』なるものを制度化した。娘たちを海辺の街へ送り出し、売買して結婚するためのダウリー[24]を稼いだり、将来助けてもらえるようにとビーナスに捧げる慣習があった。メソポタミアのシュメール文明[25]では、すべての寺院が僧侶の召し使いや妾として女性を置いていた。戦争で負けたり殺されたりした男性の妻は『不名誉な女性』と言われ、寺院で奉仕したり性的なサービスを提供しなければならなかったという文明も、メソポタミアにはいくつかあったわ。

それから、ローマ人は売春婦を統制し、登録し、徴税していた一方で、売春婦の家に嫁ぐことを厳しく禁じ、売春婦を公然と非難した。でも後には、行政や宗教関係者が売春婦を全面的に認める。ローマのユスティニアヌス帝[26]自身が売春婦と結婚し、売春婦の社会復帰に努力したと、ヘンリクス[27]が報告しているわ。中世ヨーロッパでは、売春婦は罰せられていたけれども必要悪だと考えられ、買春宿が公費で維持される状態が続いていた。売春婦は一目見てそうだとわかる服を着せられ、町の中で隔離された一部の場所に住まわされ、行政と教会が買春宿からの収入を等分していたのよ。

次に、デーヴァダーシーについて見つけたことを話すわ。デーヴァダーシーのことは知っているでしょ」

「少しはね。彼女たちの音楽の伝統についてはよく知っているよ。バジャン[28]を歌うのが上手で、プージャー[29]を行うために裕福な家に招かれていた。デーヴァダーシーは、三〇〇年ごろにインド亜大陸で始まった。そうだろ」

「そうよ、そのころよ。下位カーストの家庭から女の子を買って、神の名の下に寺院に捧げることによって解脱《げだつ》を願うもの。寺院に捧げられた若い女性たちはデーヴァダーシー、インド北部ではマンガルムキー、デーヴァラテイアール、クーディーカールと呼ばれた。寺院を清掃したり、神を崇め、信者のために歌ったり踊ったりするのが仕事。財産は女性の名義となり、寺院の収入を分け与えられた。だから、その慣習があっという間に広がっていったのよ。文献によると、デーヴァダーシーによる売買春はひそかに始まったんだけど、『宗教的な売買春』という意味づけがされるようになった時点で制度化されたの。デーヴァダーシー信仰は、六世紀から一三世紀にかけて南インドのパッラバ朝[30]やチョーラ朝[31]時代に栄えた。インドの『聖なる売買春』は九世紀から一〇世紀にもっとも盛んに行われ、それに伴って多くの寺院が建設されることになったと、多くの歴史家が認めている。本当は二〇世紀初めに禁止されたんだけど、まだ行われているところもあるわ」

「イスラームの宗教組織によって保護されていた証拠を見つけたかい」

「いいえ、イスラーム教の学者やスーフィーが売春婦を雇ったり、売買春を管理したり、奨励したという文献は、まだ見つかっていないのよ」

「デーヴァダーシーに与えられていた役割は、非常に複雑なんだ。低階級とされ、ある意味、汚名がきせられていたが、尊敬もされ、定められた役割をもって受け入れられていた。少女たちは不死の神と結婚しているから、決して未亡人とはならないだろ。これはとてもいいことだし、幸運と繁栄をもたらすと考えられていたんだ」

「それは、他の伝統的な売買春にかかわっていた女性についても言われているって、知っているでしょ。偏見をもたれているけど、社会に居場所はある。でも、王族の保護の下で栄えたコーテザンと同じように、デーヴァダーシーは寺院の僧侶の既得権益として奨励され、保護されていたという点が重要だと思うの。歴史家のなかには、多くの寺院が評判になったのは楽しませてくれる女性がいたからだと論じている人がいるのよ」

現在につながる売買春を取り巻く状況

ポールはため息をついて言った。

「わかる気がするな。だけど、いまはどうなんだろう。こんな昔の話が現在とどう関係しているんだい」

「売買春と支配者層のつながりは、いまも強いと言えるわ。現在、権力の座にいる人たちが誰か考えてみて」

「そうだな。政治家、大企業の社長、軍人、それから官僚も。宗教関係者は政治家や官僚をとおして動いている。だから、実際は支配者のエリート層には入らないのかもな」

「そう。ただ、私がこれまで説明した過程を経た結果として、現在の状況を見る必要があるのよ。いろいろなことがあった結果、コントロール不可能になった状況。少数の権力者を楽しませるために、一つのグループがつくられた。でも、そのグループを存続させるためにつくられた伝統が消滅してしまっている。

パキスタン社会はいま大きな変化を経験していて、支配者階層の人びとがしょっちゅう入れ替わっているわ。この混乱した状況では、性の取引に対する態度なんて、ささいな問題よ。カンジャルやミーラーシーに対する警察の態度は、一般の人びとに対する態度とそれほど変わらない。シャーヒー地区では、嫌がらせの度合いがひどくなって、毎日行われている。でも、パキスタンで警察から嫌な目に遭ったことがない人なんていないわ。それに、政治的に弾圧される事柄が急に変わったり、行政が気まぐれなことをして、誰もが影響を受けているわ。

シャーヒー地区の複雑な社会組織に明らかに見てとれるように、売買春をとりまく伝統は崩壊しつつある。警察や行政がその動きを加速しているのよ。だけど、ラホール全体としては、売買春はちっとも減っていないと指摘しておくわ。歴史上あるときには好ましいと考えられていたことが、他の時代にはいとも簡単にそうではなくなる。これを人びとは理解すべきだと思うの。エリート層がつくったものは、エリート層が壊せる。残念なことに、アウラングゼーブ帝のときに起こったように、伝統的な慣習を抑圧すると、なくなるどころか、もっと取り締りが困難な方向へ発展してしまうことがよくあるのよ。売買春を強要されている少女たちが集められているコーティー・ハーナーが繁盛し、お小遣いや麻薬のために体を売る『売春を趣味としている』中流階級の女の子たちが増えている。これは、エリート層がカンジャルに対して、いまとっている行為の結果の一つなのよ。長期的に見ると、なくそうとしている伝統よりはるかに悪い状況となるでしょうね。

主に支配者層が売買春を促進していた昔と状況は違うかもしれない。もちろん、いまでもそうだと言える状況は一部あるけれども。現在の状況は、昔々に制度化された取り決めの続きだと考える必要があると言っているの。売買春、とりわけシャーヒー地区で行われている売買春についての偏見や作り話に、世間の人びとはとらわれているけれども、売買春という職業は一般大衆へのサービスへと形を変え、山火事のように広がっているのよ」

本当の理由

チャンダー、ファイザと意見交換へ

歴史的な文献の調査を終えたとき、私には気にかかっていることがあった。売春婦の扱いに関して、社会に明らかに存在する偽善と二重基準についての疑問を解決できなかったからである。あいにく、ポールはすでにパキスタンを去り、他に私の考えを聞いてくれる人が必要だった。

売買春の改革へのあらゆる努力が声高に掲げられたにもかかわらず、改革を実施している当事者が「売春婦は決して変えられない」と宣言しているのは、なぜなのか。文献研究から唯一言えるのは、制度化された売買春は常にエリート層と強い関係があったということである。支配者、行政官、軍人、宗教指導者などが、売買春という職業をかわるがわる支持し、保護し、規制し、「改革」してきた。ここまでは明らかである。だが、道徳規範に反する社会活動のなかで、売買春がもっとも強い偏見がもたれている理由がわからない。

ある朝、チャンダーを訪ねて、話し合ってみようと思った。出かけようとすると、従妹のファイザが「いっしょに行ってもいい」と聞いてきた。シャーヒー地区で調査を行っている間、考えを整理するために、しばしば彼女と意見交換してきた。またいいヒントをくれるかもしれない。まずファイザの大学へ行って、彼女が用をすませてから、一一時ごろにシャーヒー地区へ向かった。

道中、私のグル(32)が語った話をファイザに伝えた。彼女は私にグルがいると聞いて驚いたので、「ええ、何人かいるわよ。とても貴重な助言をしてくれるのよ」と説明した。あるグルいわく、「問題への解決策がうまく思い描けないときは、視界がぼやけるまで目を閉じよ。すると、初めて何が重要なのか理解できる」。ファイザが不思議そうに私を見たので、グルが言わんとする意味を説明した。物事がとてもはっきり見えるときは、近くにあるものを見るのに夢中になり、細かいことに気を取られてしまう。少し目を閉じてぼんやりと見えるようにすると、行動や思考のパターンがわかってくる。ときには、詳細にこだわるより大きな構図を見ようとするほうが重要である。私にはその必要があったのかもしれない。

家父長制のねらい――結婚と従順な女性

チャンダーの家に着くと、うまい具合に、彼女の母はダーター様の廟へ参詣しに出かけていた。チャンダーは起きたばかりで、私たちはベッドのまわりに座る。売買春の起源について真剣に話し合ってみたいのだと伝えた。

「なんにも言うことはないわ。あたしが知っているのは、誰かがこのしきたりをつくって、あたしたちが疑問をもたずに守っているということだけだわ。神様が証人よ。あたしたちが選んだわけではなくて、この役割を与えられただけ。『いい娘になりなさい。ちゃんと仕事をして、母さんを喜ばせなさい』って言われたわ。だから、まじめに働いている。でも、あたしが選んだわけじゃないのよ」

「チャンダー、いま言ったことはとても大事だわ。そうだって、知っているかしら」

私がこう言うと、チャンダーははにかんだ。そして、シーツのしわを伸ばし、「ベッドに座って、もっと楽にして」とファイザに勧めた。

「売買春の起源についていろいろと考えてきたし、他の人が書いたものも読んだわ。どうやら、家父長制と関係があるように思えるんだけど」

「フォージアさん、家父長制って何?」

チャンダーが聞くと、ファイザが答えた。

「それは、男性中心の、男性が支配している制度のこと。そうだったわよね」

「そうよ。家父長制とはね、男性が家族、近隣社会、村、国など社会単位の長で、男性が家を継いでいく社会制度のことよ。実際、この制度の核心は、男性が遺伝子と名前を次の世代に継続していくことにあるのよ。そのために家父長制をつくり出したの」

チャンダーは少し考えてから言った。

「それじゃあ、男が自分たちのためにつくったってこと?」

「まあ、そうね。だけど、女性を意図的に排除しようと、個人個人の男性が計画を立ててつくったのではなくて、権力の座にいる男性たちが何世紀もかかってつくり上げたものなのよ。すべての男性が得しているのではないんだけれども、ほとんどの権力者の男性にとって有益なのよ」

私はためらいながら答えたが、ファイザは、もっとはっきりと語った。

「つまり、家父長制を性の取引と関連させて、『この制度は誰のためのもの』って考えるとしたら。その答えは、権力をもつ男性。そうでしょ」

「そうよ、ファイザ。そのとおりよ。そんなふうに考えられるわね」

「じゃあ、遺伝子を残すことについて何て言っていたかしら。教えてちょうだい」

チャンダーはいたずらっぽく微笑みながら尋ねた。

「家父長制では、男の人が家を継いでいくでしょ。子どもは父親のもので、父親の姓、社会的な地位、宗教、財産を受け継ぐ。だから、女の人は男の人の家族のもとへ嫁ぐ。その反対はないわよね。女の人は夫の名字に変え、子どもは父親の姓を名乗る。こんな話があったわ。私が小さいころのある日、父がその父、つまり私の祖父の古い持ち物を見ていたとき、七世代さかのぼった家系図を見つけたのよ。子どもたちをみんな呼んで、見せてくれたの。私はわくわくして、いろいろ質問をしたの。『私の名前はこの家系図のどこに書いてあるの』なんて。本当にがっかりしたわ。女の人は載っていないのよ。父の下には名前が一つしかなかった。兄さんだけ。お姉さんたちの名前はなかったのよ」

ファイザが聞いてきた。

「欧米の国では、妻や娘も家系図に書くようになっているんじゃない」

「そうね。でも、ほとんどの家族では男性が家を継いでいるわ。欧米社会では、女性が専門職に就くようになってきたけれど、結婚したら夫の姓を名乗るわ。皮肉なことに、再婚するたびに名前を変えているの。夫の姓を名乗るという慣習は、イギリスから南アジアにもたらされたのよ」

「そのことは、ある程度知っていたわ。でも、深く考えたことはなかった。当然だと思っていたから」

「だけど、あたしたちの間では、すべてが反対だわ。お母さんが一番重要よ」

「そうなのよ、チャンダー。それは、南アジアのなかで特別なサブカルチャーなのよ。そのことは後にして、まず一般社会の制度について話しましょう。そうすれば、ここの制度がなぜ他と違っているのか、そして本当に違っているのかどうか、知るヒントになると思うわ。家父長制がパキスタン社会全体での制度でしょ。じゃあ、質問よ。男性が自分の遺伝子を確実に次の世代に残すために何をする」

「結婚する」

ファイザが叫んだ。

「正解。だから、ある女性がある男性の妻になるという関係をつくるために結婚がある。そして、その関係を祭儀や祝宴をして世間に知らせる。女性が父の家系を離れて、男性の家族に入ると公に宣言する。つまり、その女性には『(結婚する)資格がなくなる』。男性によって結婚に『捕らわれた』のよ」

「たしかに。だから、花嫁の家族は娘を取られて泣くけど、花婿の家族は嫁をもらってお祝いをするんだわ。まさに、女の人たちは自分が生まれた家族を去って、夫の家族のところに行くっていうことだわ」

ファイザが付け加えると、チャンダーが続いた。

「結婚は、女性が『夫がいます』と知らせるためでもあるのね」

「そのとおり。残酷な考え方をすれば、女性は子どもを産むためだけのものなのよ。妻は夫に帰属し、夫は妻が純潔をとおし、他の男性ではなく自分だけの遺伝子を確実に残すようにしなければならない。じゃあ、男性はいったい何をすると思う」

「夫は妻に厳しい道徳観を求めるわ。自分のために『純潔』を守ってほしい。だから、妻には家の中に閉じ込もり、あまり外出せず、しゃべりすぎず、外の世界と接触しないでほしいのよ。妻が賢くなりすぎたり、教育を受けすぎたり、力をもちすぎたりしてほしくない。そうでしょ」

こう言ってからファイザは、後ろにもたれかかりじっと考えていたが、まっすぐに座り直して言った。

「フォージア姉さん、結婚相手としてとくに従順な女性が好まれるのは、このためなのね。男の人は、自分がコントロールできる女の人がいいんだわ。お嫁さん候補として私を見に来る家族には、『直接質問されたら、その質問に対して答えるだけ。それ以上しゃべっちゃだめよ』ってお母さんが言うわ。これも、関係しているわね」

「パキスタンの男性が欧米の国に行くと、そこの女性と遊びまわるんだって、聞いたことない？　でも、結婚適齢期になると、男の人と会ったことも、生まれた街から出たこともない、年が自分の半分くらいの女性を探すように母親に頼むらしいわ」

チャンダーは同意し、そう言って大笑いした。

「私がアメリカで勉強しているとき、まさにそれを目撃したわ」

私も同感だった。ファイザが続ける。

「女性だけに道徳観念が必要とされて、男の人が何をしようと、あまり気にもとめない。男の人は女の人の行動を管理する権利をもっているかのように振る舞っているけど、女の人は男の人を監視する立場にあるとは考えられていない。道徳観は、女の人の行動、なによりセクシュアリティ(33)を管理するためにつくられたようなものね。男の人は活発な女性を不安に感じる。それは、もしそんな人が妻になったら、他の男性に近づいて『不純』になるかもしれないと心配だから。ああ、何てこと。ちょっと想像してみて。夫のためだけのはずの器(妻)が、他の男の精子を入れたりすることになったりしたら」

ファイザが皮肉たっぷりに叫んだので、三人とも大笑いした。

道徳規範と二重基準

「男性は、女性を支配する道徳規範をつくった。そして、それを守らせるために宗教を利用した。ほとんどの宗教では、ふさわしいとされる行動規範は女性を対象としている。体を隠すとか、謙虚であれとか。男性の行動を規制するような宗教的な慣習なんて、聞いたことないでしょ」

私が言うと、チャンダーは共感した。

「道徳についていま言ったこと、あたし気に入ったわ。宗教関係の人について、いつもあざけって言ってやるの。『あの人たちのイスラーム教は女性を対象としてる』って。女の人たちにだけ、規則をどんどん増やしていくでしょ。男の人たちが及ぼす悪影響については、メディアに話したことなんてないんじゃない。宗教関係者の鼻の先の、ここシャーヒー地区に客が公然とやって来ているというのに。そんな男たちのことは一言も語らない。

ある女の子が、家族が反対している男性と結婚しようとしたの。本当は自由に結婚する権利があるはずなのに。そうしたらね、宗教関係者はその女の子のことを悪く言って、『イスラーム教徒ではない』と宣言したのよ。女の人を気になって仕方がないから、女の人に隠れておいてほしいのよ。女性の体についてはたくさんすぎるほどのタブーがあるけど、女の人に色目を使ったという理由で男の人が罰を受けたことなんてあったかしら。イスラーム教の狂信的な信者たちは、女性が隠さなくてはいけない部分を次々と増やしているでしょ。頭、手、顔、そしてまるで死体のように真っ黒な布で体を覆うように言っている。ある意味、女性は死人のようなのかもしれないけど」

そう言って、あけすけに笑った。

「フォージアさん、売春婦の意見が聞きたいんでしょ。私が思うに、宗教関係者は女のことばかり考えすぎ」

私は微笑みながらチャンダーを見て言った。

「道徳は女性のセクシュアリティを抑制するためだけに使われているわ。どうして女性は自分たちを抑えようとするのかしら。男たちがシャーヒー地区に来て『罪を犯す』と、ここの女性が悪いと考える。男性は道徳にしばられる必要がまったくないのよ。女性が社会の悪いことをすべて背負うべきだと。たとえば、女の人がバス停で待っていて、男の人にちょっかいをかけられる。すると、その女の人は二度と外出すべきでないと言われる。まるで、女性が外出したのが間違いだったように言われるでしょ。ちょっかいを出した男性が悪いと思う人はいない」

ファイザが目を輝かせて述べる。

「だから、男性と女性には別々の道徳規範があるのよ。私いつも思っていたの、弟はたいていのことは許されるけど、私は細かいことまで注意される。弟は大声で笑ったり、外に遊びに行ける。私だって同じように足があるのに、お使いに行くのは弟。私じゃない。ちょっとそこの通りに出て行くだけでもよ。弟は好きなだけ友達と出かけられるけど、私が夜に外出した回数はしっかりと数えられている。どうしてこんな二重基準があるのか、理解できなかったのよ」

「力のある男性なら、理由を説明する必要もなく、いくらでも道徳規範をつくれるでしょ。残りの人たちは、疑問をもつことなくその規範に従うように求められる。宗教という仮面をかぶれば、疑うことなく従うでしょ。ここが問題なのよ」

私が言うと、チャンダーが聞いてきた。

「それが、男の人は女の人と関係をもてるけど、女の人はもてないっていう理由なの。男の人は結婚する前、それから結婚した後も、妻以外の女性と性的な関係をもつことが許されている。男の人の間では自慢話もするわ。でも、もしそんな男の人の奥さんや、姉や、妹や、許婚《いいなづけ》が他の男の人とのロマンスについて話したとしたら、いったいどうなると思う」

ファイザは金切り声を上げた。

「奥さんや姉妹がそんなこと言ったら、家族に殺されてしまうわよ。婚約者だったとしたら、結婚はありえない」

「そうよ、そんな女の人といっしょになったら男の人は心配でたまらないもの。自分のセクシュアリティをコントロールできない女性を不純だと考えるのよ。だから、処女性が重んじられる。花嫁が処女だと証明するために、初夜に花婿は自分の妻の血で染まったハンカチを見せなければならないという慣習だってあるのよ。西欧の国では、白は処女の花嫁だけが着られるウェディングドレスの色。もし処女でなかったら、パステルカラーのウェディングドレスを着なければならないのよ」

私が説明していると、ファイザが興奮しながら割って入った。

「イギリスのダイアナ妃が処女かどうか調べられたとき、どうしてチャールズ皇太子も同じように調べられないのかと思ったわ。実際に体を調べなくても、皇太子は聖書の上に手を置いて、『童貞です』と誓うべきだったわ」

私たちは笑い、私が付け加えた。

「処女性がとても重要だとされているからよ。性的に『純潔』であることもね」

「男性は、セックスについて何か知っている女性に耐えられないのよ。女性は、『そんなこと何も知りませんし、好きではありません』というふりを常にしなければならないのよ」

「そうよね。世界には、女性のクリトリスを切除している地域があるの。男性は女性がセックスを楽しむのを恐れているって、明らかに示しているでしょ」

私たちは、「良い女性」、つまり、結婚するのにふさわしい女性の基準について、さらに、男性のために「純潔」であるように女性に強いる道徳規範についても話し合った。「良い女性」が決められた男性といっしょに暮らすようにするために、権力者や宗教指導者がつくった道徳規範や価値観もある。

「えっ、それは何？」

チャンダーが驚いて私に尋ねた。

「ちょっと賢い女性なら、男性偏重で二重基準をもつ制度に気付き、背こうとする。だから、伝統や道徳でしばって、そんなことをして重大な結果に陥らないようにしているのよ。離婚したら、尊厳、社会的地位、さらに経済的な支援も失うでしょ。すべての重荷は女性が背負うことになっているのよ。偽物の道徳観によって、夫が悪いことをしても、女性は何もできないようになっている。夫が妻を殴っても、妻が悪いことになる。私は、女性にカウンセリングをしている団体と長い間いっしょに仕事をしているの。何年も夫に暴力を振るわれているのにいっしょに暮らしている女性と話したとき、妙な感じがしたわ。もし夫のもとを去ったら社会で居場所がなくなる、自分たちが非難されると思うから、結婚にとどまる。道徳規範が間違っているとは考えないで、間違った道徳観を恐れているの。この考え方があまりにも深く社会に根付いているからよ」

「何て、うまくできているのかしらね。男の人は、妻が出て行かず、二重基準に反対すらしないと、のんきにしていられるのね。男の支配は完璧だわ」

「まったくそうね、ファイザ。道徳的な伝統は社会にとても奥深く浸透しているのよ。伝統によって行動が規制されているから、どうしてそんな行動をとっているのか、ほとんど知らないで」

女性の体に宿る男性の名誉

考え込んでいたファイザが、口をきった。

「ところで、女性が結婚すると、両親は夫の家に娘を送り出すでしょ。でも、夫の家は夫のもので、妻の家ではない。結婚して二〇年経っても、夫は妻を追い出せる権利をもっている。文字どおり『三つの服』、シャルワール、カミーズ、ドゥパッターだけ、着のみ着のままで路上に放り出せる。というのも、家を所有しているのは夫で、妻じゃないからよ。だから、妻は家を出てしまったら、社会での居場所から何からすべてを失ってしまう。状況は少しずつ変わっているけれど、本質的な態度は同じ。この二重基準によって、男性は自分が求める自由が奪われないように、そして女性を堕落させる自由がないようにしている。女性の生活やセクシュアリティは、こんな道徳的な伝統によって完全にしばられているのよ」

私が付け加えた。

「そうよ。そのうえ、『名誉』という考えもつくり上げたわ。ずっと面白いと思っていたのよ。男性が考え出して、女性の体に宿らせた。つまり、私は父の、男兄弟の、そして夫の名誉なの。男性の行動は、自分自身の名誉に影響しない。でも、妻がニセ物の道徳に反する行動をとったら、夫の名誉が傷つけられる」

「どういう意味?」

チャンダーは不思議がった。

「イスラームの精霊とオウムの話[34]を聞いたことがある? 精霊の魂がオウムに宿る。オウムを見つけ出さないかぎり、精霊を殺すことはできない。そこで、精霊は大きな山に隠れ家を建て、そこにオウムを隠した。オウムは安全な場所にいるから、精霊の魂も安全。精霊は自由に動きまわり、好きなことができた。

これと同じことよ。男性は女性の体の中に名誉を託し、家に閉じ込めた。一方、男性は自分の名誉を傷つけずに、どこへでも出かけ、やりたいことをする。シャーヒー地区に来たり、性的暴行を加えたり、妻に暴力を振るったり。法律に違反して逮捕されるかもしれないけど、男性の名誉については疑われないでしょ。男性の名誉が傷つくのは、閉じ込めている妻に何か起こったときだけ。家族以外の男が妻を見ただけで、夫の名誉が傷つく。妻はなんら道徳に反することをしていないのに。

パキスタンの保守的な地域では、通りで男性が女性の顔をちらっと見ただけで、その女性の夫の名誉が傷つくのよ。たとえば、北西辺境州では、妻が男性とちょっとした世間話をしたかもしれないという疑いがあれば、夫が妻とその男を殺害する。これは公然の秘密。『名誉のための殺人[35]』と言って、社会で受け入れられているの。つい最近まで、裁判所も容認していたのよ。女性はチャーダルを着用しなければならないとする人びとの間では、職場でチャーダルを脱ぐだけで、夫の名誉を傷つけるとされているの。女性自身がどう考えているかは関係なく、夫を怒らせるような行為はすべて、夫の名誉を傷つけることになる」

「本当なの？」

驚いたチャンダーは、はき捨てるように言った。

「この国の、いま現在の価値観について私は話しているのよ。もし女性が暴行されたら、その男兄弟や叔父がその女性を殺すことだってできるところもあるの。なぜだかわかる？　女性が暴行されて、兄弟や叔父の名誉が傷ついたからよ。そんな男性に、女性を殺す理由を論理的に説明するように頼んでみなさい。感情的になって、説明なんてできないから。長年の慣習でそうしてきたからなのよ」

ファイザが言った。

「暴行した人の名誉、権利、その人の家族の名誉には何も起こらないの。でも、そんなことは、この極端なケースだけでなく、しょっちゅうあるわね。私の家でもそうよ。弟に女の同級生から電話がかかってきたときと、私に男の同級生から電話がかかってきたときでは、違うもの。弟に対しては、『息子も成長したものだ』と冗談めいて言うかもしれない。でも、私には『いったい誰だ。何をしている。どうやって知り合った。何の用だ』なんて、質問攻めにするわ。微妙な違いのようだけれども、明らかに私は管理されている。そんな扱いを受けて私がどう感じようが、お父さんや弟の名誉のほうが大事なのよ」

「良い女性」と「悪い女性」

「チャンダーがさっき言っていたシャーヒー地区の話に戻りましょう。男性は、自分の子どもを産む女性には制限を加えて、妻のセクシュアリティを完全に支配したがる。それでも男性は満足せず、自分たちが楽しむためのサブカルチャーという小さな場をつくった。その後、もっと巧妙なことに、そこを悪い場所とした。だから、権力者だけがその楽しみを得られる。妻以外の女性を手に入れられるようにするために、さまざまなことをしたのよ。ハーレムをつくったり、女性を奴隷にしたり、メイドに性的サービスをさせたり、それから売春を許可するなど。自由にセックスでき、思いつくかぎりの楽しみを味わせてくれる女性たちの集団をつくったのよ。そんな女性に楽しませてもらっているのに、下等だと見なした。

『良い女性』『悪い女性』、あるいは『純潔な女性』『純潔でない女性』と区別し、すべての女性がいずれかのカテゴリーに入ると思っていた。『良い』部類は血縁関係がある母、娘、姉、妹、妻。『悪い』部類はすべての売春婦。いまも、女性にはこれ以外のカテゴリーがあるとは考えられない男性がたくさんいるのよ。女の人は家にいるかコーターにいるか、どちらかだと思っている。だから、オフィスや工場で働いている女性は、『単に女性』という新しいカテゴリーをつくろうと努力しているの」

チャンダーはとても深刻になり、黙り込んでいた。悲しそうな様子で、深く考え込んでいるようだ。そして、ついに口を開いた。

「フォージアさん、私はこの役割を選んだわけじゃないのよ。この役割は私に与えられたのよ。でも、単に神様に与えられた運命とは思えなくなってきたわ。権力のある男の人たちがこの制度や職業をつくって、あなたたちのほうの社会が受け入れたってことね」

「私たちの側の社会ですって」

私はチャンダーを振り返って見ると、彼女は微笑んでいた。

「『あたしたち』と『他の人たち』って、ずっと思ってきたの。社会全体を指して、『あたしたち』の社会という言葉を使うのには、しばらく時間がかかると思うわ」

チャンダーの目には涙が浮かんでいる。彼女は頭を振りながら言った。

「ずいぶん前の社会的な伝統が、あたしたちの居場所を決めたのね。周到に計画され、うまくつくり上げられ、しっかりと守られてきたのね。私を見て、見てよ。いまもそのルールに従っているのよ。だけど、一つ理解できないことがあるわ。あたしたちに不利な制度なのに、なぜ母さんたちはルールに従い、その価値観を私たちに植えつけたのかしら。この役割を果たすために、あたしたちを育て上げたのかしら」

ファイザがすぐさま答えた。

「私たちの世界では、母親はおとなしくて、夫に従順になるように娘を育てるわ。この伝統を娘に伝えなければならないと知っているの。そうすれば、娘はこの制度のもとで生き残れる。制度からはみ出して、苦しむようなことになってほしくないから。そんなことを望む母親はいないわ。制度の根底にあるものを理解していないかもしれないけど、社会で決められている男と女の役割を教える責任があるの。私のお母さんもそうよ。いつも、私が『世間に認められるように』と望んでいるわ。自分自身が劣位に置かれている状態をさらに強めることになるとは、思っていないのよ。お母さんの望みは一つ。娘がこの制度のもとで生き延び、成功することだけ」

「わかった。母さんは、いつもあたしに言っているわ。私が『苦しんだり取り残されたりすることがないように願っている』って。この制度のもとで、生き残るために知っていることをすべて教えてくれたのね」

チャンダーはファイザの肩に頭をもたせかけながら言った。

「母さんもあたしといっしょで、社会の制度全体を理解していない。母さんが知っているのは、私が制度に適応し、社会から逸脱して罰せられないように育てることだけ。『あんたが結婚して、体を売らないで生活するのは、ルールに反しているから、絶対に認められないんだよ』と言っていたわ。ルールに従わないと、あたしを勘当しなくてはならないから、同じビラーダリーの人と結婚してほしくない。あたしを一人きりにしたくないのよ。母さんが望むのは、私が『世間に認められる』ことだけ。ルールを守って役割を果たしてほしい。そうすれば、あたしが傷つくことはないから」

重たい沈黙の後、私は話を再開した。

「男性は、愛人と子どもを産ませる女性を区別したい。そこで、偏見が役に立つのよ。男性のためにつくられた遊び場には、とても悪い評判をたてる。そこへ行くのは悪くないけど、そこで働く女性のみが非難される。偏見には、現状を維持するために深く信じ込まれている作り話がつきものなのよ。

まず、売春婦は結婚の対象ではないでしょ。目的は楽しむことで、血筋を絶やさないためではない。偏見があるから、売春婦は生まれつき『悪い』人間で、社会の悪の根源だと思われている。売春婦は、主流の社会の男性との結婚が決して許されていない。その社会の価値観や道徳観を汚すから。つまり、偏見によって売春婦を孤立させ、距離をとる。すると、『問題』がある存在だと非難され、子どもを産む役割のためには使われない。

次に、偏見をもたせて、売春婦として決められた役割から逃れられないようにする。違った生活を送るなど考えることすらできないようにする。『一度売春婦になると、一生売春婦だ』『売春婦は決して社会で受け入れられない』などの作り話は、男たちがいつでも『自由な女性たち』を手に入れられるようにするためのものなのよ。

それから、偏見によって、売春婦が『良い女性』と知り合い、悪影響を及ぼすことを防ぐ。二つのカテゴリーの女性という考えを強化し、『良い女性』が売春婦から影響を受けないように恐怖感を植えつける。そうすれば、『良い女性』は、悪い影響を受けない。『礼儀正しい社会』の女性が歌や踊りなどの芸能に興味があると公然と言ったり、興味を示したりすると、止めるように強く求められる。売春婦の『悪い』役割と結びつくからよ。偏見をもたせることで、『純潔な女性』は『純潔』のまま、『悪い女性』は孤立させて『悪い』ままにしておき、二つのカテゴリーの女性が混じり合うのを防ぐ」

「あっ、そうだ」

ファイザは手を口にあて、大きく目を見開いた。

「大晦日にフォージア姉さんと初めてここに来たとき、私がどんなに怖がっていたか覚えている。何が怖かったんだろう」

こう自問した。そして、部屋の中をきょろきょろ見まわしてから、壁をじっと見つめ、微笑みながら言った。

「二つのカテゴリーの女性の境界線を越えて、私のような女たちに禁じられている世界に足を踏み入れたから。そうだわ。でも、いまはこうしてチャンダーと禁じられた社会について話をしている」

「偏見ということ自体、面白い現象なのよ。名誉と同じように、女性のセクシュアリティを抑制するために使われることが多いのよ。それなのに、売春婦という職業に生まれついた女性が不満を言わないのはなぜか、考えてみなくちゃ」

私が付け加えると、チャンダーが答えた。

「それは、売春婦自身が偏見をもたれる生活をしているからだわ」

「そうね。でも、それはおかしくない？　何も悪いことをしていないのに、非難されているのよ。どうしてかしら。まあ、それはいいわ。チャンダー、教えてちょうだいよ。男の人が来て、『セックスしたい』と言った。その男は望みのものを手に入れ、お金を支払った。悪いのは誰？」

「男性中心の制度では、それはチャンダー」

ファイザが叫んだ。チャンダーはポカンと口を開けて、彼女を見た。

「そのとおり」

笑いながら私は言った。

「男が欲して、お金を払った。けれども、その男ではなくチャンダーが更生の対象となるのよ。どこかで読んだだけど、一九二〇年代、ネルー[36]がアッラーハーバード市長だったころ、売買春について不満をもっている人びとがいた。売春婦が特定の場所でしか働けないようにする条例を通すように依頼した。ネルーは拒否し、こう言った。『売春婦を訪れる人たちにも隔離場所をつくるというのであれば、依頼どおりにしよう』。面白い答えでしょう」

チャンダーが割って入った。

「あたしが理解できないのはね、どうしてみんな、このことを見通せないのかっていうこと。ふだんは賢い人たちなのに、男たちがあたしたちのところに来るのは、あたしたちが悪いせいだと、なぜ思うのかしら。あたしたちが出かけて男たちを探しているわけじゃないのよ。男たちが、あたしたちを求めてやって来るのよ」

「その疑問に答えてみるわ。まず、一般の人が規範をつくっていないからよ。つくっているのは権力者。でも、自分たちが目につきたくはないから、売春婦が非難されるように仕向けたのよ。次に、あと二つ重要な作り話があるわ。一つは、売買春は家族の価値を守るために我慢しなくてはならない必要悪だと多くの歴史家が言っている。そうしなければ、道に迷った男性が『尊敬すべき女性』に危害を加えるかもしれない。もう一つは、男性は生物学的に一夫多妻である」

ファイザは怒った。

「とんでもない。そんなこと聞き飽きたわ。男性が一夫多妻制を正当化するための話よ。それに、女の人に性的暴行を加えた男の人を、『何といっても男だからね。男性の性的欲望について知っているでしょ』と正当化したりするわ。いったい男性の性的欲望って何なのよ。そんなイメージをつくって、暴行しても非難されないなんて、けっこうね」

チャンダーが皮肉っぽく語った。

「男は生物学的に性的欲求が強く、複数のパートナーが必要だというイメージを都合よくつくったのね。けっこうね。そうして、女性を完全に抑圧している。とくに性的に。女にはそんなことを口に出させない、考えもしないようにと。生物学的な性質だからという理由で」

「だから、男性は売春婦のことを悪く言うのよ。覚えておいてちょうだい。男性がたくさんの女性とセックスするのは、生物学的な性質だから？　もし女性がセックスを楽しんだら、『悪い』女性なの？」

「あたしたちの母系社会ついて話を戻すけど、それもあたしたちが選んだのではなく、男たちがあたしたちとの子どもにかかわりたくないからなのね。あたしたちは『不純』だから、あたしたちが産んだ子どもなんてほしくないと」

「たしかに。それに、男たちは勝手なことに、そんな子どもたちを『ならず者』と呼んでいるのよ。母親が世話をしているのに、男に帰属していない子どもは『ならず者』。母親に敬意を表するか、子どもを引き取るべきでしょ。シャーヒー地区では、女性が取り仕切っているように見えるけど、最終的には男性が牛耳っている。男が売春婦を選び、男との関係で売春婦の地位が決まり、男の好きなように売春婦を囲ったり囲わなくなったりする」

チャンダーはうなずいた。

「まさにそのとおりね。あたしは『尊敬すべき』対象ではない。男があたしのところに来て楽しむ。そして、暴言を吐き、『売女』と呼んで、顔にお金を投げつける」

一つの硬貨の表と裏

ファイザが静かにつぶやいた。

「チャンダー、私、謝らなければならないわ。女の人を軽蔑する言葉として、『売女』と言っていたわ。売春婦はみんなとても悪い人で、すべての問題の根源だと本当に思っていたわ」

チャンダーは悲しそうな微笑みを浮かべた。

「あたしたちも、嫌いな売春婦に対してその言葉を使うときがあるわ。腹が立ったときは、ガシュティー(37)と呼んだりする」

彼女は、泣き始めた。

「社会の制度があたしたちをこんな低い地位に貶めているから、男たちは悪態をつく。でも、楽しみを求めてやって来る」

「チャンダー、そんなに悲しまないで。私も同じことをしているんだって気が付いたの。『尊敬すべき純潔な』女性である私たちが、人をののしったり、さげすんだりする言葉として『女性』を使っているわ。弟が恐がっていたり、女っぽい行動をしたら『女々しい』と言ってからかう。女友達にだって、憶病がっていると、『バングル(腕輪)をつけて家でじっとしていれば(38)』と言うわ。そんなことを言って、自分自身をさげすみ、私たちに与えられた低い地位をさらに低くしていると気付かずに」

ファイザは、声を詰まらせながら言った。チャンダーはファイザを抱きしめ、慰めようと肩に手を置いたが、自分自身も引き裂かれるような思いだった。客が自分を品定めし、通り過ぎていくなかで、ファイザのことを思い出さずに今晩コーターに座るのはむずかしいと感じていた。ファイザはチャンダーの手を強く握りしめながら思っていた。チャンダーのことを考えずに、自分を陳列棚の商品のように見に来る人たちとの対面である次のお見合いに臨むことはできないと。

そして、ファイザはささやいた。

「チャンダーの世界も私たちの世界も、そんなに変わらないわね。お互いの境界線を越えて、共通の課題が見つけられてうれしいわ」

二人は期待をこめて私を見た。私は感情を押しとどめることができず、叫んだ。

「私に答えを求めないでちょうだい。みんな同じなんだと思うわ。中流階層の女性が街の『良い』地区に引っ越してきた売春婦をののしる。男がおびえながらバスを待っている女性に口笛を吹いてやじる。職場の上司が女性社員に手を出してもいいだろうと考える。夫が妻に暴力を振るう。母親は従順さがすべてだと娘に教える。『良い』女の子がとるべき行動として語られている話がすべて、私には同じに思えるわ。ファイザの世界もチャンダーの世界もいっしょなのよ」

私は片方の手をファイザに、もう片方の手をチャンダーにまわし、三人で涙を流しながら、「一つの硬貨の表と裏だ」と思った。罪という名のもとに「悪い女性」としてシャーヒー地区で売られている女性、名誉と道徳という名のもとに「良い女性」として売られている女性。どちらの世界の女性たちも、家父長制度という同じ状況下で、それぞれに定められた役割を果たそうとしているのだ。

（1）大学などで研究のために何年かごとに与えられる長期休暇。
（2）イギリス植民地時代、イギリスの政治的・軍事的保護のもとにインドの王侯が支配した領域を藩王国という。
（3）Dolgopol, Ustinia (1995) Women's Voices, Women's Pain. *Human Rights Quarterly*, vol. 17, no. 1, pp. 127-154.
（4）Joardar, Biswanath (1985) *Prostitution in Historical and Modern Perspectives*. New Delhi: Inter-India Publications.
（5）在位紀元前三二七年～二九三年。ナンダ朝を倒し、インドで最初の統一帝国マウリヤ朝（紀元前三一七年～一八〇年ごろ）を設立させた。パータリプトラ（現パトナー）を首都とし、北インドの大部分を掌握して、インド史上初の大帝国を築く。よく整備された官僚機構をもっていたと言われている。

（6）紀元前一五世紀～一一世紀の前期ヴェーダ時代と紀元前一〇世紀～七世紀の後期ヴェーダ時代に分けられている。「（神聖な）知識」の意をもつ古代インド最古の文献で、アーリア人の民族宗教であるバラモン教の聖典『リグ・ヴェーダ』が成立した。古代インドの宗教、神話に加え、社会事情一般を知るうえで重要な資料とされている。
（7）アーリアは「高貴な」という意味。インド・ヨーロッパ語族に属する言語を話し、放牧民であった。紀元前一六世紀ごろに、中央アジアからイランを経てインド北西部のインダス河流域（現在のインド、パンジャーブ地方）に移住。肌の色が黒い先住民を自分たちと区別し、ヴァルナと言われる身分制度の原型をつくった。
（8）『ラーマーヤナ』と並んで、後期ヴェーダ時代の二大叙事詩。四世紀ごろに現在の形になったと言われている。一八巻から構成され、ヒンドゥー教の百科全書のようなものである。後世インド文化へ大きな影響を与え、詩人、劇作家が『マハーバーラタ』をもとに文芸作品を残している。
（9）またはアル・ビルニ（九七三年～一〇四八年）。ホラズム（中央アジア西部）出身の著述家、数学者、天文学者、旅行家、哲学者、薬学者、占星学者。さらに、歴史学と言語学にも通じたイスラーム世界を代表する知識人。一〇三〇年にインドの地理、歴史、文学、哲学、宗教などについてまとめた『アル・ビールーニーのインド』（*Al Beruni's India*）を著す。
（10）（*Brahman*）インドの四階層で構成されるカースト制度で、最高位の司祭階級。祭式の執行と学問の教授を本来の職業とする。
（11）『アル・ビールーニーのインド』をジョーダー（前掲書）から引用。
（12）八五ページ注（3）を参照。
（13）正確には、ムガル帝国の創始者バーブルはフェルガナ（現在のウズベキスタン）出身。
（14）八五ページ注（1）を参照。
（15）またはオーラングゼーブ帝（一六一八年～一七〇七年、在位一六五八年～一七〇七年）。盛んに外征を行い、一六九一年にはムガル帝国最大の領土へと拡大した。しかし、たび重なる遠征によって財政が悪化し、帝国は崩壊へと向かった。厳格なスンナ派で、イスラーム教徒優位の政策をとり、楽器は禁止しなかったが、宮廷での声楽を禁止した。
（16）Kapur, Promilla (1978) *The Life and World of Call-Girls in India*. Delhi: Vikas Publishing House Pvt. Ltd.
（17）イギリス東インド会社は一六〇〇年に設立され、一七五七年にインド、ベンガル地方の支配権を確立した。商業会社として出発しながら、税徴収制度をはじめとした支配機構を創出する。一八一三年にインドはイギリスの直轄植民地となり、東インド会社は解散した。
(18) インドで生活したイギリス人のコミュニティで、行政官と軍人、商人と企業家の二つに分かれていた。後に、ヨーロッパ人(主にイギリス人)とインド人の間に生まれた人たちのことを指すようにもなった。
(19) インド亜大陸に赴任していたイギリス人(西洋人)が、「踊り」という意味のヒンドゥスターニー語 *nach* を英語風にしてノーチガール(nautch girl)という語句をつくった。
(20) 一五七一年～一六三四年。ムガル帝国に仕えるペルシア人官吏の娘で、ペルシア人のアフガニスタンの王子と結婚したが、死別した。その後、ジャハーンギール帝の継母の女官となり、宮廷内で踊り子を務めていたところ、皇帝にみそめられ、皇后となる。「世界の光」という意味をもつヌール・ジャハーンという名前を与えられた。
(21) 一五六九年～一六二七年、在位一六〇五年～一六二七年。アクバル帝の長男で、宗教的寛容政策を継承した。アクバル帝に反対されたが、一六一一年にアナールカリーと結婚した。
(22) (*Devadasi*)神への使いとして寺院へ捧げる少女のことで、神前での音楽や舞踊の奉納をはじめとする寺院儀礼を担う。少女は家を与えられ、寺院の財産の一部をもらえる。神と婚姻したと見なされるため、生涯、寡婦になることがなく、縁起のよい存在として、祝い事に呼ばれたりする。大規模なヒンドゥー寺院が造営されたチョーラ朝時代に制度化されたと考えられている。一九四七年のマドラス・デーヴァダーシー(奉納防止)法案などによって、法的には禁止されたが、この伝統が続く地域があると報告されている。
(23) キプロス島の裕福な王。娘ミュラ(ミラ)が父キニュラスに恋をして、美少年アドニスを生んだとされる。古代アテネでは、売春は合法とされていた。
(24) 二一四ページ注(1)を参照。
(25) メソポタミアはチグリス川とユーフラテス川の間(現在のイラク)にあり、人類最古の文明(紀元前三四〇〇年～三三〇〇年)が生まれた地。シュメール文明は、その初期(紀元前二九〇〇年ごろ)に中心となったシュメール人による最古の都市文明。
(26) 四三五年～五二七年、在位五一八年～五二七年。古代ローマ帝国が分裂した後の東ローマ帝国(三九五年～一四五三年)ユスティニアヌス王朝の初代皇帝。『ローマ法大全』を編纂し、建築事業に取り組むなど、大帝として知られている。女優を職業とする「汚れた女性」との結婚が禁止されていた法令を廃止し、踊り子・女優であったテオドーラと結婚した。

（27） Henriques, Fernando（1966）*Prostitution and Society*, New York: Grove Press Inc.
（28） （*bhajan*）インドの声楽曲の一形式で、一五世紀〜一六世紀に生まれた宗教歌の総称。神に対する無条件の献身と神からの恵みといった愛の関係を熱烈に実践した、ヒンドゥー教の新しい形の信仰者によって歌われた。日常生活やヒンドゥー寺院の儀礼で愛唱され続けている。
（29） （*puja*）ヒンドゥー教で、供え物を神像に捧げて礼拝する儀礼。毎日家庭で水、食べ物、花などを神像に捧げる簡単なものから、寺院や祭りの場で詳細な儀式に基づいて祭官が執行するものまで、形式は多様である。
（30） 三世紀末ごろに始まったとされるヒンドゥー王朝で、創始者は不明。現在のタミル・ナードゥ州、最盛期にはオリッサ州あたりまでを支配した。北インドの影響が強まり、ヴェーダの祭儀をはじめアーリア化が浸透する。国王は宗教儀礼の執行者で、寺院を国家統一のための機構として、また王権のシンボルとして位置づけていたことから、壮麗な塔屋をもつ優れた寺院建設が発達した。
（31） タミル地方に栄えた王朝で、起源は不明。史料によると、紀元前三世紀から記述があり、一三世紀末に滅亡した。壮大なヒンドゥー寺院が数多く建築された。
（32） （*guru*）ヒンドゥー教の導師、指導者を意味する。ここでは、ポールを指していると思われる。
（33） 性的特質、性的興味。
（34） イスラームの精霊ジン（*jin*）は、アラブ神話で天使および悪魔より下位に置かれる超自然的な存在。
（35） シンド州ではカーロー・カーリー（*Karo Kari*）、バローチスターン州ではシアー・カーリー（*Sia Kari*）と言う。二一五ページ注（4）も参照。
（36） 一八八九年〜一九六四年、在位一九四七年〜一九六四年。インドの初代首相。富裕なバラモン階級の出身で、ケンブリッジ大学を卒業した。弁護士資格をとって帰国し、国民会議派の党員となり、ガンジーの非暴力運動に加わる。一九六四年に病死した。
（37） （*gashtee*）下級の売春婦。
（38） バングルは既婚女性が身につけるものとされる。結婚して家庭にとどまっている臆病者の女性という意味が含まれている。

訳者あとがき

Taboo! に出会ったのは、パキスタンで英語とウルドゥー語で出版された二〇〇二年だった。イスラーム教を国教とするパキスタンでは、婚姻外の性的関係はいっさい認められていないが、いわゆる「赤線地帯」(=買春街)が存在する。その存在をパキスタンで知らない人はほとんどいないにもかかわらず、社会的にはまさに「タブー」とされ、口にすることはない。そのなかでもっとも有名なのが、ヒーラー・マンディーとして知られているパンジャーブ州ラホール市にあるシャーヒー地区だ。著者のフォージア・サイード氏は、女性が単独で外出することも好まれないパキスタン社会で、周囲の人たちの反対にあいながら現地で調査を行い、アメリカの大学で博士学位論文としてまとめた。*Taboo!* は、それをもとに書き下ろしたものである。

「赤線地帯」を取り上げたことと衝撃的なタイトルによって、*Taboo!* がメディアで取り上げられ、話題となった当時、私たち訳者のうち三名がパキスタンでいっしょに仕事をしていた。同書を読んで非常に感動した私たちは、その舞台となったシャーヒー地区をどうしても見たくなった。そして、実際に夜のシャーヒー地区を歩き、コーターで踊り子たちの踊りを見てお札を投げる経験もし、いつの日か日本で紹介したいと考えた。さらに、同書がインドでヒンディー語とマラーティー語にも翻訳され、アメリカやイギリスの大学でエスノグラフィーを用いた現地調査の手法を学ぶ人類学の学生の教科書として使用されていると知り、ますますその思いが強くなった。

二〇〇四年に著者にその意向を話したところ快諾していただいたものの、さまざまな事情もあり、四人で分担して翻訳作業を開始できたのは二〇〇八年である。異なる国で仕事をする四人全員が顔を合わせるのはむずかしく、電子メールで連絡を取り合いながら、ようやく日本語版が出版できる運びになったことを、たいへんうれしく思っている。

パキスタンといえば、タリバンの隠れ家、テロリストの養成所、自爆テロなど負のイメージばかりが先行してしまうが、歴史と豊かな文化がある。インダス文明の遺跡、モヘンジョダロやガンダーラ美術期の仏像が見られるタキシラが所在するほか、ラホール市はパキスタンの文化の中心地で、世界遺産に指定されているラホール城や、バードシャーヒー・モスクなどムガル帝国時代の建築物が、多く残っている。本書の舞台であるシャーヒー地区があるオールド・ラホールと呼ばれている旧市街に一歩入ると、趣のある古い建物、活気あふれる街や人びとの様子に、まるで数世紀前の古い城下町にタイムスリップしたような感覚にさえなる。

そんな街で著者は、芸能と売春のつながりについて歴史的な起源を理解し、なぜ売買春が始められ、存続し、現在シャーヒー地区がタブー視されるようになったのか、理由を突き止めようと調査を開始した。当初は、シャーヒー地区の人たちに受け入れてもらえないなどの苦労があったものの、信頼関係を築くことに成功し、それまで知られていなかった状況を明らかにしていく。

調査を行うにあたっての世間の反応、代々芸能にたずさわってきた人びとの生活や考え、売買春にかかわる歴史的な背景、伝統的な売春制度が現代の買春へと変容していく様が、浮き彫りにされている。多くの踊り子とその家族、音楽家などとの会話や事件をまじえ、臨場感をもって構成されており、パキスタン社会や南アジアの古典芸能についても知ることができるうえに、ジェンダーの視点からも非常に興味深い洞察が得られる。

第7章には、著者、著者の従妹、踊り子が話し合う場面がある。著者は、前者二人が暮らす一般社会の女性とシャーヒー地区で売春にかかわっている女性を「一つの硬貨の表と裏」と表現している。女性側に何の決定権もなく、男性の家族によって選ばれるのを待ち続け、ほとんど会話もないままお見合い結婚していく一般社会の娘たちと、女性が家族の長であり、男性客と交渉して選ぶことができる踊り子たちを対比するのである。そして、「良い女性」と「悪い女性」を区別し、後者を社会の底辺に追いやっている男性優位の社会に潜む欺瞞をみごとに暴き出すくだりは、何度読み返しても胸がつまる思いである。売春にかかわっている女性を「悪」と決めつけ、「タブー」とすることによって、その存在を維持しようとするパキスタン社会のからくりを、ジェンダー関係から鋭く分析し、批判しているのだ。

パキスタンには親日的な人が多く、日本人というだけで親切にされたり、日本の技術や文化に関心をもつ人も多い。一方、パキスタンを身近に感じる日本人は、あまり多くないだろう。この本をとおして、暗くて恐ろしいイメージのパキスタンとは違う一面について知っていただくとともに、パキスタンの文化、社会、人びとの生活に興味をもっていただき、私たちの社会についても振り返って考えていただける機会になれば、幸いである。

最後に、私たちに本書を日本で紹介する機会を与えてくださった出版社コモンズの大江正章代表には、訳者全員が仕事をもちながらの翻訳作業であったため、時間がかかったにもかかわらず辛抱強くお付き合いいただいたうえ、本書の魅力を最大限に引き出すように編集していただき、心からの感謝の意を表したい。また、原稿に目を通していただき、専門用語についてご確認いただいた東京外国語大学の萩田博先生にも深く御礼を申し上げたい。その他、助言をいただいた駐日パキスタン・イスラム共和国大使館のギラーニ氏、アジアセンター21のタゴール先生、藤堂恵美子さん、石井クリスティーヌさんにもお礼を申し上げる。

二〇一〇年一〇月

訳者一同

ニヤーズ(*niaz*=寄付)　定められたザカートに加えて行われる寄付行為。聖者廟で願かけを行う際に捧げるチャーダル、花、食べ物など。

ハヴェーリー(*haveli*)　バルコニーや中庭のある装飾豊かな邸宅。19世紀初めのシク教徒による王朝時代に、パンジャーブ地方で多く建てられた。

ハルモニウム(*harmonium*)　小型の手漕ぎオルガン。片手でふいごを動かして空気を送り、もう一方の手で鍵盤を弾く。イギリス植民地時代に持ち込まれ、インド風に改良された。主として旋律奏法で、民謡、民俗音楽、大衆歌謡、宗教歌などに広く伴奏として用いられる。

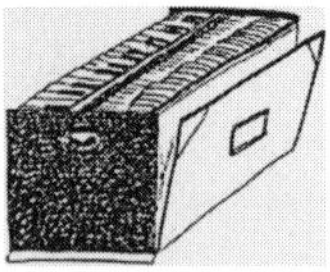
ハルモニウム

パーン(*paan*)　ビンロウジュの実やスパイスなどをコショウ科のキンマの葉で三角形に包んだ南アジアの嗜好品。食後に消化促進や口の中を洗浄するために噛み、唾液は痰つぼに吐き捨てる。儀礼的な意味ももち、神への供え物や客の接待にも用いられる。パーンの具を自分で調合する代わりに混ぜ合わせた既製品が、ブリキ製の化粧缶やアルミ製の袋に詰められて売られている。

ビラーダリー(*biradri*)　血族集団。

ミッティー・カーニー(*miti khani*)　「泥を食べる人」という意味で、最下層の売春婦を指す。

ミーラーシー(*Mirasi*)　伝統的に音楽家として生計を立てている民族集団(職業カースト)。

ムジュラー(*mujra*)　売春婦が客に披露する歌や踊り。

ムハッラム月(*Muharram*)　イスラーム暦(ヒジュラ暦)は、西暦622年7月16日に預言者ムハンマドがメッカで迫害を受け、マディーナへ移住したこと(ヒジュラ)を記念して、その日をイスラーム暦元旦としている。太陰暦を用いているので、1カ月は約29日半となり、1年は太陽暦より約11日間短い。ムハッラム月はイスラーム暦第1月の名称で、ムハンマドの孫フサインの殉教を悼んで喪に服するシーア派にとって、もっとも重要な月である。

リクシャー(*rickshaw*)　庶民の交通手段として欠かせない三輪の原動機付自転車。日本の人力車が語源。

タブラ(*tabla*) 北インドでもっとも一般的に用いられる一面太鼓。高音用のタブラを右側に、低音用のバヤ(バーヤーン)を左側において、指と手のひらを駆使して、複雑で多彩な音色を出す。南アジアの古典音楽における重要な楽器で、民謡、ポピュラー音楽、舞踏の伴奏などでも欠かせない。

タブラ

タワーイフ(*tawaif*) 宮廷に仕えていた高級娼婦。コーテザンとほぼ同じ意味。

チャーダル(*chaddar*) 大きな布という意味。イスラーム女性が外出する際、他の男性に髪や体の線を見せないように頭から全身を覆うために着用する衣服で、直径3m程度の半円形の布を縫い合わせたもの。また、墓石にかける聖布も意味する。聖布にも呪力が宿ると信じられ、参詣者は聖布をもらい、持ち帰る。男性は緑色、女性は赤色を使用する。

チャールパーイー(*charpai*) 木枠にマットレスの部分が縄や籐を張ってできた、軽量で持ち運びができる四足の簡易ベッド。パキスタンでベッドや椅子としてよく使われている。

デーレーダール(*dairedaar*) コーターを貸している女主人。

ドームニー(*domni*) 路上で歌ったり、ガドヴィーを演奏して生計を立てている民族集団(職業カースト)。

ドゥパッター(*dupatta*) シャルワール・カミーズとセットで着用する長いスカーフのようなもの。胸を覆うようにして両肩にかけたり、ベールのように頭からかぶったりする。パキスタンでは、女性はドゥパッターを着けていないと「裸」と同じと考えられており、自宅でも必ず着用している。

ドーラク(*dholak*) インドの一般家庭でもっともよく用いられる樽の形をした両面太鼓。両手の端を使って演奏する。民族音楽からポピュラー音楽にまで幅広く用いられている。

ナーイカ(*naika*) カンジャル一家の長の女性で、コーターの経営者。

ナト(*nath*) 鼻につけている輪の形をしたピアス。処女性を表し、セックスマーケットで高価な値がつけられる。

ナト・ウタルワーイー(*nath utarwai*) 踊り子が最初の客をとる儀式。

ナール(*nal*) 両側が革張りで、鼓のような形をした細長い太鼓。両手で演奏する。

〈用語解説(五十音順)〉

ガザル(*ghazal*)　もともとはアラビア語の古典的な詩の形式。18〜19世紀、ウルドゥー語文化の隆盛を受けて、定型抒情詩の重要な形式として発展した。高度な修辞法を駆使し、女性に対する男性の思いを切々と語る。その詩をラーガに基づく旋律にのせたものをガザルあるいはガザル歌謡という。

カンジャル(*Kanjar*)　伝統的に売春を職業とする民族集団(職業カースト)。

クルター(*kurta*)　南アジアの伝統的な衣服で、男女ともに着用する。長袖で着丈が長いゆとりのある前あきのシャツで、ボタンが三つほど付いている。丸首で短い立襟のものと、襟がないものがある。

グングルー

グングルー(*ghungroo*)　小さな鈴がいくつも付いた足首に付ける装飾品。古典舞踊を踊るときに装着して音を鳴らす。

コーター(*kotha*)　踊り子が歌や踊りを披露する場所(部屋)。

コーティー・ハーナー(*kothi khana*)　客引きによって経営されている買春宿。歌や踊りは行われない。

コーテザン(*courtesan*)　王侯貴族に仕える高級娼婦。

シャルワール・カミーズ(*shalwar kamiz*)　南アジアの伝統的な衣服で、パキスタンではほとんどの女性と多くの男性が着用している。カミーズは膝丈ほどのワンピース風のゆったりしたシャツで、シャルワールはたっぷりとして裾のところにプリーツがあるズボン。その上下が組み合わされたパンツスーツのような服である。

スーフィー(*Sufi*)　イスラームの神秘主義者。スーフィズムはイスラーム神秘主義。神を人から隔絶したものとせず、神と自己との合一の境地をめざして、世俗的な富や欲求を捨てるように苦行を行う。

ダーター(ダータ)(*Data*)　11世紀のアフガニスタンの出身で、スーフィズムの伝道者として、パキスタンでもっとも重要な聖者の一人に数えられるダーター・ガンジ・バフシュ・ハジュヴェーリー(*Data Ganj Bakhsh Hajveri*)。ダータ・サヒーブあるいはハズラット・アリー・ハジュベリとも呼ばれている。シャーヒー地区から歩いて約15分のダーター廟では、彼が生前、貧しい人びとに常に施しを与えていたという伝統が受け継がれ、貧しい人びとのための救済が行われている。毎週木曜夜信者が集まり、サファル(イスラーム暦第2月)には聖人を記念する祝典が行われ、各地から多くの信者が集う。

〈著者紹介〉

フォージア・サイード

ミネソタ大学(社会学博士)。パキスタン国立民俗伝統遺産研究所、国連開発計画(UNDP)パキスタン事務所、アクションエイド・パキスタン事務所などを経て、現在、NGO メヘルガル代表、ジェンダーと開発分野の国際コンサルタント。1991 年に性的暴行や暴力による被害を受けた女性のための救援センターをパキスタンで初めて設立するなど、社会活動家として知られている。共著 *Women in Folk Theatre*[大衆演劇における女性]。

〈訳者紹介〉

太田《おおた》まさこ

ウェールズ大学スワンジー校(経済学修士)、イースト・アングリア大学(開発学博士)。サセックス大学(IDS)研究助手を経て、国際協力機構(JICA)専門家としてパキスタンに赴任。現在、(財)アジア女性交流・研究フォーラム主任研究員。

小野《おの》　道子《みちこ》

イースト・アングリア大学(開発学修士)、フリボーグ大学(子どもの権利修士)。JICA でバングラデシュ、ウガンダ、パキスタンに赴任。ユニセフ南アジア地域事務所(ネパール)を経て、現在、ユニセフパキスタン事務所勤務。

小出《こいで》　拓己《たくみ》

東京外国語大学大学院修士(ウルドゥー語学・文学)。ロンドン大学(社会人類学修士)。(財)ユネスコ・アジア文化センター勤務を経て、JICA 専門家(識字・教育行政)としてパキスタンやアフガニスタンに勤務。

小林《こばやし》　　花《はな》

サセックス大学(ジェンダーと開発修士)。JICA、国連食糧農業機関(FAO)などでネパール、パキスタン、モロッコ、タイ、アフガニスタンに赴任。現在、東京大学大学院総合文化研究科国際科学専攻に在学するとともに、アイ・シー・ネット(株)コンサルタント。

タブー●パキスタンの買春街で生きる女性たち

二〇一〇年一〇月二〇日　初版発行

著　者　フォージア・サイード

発行者　大江正章
発行所　コモンズ
東京都新宿区下落合一-五-一〇-一〇〇二
TEL〇三（五三八六）六九七二
FAX〇三（五三八六）六九四五
振替　〇〇一一〇-五-四〇〇一二〇
info@commonsonline.co.jp
http://www.commonsonline.co.jp/

印刷／理想社・製本／東京美術紙工
乱丁・落丁はお取り替えいたします。
ISBN 978-4-86187-074-3 C3098

＊好評の既刊書

開発援助か社会運動か　現場から問い直すＮＧＯの存在意義
●定松栄一　本体２４００円＋税

開発ＮＧＯとパートナーシップ　南の自立と北の役割
●下澤嶽　本体１９００円＋税

ラオス　豊かさと「貧しさ」のあいだ　現場で考えた国際協力とＮＧＯの意義
●新井綾香　本体１７００円＋税

アジアに架ける橋　ミャンマーで活躍するＮＧＯ
●新石正弘　本体１７００円＋税

ぼくが歩いた東南アジア　島と海と森と
●村井吉敬　本体３０００円＋税

徹底検証ニッポンのＯＤＡ
●村井吉敬編著　本体２３００円＋税

ＯＤＡをどう変えればいいのか
●藤林泰・長瀬理英編著　本体２０００円＋税

アチェの声　戦争・日常・津波
●佐伯奈津子　本体１８００円＋税

北朝鮮の日常風景
●石任生撮影・安海龍文・韓興鉄訳　本体２２００円＋税